JN072755

ヨーロッパの鉄道を行く

山と海と風と潮

桂木正則

MP ミヤオビパブリッシング

ヨーロッパ大陸

13 か国 34 都市

1. ノルウェー
   オスロ、ベルゲン
2. デンマーク
   コペンハーゲン
3. ドイツ
   ハンブルク、ベルリン、ドレスデン、ミュンヘン、ローテンブルク、キール、フランクフルト
4. チェコ
   プラハ
5. オーストリア
   ウィーン
6. イタリア
   ベネツィア、フィレンツェ、ローマ、ナポリ、ピサ、ジェノヴァ
7. スイス
   ジュネーブ
8. フランス
   マルセイユ、ボルドー、ポントルソン、パリ、シェルブール
9. スペイン
   バルセロナ、マドリード、アランフェス
10. ポルトガル
    リスボア
11. オランダ
    アムステルダム
12. アイルランド
    ダブリン
13. イギリス
    マンチェスター、グラスゴー、ポーツマス、ロンドン

目　　次

山と海と風と潮

ヨーロッパの鉄道を行く

10月28日（日）

　まだ明けやらぬ中、私は、シェルブールの古いホテルの３階から通りの向かい側にある廃屋のような大聖堂の風見鶏を見ていた。⁽¹⁾

　風雨は息をしているようで、横殴りの雨が、また激しく窓を打ち始め、遠くが霞んできて、夜が明け始めたばかりの薄暗い中で聖堂も風見鶏も見えなくなった……。

　どれくらい時間が過ぎたであろうか、外がだいぶ明るくなり、雨も小ぶりとなったが風だけは依然として強く、騎乗したナポレオンの像もしとどぬれていた。私は、これからどうするか考えていた。

「あらネズミ」

　いつ起きたのか窓に椅子を寄せ、妻が窓下を見ていた。

「向こうの茂みから走って来て白い車の下に入った。今、あの車の下にいるよ」

「また出てくるよ。たぶん公園のほうにある茂みに行きたいのよ」

　どこにいたのか、カラスが２羽飛び出したが強い風には逆らえず、流されて町の方へと飛び去った。

「ほら、出てきた」

　ネズミは、一目散に公園横の茂みに向かって走っている。子猫ほどの大きなドブネズミだった。しばらくするとネズミは、やっと逃げ込んだ茂みから飛び出して引き戻り、先ほどの白い車の下へと走り、一時して車から走り出てもともと居た道路わきの茂みへと帰って行った。その茂み付近に下水道に下りる入口があるようだ。妻もしっかりネズミをサーチしていた。

「ふふ、面白いね。ネズミなんか見るのは何十年ぶりだろう」

「また出てくるよ。きっと」

「ネズミが元気に走り回っているぐらいならいいんだ。あちらこちらに死んでいたりしたら大変だ。すぐにもこの町から出なくてはならない」

「どうして」

「何かわけがあるからだ」

「ふーん」
　子供の頃はよくネズミを見かけたが、最近の日本ではネズミを見ることなどなくなった。それだけ衛生的な国になったのかも知れない。
「ふぁーああ」
　軽いあくびとともに少し瞼が重いのを感じた。
「薄暗いうちから起きていたので少し眠くなった。朝ごはんの時間になったら起こしてくれ」
「もう30分もないよ」
「うん、いいよ」

　ベッドに入って目を瞑った。身体が睡魔を感じていながら瞼の奥では、このひと月間の旅で経験した多くの出来事が走馬灯のように浮かんでは消え、眠りを妨げていたがいつしか寝ていた……。

＊

　瞼の奥で誰かが私に話しかけている。
「なんしにヨーロッパへ行くの」
　ああ母さん。母さんが何か言っている……。

第1話　羽田空港の夜

9月28日（金）　益田晴れ、東京晴れ

「なんしにヨーロッパに行くの……。ヨーロッパで変な病気をもらって帰らないでね。いろんな国からたくさんの人が集まっていると言うじゃないの」

「大丈夫だよ、先進国だから」

　母は、父が亡くなってからの13年間、朝夕のお勤めを一度も欠かしたことがなく、私は、仕事を退職してからほぼ毎朝母の家に行き、朝のお勤めを母と一緒に行うようにしていた。今年92歳になる母は、私が来るのを少し待ちわびているようにも見え、私が40日も日本を離れることが少しつらかったのだろう。

　出発する日の朝も七尾城址、萬歳山の観世音菩薩をお参りしてから母の家に行った。

「それじゃあ行ってくるよ」

　母は何も言わなかったが、いつものように玄関の外に出て私を見送った。角を曲がると見えなくなるところまで来て立ち止まり、母のほうに向かって手を振った。母は、いつものように手を振って返した。これで見納めになるかも知れない。一瞬、いやな思いが胸をよぎったが、そんなことはないと思いを振り切り、角を曲がって我が家へと帰って行った。年老いた母を1人残し、40日も家を空けることに少し後ろめたさはあったが、私の心の奥深いところに潜む西へのあこがれ、西欧文化とそこに暮らす人々に触れてみたいという思いを止めることができなかった。

　人生は戯曲であり演出するのは自分であるが、面白くするのは自分と関わった人の力である。

　山になれ、風になれ、海になれ、潮になれ……。もうそろそろ風になれ、潮になれ……。若い頃から身についたどうしようもない静から動への本性が私を突き動かすのであった。

　家に帰ると出発の準備は既に整っていた。持って行くものは、私が40ℓのリュックサック、妻が30ℓのリュックサック、これ

だけだった。リュックサックの頭の部分を取り外すことができ、ウェストバッグになるようになっていたので、取り外して腰につけ現金やパスポートなどの大切な書類を入れていた。約40日間、ヨーロッパじゅうを動き廻るのにそれ以外の荷物は不要だった。空港まではタクシーを使うつもりで手配していた。タクシーが来るまでまんじりともせず、ものも言わずに待っていた。心のどこかにある不安な気持ちが少しずつ頭を持ち上げ始めていたのだろう。

　ピンポーン、玄関を出ると家の前にタクシーが待っていた。
「あら、武子さん。見送りに来てくれたの」
　義姉（他界した妻の兄の奥さん）が、私たちが出てくるのを待っていた。
「わーい！　フレフレ頑張って！」
　ニコニコ顔をした武子さんをタクシーの後部窓から見ながらタクシーが動き始めた。

　石見空港でリュックサックを預けるか預けないか迷った。手荷物として機内に入れられるぎりぎりの大きさだった。預けると羽田、フランクフルト$^{(2)}$をスルーしてオスロ$^{(3)}$で受け取ることになる。少し心配だったが他のお客にも迷惑がかかると思い、預けることにしてウェストバッグだけの身軽な体になった。

　羽田空港に着いたのは19時を過ぎていた。すぐ空港のバスで国際線ターミナルへ向かい、ターミナル内を見て歩いていた。
「出発ロビーのほうが静かですよ」
　空港職員の女性から言われ、出国手続きを済ませて出発ロビーへと入った。まず両替所に行き、2万円をノルウェー・クローネ$^{(4)}$、38万円をユーロに交換した。横でガッチリとした体格、やや目つきの鋭いアジア系の男性が通貨を交換していた。私は、一向に気にしなかったが、少し後ろにいた妻は、その様子を見ていた。

　両替が終わってロビー内をあちらこちら見て歩き、眠くもあったので軽く食事をとりながら休むことにして、食べ物屋の前に並べられたテーブルに付いた。出発は日が変わって0時10分、ま

だ時間があった。

「お父さんの横で両替をしていた人、なんだか怪しかった。お父さんが替えたお金をじっと見ていた。気を付けたほうがいいよ」

「そう。札の枚数を数えていたので全然分からなかった」

「1つのことに集中しているからよ」

　食事が終わって少しうつらうつらしていたとき、こともあろうにその男性が、紙コップに入ったビールを持って私たちのテーブルに座ってきた。空きテーブルは他にも多くあった。妻が目配せをした。テーブルの上から手をそっと下ろしウェストバッグのバックルを確認、そのままベルトをしっかりと持って男性の顔を見ないようにしていた。妻は、別段変わったこともないような顔をして普通にしていた。彼は私たちを見ている様子であったが、ビールをゆっくり飲み終わると、そっと立ち上がって行ってしまった。

「ウェストバッグをテーブルの上に置いていたら持って走られたかも知れないね」

「そうだな」

「ヨーロッパを廻るときは、常に2人が寄り添っているよりか少し離れた位置にいて、互いの様子を窺い、近づいてくる人に気を付けたほうがいいね」

「そうだな」

　眠らない羽田の夜は、とてつもなく広い闇の空間を移動する赤い回転灯とともに経過していった。

　益田〜東京（約907km）

［注］

(1) シェルブール／フランス北西部、イギリス海峡に突き出すコタンタン半島先端に位置する港湾都市、人口約7万8千人、伝統的に漁業と海軍施設関連の従事者が多い。海軍の造船所があり、英仏海峡を管区とするフランス海軍司令部がおかれている。戦後、原子力関連施設が近隣に進出、経済に大きな役割を占めており、その搬出、搬入港としても機能している。1944年6月6日、第2次世界大戦、ノル

マンディー上陸作戦に引き続き激しい攻防戦（シェルブールの戦い）の舞台となった。

(2) フランクフルト／フランクフルト・アム・マイン、通称フランクフルト、ドイツ連邦共和国ヘッセン州にある都市、人口約72万人、国際金融の中心地であり、国内の工業、商業の中心地でもある。ドイツを代表する世界都市の1つ、名前に添えられた「アム・マイン」は「マイン川沿いの～」を意味している。

(3) オスロ／ノルウェー王国の首都、ノルウェー最大の都市、人口63万4千人、王宮、行政、立法、司法などの機関が集まる。ノルウェー人口の12.9%を占め、現在も毎年1万人ずつ増え続け、この増加ペースはヨーロッパでもかなり早い。

(4) ノルウェー・クローネ／ノルウェーの通貨、略称NOK、クローネとは王冠を意味する言葉でデンマークやスウェーデンも同じ。

第2話　ナショナルシアター

9月29日（土）　東京晴れ、フランクフルト曇り、オスロ曇り

　フランクフルト行きジャンボ機は定刻に離陸、満席だった。毎日、こんなに多くの人がヨーロッパを行き来しているのだろうか。少しビールをいただき、消灯となったので眠りについたが眠れなかった。前の座席の背に取り付けられた液晶モニターで映画を2本ほど見た。目が疲れるどころか冴えて眠れなかったが、いつの間にかウトウトして深い眠りについた。

　気が付いたとき、ジャンボ機はバルト海上空に差しかかろうとしていた。もうこんなに来たのか。眠りというものは人から時間を奪い取る達人だな。機内が明るくなり軽い朝食が配られた。到着予定時刻は早朝5時20分、深夜0時過ぎに寝て早朝起きたような感じだが、そこには7時間の時差があった。起きると、出発前から気になっていたことが再び脳裏をかすめた。

　フランクフルトのようなマンモス空港の中を動き回り、たった1時間でオスロ行きに乗り継ぐことができるだろうか。とても気がかりだった。でも、空港から外に出るわけではなく、ただ飛行機を乗り換えるだけなので大丈夫だろう。

　ジャンボ機からボーディング・ブリッジを渡り、到着ロビーに入った所で数人の空港職員が、降りてきた乗客に乗り継ぎ飛行機の出発ゲートを案内していて、その中に日本人男性がいた。良かった。この人にオスロ行きの出発ゲートを聞こう。しかし、私と同じように考える人は他にも多くいて、すぐには質問できず順番を待たねばならなかった。焦っていたがやみくもに行くわけにもいかず順番を待った。

「お父さん。ここに貼り出されているよ」

　見ると、行き先ごとの出発ゲートナンバーが表になって近くの壁に貼られていた。目が4つあるということはこんなとき便利であった。

「A‐21だ。急ごう」

Ａゲートを示す矢印の方向へ小走りで走りだし、妻が追いか
けた。Ａゲートにはすぐに着けるだろうと思ったが遠かった。前
方に数百人はいるかと思われる大勢の人々が右側にあるゲート
に向かって殺到していた。ゲートのボックスにいる職員が一人ひ
とり書類をチェックしていた。この人たちは空港の外に出る人た
ちだろうか。多くのゲートが横並びにあるが閉鎖されており、機
能しているのは皆が並んでいる１つのゲートだけだった。私は、
この列に並ぶかどうか迷った。そこに何か表示されているが分
からない。これに並んでいたらとても間に合わない。この大勢
の人たちの後ろを抜けてまっすぐ行っている人も多くいる。どう
すればよいのだろうか。とりあえず並ぶことにした。なんとなく
そうしなければならないような気がした。しかし、並んでゲート
まで行ったとき、並ばなくてもよかったのなら取り返しがつかな
い。知らない国に来て言葉が分からない、字が読めない、とい
うことはそういうことだった。私は、考えが甘かったことを悔や
んだ。人の流れは遅々として進まない。オスロ行きには間に合
わないだろう。覚悟を決めるしかなかった。
　そのとき、先ほどの日本人男性が列の後ろを抜けようとして
通りかかった。妻を並ばせたままにして、人を押し分けながらそ
の男性に近づいた。
「すみません。Ａゲートに行きたいのですが、この列に並ばな
ければならないのでしょうか」
「並んでください。Ａゲートはあの向こう側にあります」
　大勢の人が並んでいるゲートを指さした。
「ありがとうございます」
　幸運だった。頭を下げ、人を押し分けながら列に戻った。
「並ばなければいけないらしい」
「やっぱりそう」
　流れは依然として遅々として進まない……。そのうち数人の
職員が奥から出て来て他のゲートも一斉に開放され機能し始め
た。先ほどに比べるとすごい勢いで列が流れ始めた。しめた、
これで間に合う。そこが入国審査だった。

　ゲートを抜けてしばらく行くと、またしても長蛇の列、手荷物検査だった。検査は厳格で、妻は靴まで脱いで検査された。リュックサックを持っていたらと思うとゾッとした。私を担当した検査官は、日本に行ったことがあると言って片言の日本語であいさつをしてきた。最後は、フジヤマ、ゲイシャまでしゃべった。私は笑顔になっていた。

　大きなエレベーターで数階下に下り、長い通路を小走りで抜け、やっとの思いでＡ−21に着いた。
「しまった」
　出発ゲートの表示盤にオスロ行きの表示がなかった。
「どうしよう」
「下に赤字で何か書いてあるよ」
「えっ、あっ、Ａ−24に変わったらしい。さすがお母さん。いつもお母さんが先に見つけるなあ」
　Ａ−24に移動、何かアナウンスしている。
「オスロ行きルフトハンザ機(1)の出発が少し遅れるらしい」
「そう」
　遅れる時間がプラスされても乗継に余裕はなかった。あのとき、あの人が通りかからなかったらどうなっていただろう。列を出たかも知れない。知らない所に来て、確信が持てない行動がどれほど不安なものか。これからも起こり得るであろう事態を懸念するしかなかった。

　ルフトハンザ機は20分ほど遅れて午前９時半頃、静かで美しい森に囲まれた空港へと着陸した。到着ゲートを出た後、どう行ってよいか分からないまま、乗継する人はいないだろうと多くの人が行く方へついて行った。ショッピングマーケットのように商品がたくさん陳列されたところの左側に大きな空間があり、そこがバゲージクレームだった。ターンテーブルに乗って出てくるのはキャリーバッグばかりで、リュックサックが出て来るまでにとても長く感じられた。ほんとうにオスロまで運ばれただろうか。少し心配になっていたとき、リュックサックが２つ並んで出てきた。

「あっ、出て来た。よかった」

　日本の田舎空港から北欧の空港まで荷物が間違いなく私たちについて来るなんて、いまさらながら空港システムの素晴らしさに感心した。

　リュックサックを担いでマーケットとは反対側の奥にある通路へと入った。正面に入国を審査するような事務所の窓が見え、中年の女性審査官と若い男性審査官が私たちを見ていた。パスポートを取り出しながらそちらの窓に向かった。女性審査官は、私と目が合うと出口を指さして行けと合図した。あっけにとられながら何も審査を受けないまま外に出た。

　私が緑、妻が青のウインドジャケットを着ており、２人そろっていると遠くからよく目立った。善良そうな日本人夫婦が降りて来たと思われたのだろうか。

「お父さん、あそこ」

　見ると、出迎えの人たちの中に私の名を書いたB4くらいの白い紙を胸の前に示した男性がいた。またしてもお母さんが見つけた。

"I'm Katsuragi."

　名乗ると車へ案内してくれた。黒い立派なヨーロッパ車が明るい出口の方を向いて待機していた。革張りの後部座席に２人並んで座ると車は音もなく走り出した。

"Nice car."

"Thank you."

　運転手は、車の説明をし始めたがよく分からなかった。車はすぐ高速道路に入り、滑るようにオスロ市街へと下りて行った。車窓から見える丘陵地と林、建築物の雰囲気、既に紅葉しているカエデなどの木々が作り出す景色が絵本のようでとても新鮮だった。私は、厳しい季節を迎えようとしている北欧の風を感じていた。

　やがて、車は壁が淡い色で塗られた数階建ての古い建築物が立ち並ぶ市街へと入り、間口の小さい玄関ドアが２つある宿の前の路肩で止まり、運転手が降りてドアを開けてくれた。まだ午

前中だったのでアパートメントの玄関ロビー⁽²⁾はひっそりと静まり
かえっていた。チェックイン用の電子機器があったが使い方が
分からず、奥に向かって声を掛けたら右奥の通路から少し小柄
な北欧美人が出て来た。少しどぎまぎしながら、

"Check-in please."

"Check-in is from 15：00."

"Is that so."

　少し困った様子でいると、彼女は機器を操作し、午前中で
あったが部屋に入れてくれた。

　整頓されたきれいな部屋だった。アパートメントなので調理
器具がそろっていて、見たことのないコーヒーメーカーらしい機
器がシンクの横に置いてあった。私は、明朝出発するフィヨルド
ツアーの出発駅がどこなのか分からず、オスロに着いたらまず
その駅を確認しなければならないと考えていたから、食材を買っ
て調理する余裕などなかった。ツアーといっても添乗員がいる
わけではなく、旅行会社にツアーの計画を作ってもらっただけ
で、2人きりで計画通り行動しなければならなかった。

　さっそく1階に下りて、女性が出てきた通路の奥へ進むと左
側に小さな事務所があり、彼女が1人でパソコンを操作してい
た。

"Excuse me. I'd like to this train tomorrow morning.
Please tell me how to the station."

　事務所から出て来た彼女にツアーのチケットを見せた。彼女
は、チケットを持ってパソコンに戻り何かを調べた後出て来て、

"It's about 15 minutes to the station. There is tram stop
at the top of this road. If you go left there, you will see the
entrance to National Theater station."

"Take the 8:21 train from that station tomorrow morning."

　彼女が言った言葉がすべて理解できたわけではなく、彼女が
間違いないようにと発車時間、8時21分とだけ紙に書いたメモ
を受け取った。

「えっ」

チケットにはオスロス発 8 時 25 分と書いてある。私は、わが家のパソコンの地図検索で宿とオスロ中央駅を調べ、宿から 5 〜 6km はあるなと思っていた。だが、チケットの表に書かれている駅名はオスロ駅ではなくオスロの後に S が付いたオスロス駅である。同じ駅の構内なのだろうか。分からなかった。

　"Can I get a map."

　すぐ近くに地図の綴りがあり、彼女は 1 枚切り取って渡してくれた。

　"Is Oslos station here ?"

　"No, it's Oslo Central station."

　"Where is Oslos station."

　地図にボールペンで丸印をしてくれたがそこは駅らしくなかった。

　"Is it okay to take the train from National Theater station."

　もう一度、彼女にチケットに書かれた発車時間を示した。

　"Same Same. Take the 8:21 train."

　"Yes thank you."

　彼女と別れた。とは言ったものの私は彼女が発した言葉の半分も理解できていなかった。ほんとうにそこの駅で乗って大丈夫だろうか。たった 4 分間でオスロス駅に行って 8 時 25 分発の列車に乗れるだろうか。もし違っていたら取り返しがつかない。彼女が言っていることがよく分からなかった。とにかく駅に行こう。

　部屋に戻ると妻はベッドで横になっていた。少し寒気がするらしい。

「大丈夫か、駅を確認しに行くよ」

「ああ」

　物憂げな生返事だった。

　トラムの停留所はすぐ分かり、左に進んだが駅らしい建物は見えなかった。

「もう少しまっすぐ行くのかも知れない」

　停留所に戻り宿の方から来た道をそのまま進んだ。道は下り坂となり人気がだんだん少なくなった。
「やっぱりこちらではないな。戻ろう」
　先ほどの停留所から彼女が言った左の道へ行ってみたが駅は見えなかった。引き戻そうと停留所の方へ帰りかけたとき、右上の道からご婦人が下りて来た。
"Excuse me. Please tell me the location of National Theater Station."
　ご婦人は、私たちの後ろ方向にあるトンネルの入り口を指さした。確かにナショナルシアターと書いてある。
"Thank you very much."
　トンネルに入って行くと、少し広くなったスペースに事務所のような窓があったが無人で切符の自動販売機があるだけだった。そのまま進むとトンネルは左右に分かれ、何も分からぬまま左へ進み、エスカレーターで地下深い場所へ下りて行くと、とてつもなく大きな薄暗いトンネル状の地下空間が足元に広がり、エスカレーターは、コンクリートの床へと少しずつ私たちを下し着地した。まるで巨大な地下壕だった。真ん中をまっすぐに突き通ったプラットホームがあり、左右の低くなったところをレールが2本、ホームに沿ってまっすぐに伸び、レールの端は前後とも地下空間に刺さった次のトンネル内に消えていた。
　ホームをまっすぐに歩いて行った。どちらの線路がオスロス駅へ行くのだろうか。ずいぶんと長いホームだった。反対側の入り口に近づいたところに大きな時刻表2枚を貼った掲示板があった。暗くて時刻がよく見えなかったが、縦に並んだ駅名の中にナショナルシアターという文字が読めた。この横の列に書かれている時刻がこの駅を発着する列車の時刻だろう。8時21分を探した……。あった。そのとき、ものすごい轟音とともに黒い大きな列車が、私たちが来た方向のトンネルから出て来た。ホームにいた乗客が一斉に列車に乗り、幾人かの人が列車から降りると、間もなく列車は轟音とともにこちら側の暗いトンネルへと消えていった。

エスカレーターに乗ってこちら側の駅入り口に上がった。こちらの駅構内には花屋さんがあって少しにぎわっていたが駅事務所は締まっており、やはり、切符の自動販売機があるだけだった。駅の職員にオスロス駅への行き方を聞きたかったが、仕方なくスーツ姿の若い紳士にチケットを見せながら尋ねた。

"I'd like to go to Oslos station."

"This train doesn't stop at this station. Get on from track 3. This is the third station."

"Thank you very much."

　ホームのことをトラックと言うのだろうか。何か違った答えが返ってきたような気がした。後で調べたところトラックはプラットホームと並行した線路のことで、直訳すれば○番線とでも言うのだろうか。次に切符の買い方を質問しかけたとき、若いご婦人が乳母車を押しながら近づいて来て紳士を促し一緒に去って行った。なんだか急いでいるようだった。

「切符は買えないし歩いて行こうか」

　回転式のドアを押しながら駅の外に出た。ナショナルシアター駅に入った入り口の方向はなんとなく分かったが、オスロス駅へはどちらへ行って良いか皆目見当がつかなかった。あきらめて駅の構内に戻り、ホームに下り、もう一度時刻表を確かめたが何も結論が出なかった。

「3番トラックは、オスロス駅とは反対に行くような気がするが大丈夫だろうか」

　妻は無言だった。

　轟音とともにまたしても怪物のような黒い列車が4番トラックに入って来た。オスロス駅はホテルから見てナショナルシアター駅より向こうにあると思うので、たぶん、これに乗ればオスロス駅に行くのではないだろうか。でも切符がない。怪物列車が轟音とともにトンネルへ消えて行き、静かになった長いホームをもとの入り口の方へと歩いて行った。エスカレーターに乗り、トンネル通路を通って自動販売機のところまで来た。ひっそりとして誰もいなかった。オスロス駅までの切符を買うのにどのように操

作したらよいか確認したが分からなかった。あきらめてホテルに帰ることにした。

「とにかく、明日の朝は1時間以上前にここに来て、4番トラックから列車に乗ってみよう。たぶんオスロスへ行くだろう」

　ホテル近くの喫茶店のような店に入った。夕方近くになっていたが昼食をとっていなかった。

「夜、美味しいものを食べるとして、ここで軽いものを食べよう」

「ああ」

　美味しそうなパンとサラダ、コーヒーを2人分注文した。小さな子供を連れた若いお母さん方がおしゃべりに夢中になっていた。通りを歩く人が見えて素敵なお店であったが、支払いは通常の倍くらいの料金だった。聞いていたとおり物価が高いのだろう。

　ホテルに帰ると妻はすぐベッドに入った。まだ寒気がするのだろうか。妻は大事なときこのような状態になることがこれまでも多々あった。大丈夫かと聞いてもろくな返事がない。頭が痛いのか痛くないのか、寒気がどの程度なのか全く分からない。またか……。

　ロビーに下りて彼女にもう一度オスロスの位置を確認した。やはり、ナショナルシアター駅より向こう側だ。4番トラックから乗って間違いないな。

"Is it okay not to buy a ticket to Oslos."

"Same Same. No problem."

　このとき彼女は、私が言ったオスロスという言葉がオスロ中央駅を指す言葉だと思ったのかも知れない。しかし、私の頭の中ではオスロス駅とオスロ中央駅は同じ駅ではなかった。

　この後、彼女は長く話し、オスロス駅まで行かなくても8時21分の列車に乗れば大丈夫と教えてくれたのであろうが、私は理解していなかった。ただ、

"I will not be there tomorrow morning because you are leaving early."

　付け加えた言葉だけが理解できた。

"Thank you very much goodbye."

　これでお別れかと思うと一抹の寂しさが北欧の風のように私の胸を冷たく過った。

　部屋のドアを開けたときは既に 19 時近くになっていた。

「食べに出ようか。腹が減っただろう」

「1 人で行って来て。何もいらない」

「もう、オスロに来ることはないよ」

　無言だった。私は、なんとなくすっきりしない気持ちで部屋を出て行った。

　淡い色の古い 4、5 階建ての建物が立ち並ぶ街はどんよりとした雲と上手に調和し、北欧の雰囲気を醸し出していた。まだ夕方の延長のような薄明るさの中で人も車も家路を急いでいた。

　妻との間には人知れぬ確執があった。いつの頃からだろうか。たぶん、定年と同時に長い単身赴任から我が家に帰った頃からだろうか。そこには妻と子供たちだけの別な社会が出来上がっていた。良かれと思って何か意見を言うと、何も分かっていないのに黙ってて、理に適っている意見だと思っていても跳ね退けられた。後は黙っているか、言葉を荒げて言い返すしかなかった。言い返すと何を尋ねても返事すらしない無言の日が続いた。今日は少し機嫌がいいかなと感じても、夕食後はテレビドラマを見にさっさと 2 階に上がって行った。私は迷惑な異邦人でしかなく、子供が小さかった頃の妻に戻ることはなかった。この旅行はいつになく機嫌がよく私に従順だった。家では自分が 1 番、私が 2 番、外に出ると色んなことが私に劣るので 2 番に甘んじる。動物の社会にあるような不文律が自分たちの意識とは別に自然と出来上がっているのかも知れない。

　居酒屋にでも行こうと思って何軒か覗いたがどこも混んでいて、なんとなく 1 人では入りにくかった。せっかくのオスロなのに。旅は始まったばかりであったが少し焦っていた。

　後ろ髪を引かれる思いでコンビニエンスストアに入り、ビールとパンを買って帰ることにした。ところが、コンビニエンスストアではアルコールを取り扱っていなかった。

"Do you have beer."

"No."

"Do you know where beer is sold."

"A few houses away."

"Thank you very much."

　数軒先は普通の古い建物だったが、ドアを開けて出て来た人が食料品をいっぱい詰めた袋を持っていた。なんだ、ここはスーパーマーケットなのか。知らなければ分からない。ドアを押して中に入ると食料品がいくつかの部屋に分かれ所狭しと陳列されていた。昔からの建物を大切に活用し、現在の社会に合わせて使い続けるのがヨーロッパスタイルなのかも知れない。ビールらしき飲料品が置いてある奥まった部屋に行き1本取ってみた。ビールだった。いろんな種類があり迷っていると、体格の良い中年の男性が寄って来て指さしながら親切に教えてくれた。

"Non-alcoholic　Light　Lager."

"Thank you."

　大き目のラガーを1本取って食品と食品の間の狭い通路をレジに向かい、レジにいた若い男性が金額を示してくれた。小銭がよく分からなかったので持っている小銭を全て掌に載せて突き出すと彼は、少し大きめのコインをポンと取って、釣りの小さなコインを掌に載せてくれた。

　ドアを開けると妻はまだ横になっていた。

「パン買って来たよ」

「いらない」

　なんとなく物足りない気分でいっぱいであったが、パンをかじりながら少し甘みのあるビールをゆっくりと飲み、バルコニーに出るドアの窓から淡いクリーム色をした隣の建物の背後を灰色に覆うオスロの空を見ていた。

　よくここまで来れたものだ。今頃、フランクフルトの空港で次の便を探してウロウロしていてもけっしておかしくなかった。受け取られないリュックサックが2つ、ターンテーブルに乗ってグルグル回っている光景を思い浮かべると、ブルっと身体が震え

た。無謀な旅なのかも。でも、2人だから行けるのかも知れない。私は、妻がダウンしないことを祈った。

　東京～フランクフルト～オスロ（約 10,510km）

［注］
(1) ルフトハンザ／ドイツ最大の航空会社、2015 年 4 月時点で世界 98 か国 274 都市に就航、売上高は世界第 3 位（398 億ドル）。
(2) アパートメント／アパートメント・ホテル、ホテルスタイルの予約システムを使用する装備の整った集合住宅、固定契約がなく居住者はホテル同様、好きなときにチェックイン、アウトできる。

第3話　フィヨルドツアー

9月30日（日）　オスロ晴れ　ミュールダール晴れ　ベルゲン雨

　6時半に宿を出た。街はまだ薄暗かったが、ナショナルシアター駅に着くころには明るくなった。駅には下りず歩道をこのまま東側の入り口まで歩くことにした。左側は王宮の広々とした公園、道路側は市内電車が走っている。昨日確認したのでおおよその方角は分かっていたが、東側の入り口が見つからず間違ったかなと思っていたら、少し南寄りの低くなった所に入り口があった。昨日、付近を少し歩いていたので街の建物に見覚えがあり、そう遠くはないだろうと感じていたとおりだった。

　地下ホームに下り、ほどなく4番トラック入ってきた列車の高いステップに登るようにして乗り込むと同時に女性車掌がやって来た。私たちが乗り込むところを見ていたのだろう。熟練した素早い検札であり、アパートメントの彼女が違う意味で言ったかも知れないセイム、セイムという言葉に勇気づけられ、オスロスまでの切符を買っていなかったが躊躇せず、

"I have a ticket for a fjord tour."

"Show me."

"Please." ……

"Are you Okay."

"Oslo Central station is the next station."

"Thank you."

　よかった。オスロスはネクストなのだ。彼女がオスロス駅のことを言ってくれたと思った。

　列車は暗いトンネルの中を走っていたが急に明るくなり、オスロス駅の構内に入って来た。思ったより大きい駅だった。

"From number 3 truck to Bergen."

"Thank you. Thank you very much."

　熟練女性車掌はホームまで下りて来て右手を大きく回し、3番トラックへの行き方を教えてくれた。私は嬉しかった。遇う人、

遇う人、皆親切で、私たちの無謀なヨーロッパ鉄道旅を応援してくれているような気がした。

　発車まで時間があるので売店を覗き土産物を見ていたらオスロ中央駅の文字が目に入った。

「そうなのだ。オスロス駅なんてないんだよ」

「どうして」

「英語の綴りはセントラルの頭文字がＣだが、ノルウェー語ではＳなのだ。Oslo sentralstasjon だからその頭文字を取ってOslo s なんだ」

「s がつくことで中央駅を示しているんだ。ここは中央駅なのだ。よく来れたもんだ。ナショナルシアターで逆の線に乗っていても決しておかしくなかった」

「そう」

　ベルゲン行きの急行列車は発車の 30 分前、言われたとおり 3 番トラック[(1)]に入って来た。車体の赤い列車だった。他にもフィヨルドツアーに行くらしいアジア系観光客のグループが何組か列車に乗り込み、引き続いて私たちも乗り込んだ。8 時 25 分、列車は何の合図もなく、音もなく 3 番トラックを後にし、まもなく暗いトンネルに入った。突然、トンネルの横壁が遠のき、大きな地下空間に突入した。ナショナルシアター駅だろう。何かのとき、オスロ市民が逃げ込むことも考えて巨大な地下空間を造ったのであろうか。昨日も感じたのであるが、日本の地下駅とは異なる空間の巨大さと暗さがなんとなく不気味だった。

　列車はいくつかの駅を素通りし、サンディビカ駅[(2)]で停車、向かい側のホームに普通列車が停車していて乗車中のお客がいた。私たちの急行列車を先に行かせるために待っているのだろう……。そうか。ナショナルシアター発 8 時 21 分はこの列車だったのだ。旅行会社でセットされた計画どおり行動しているのですっかり忘れていたが、先に行って乗り換えるという方法もあったのだ。そうだったのか。彼女に悪いことをした。

　列車は市街地を抜け、農家と牧草地が広がる田舎を過ぎ、山岳地帯に入って来た。山小屋風の別荘が点在し、どの家の前に

も旗竿があった。家主が滞在している別荘には国旗が掲揚されているらしい。あちらの別荘もこちらの別荘も国旗が掲揚されている。なんと素晴らしい。今日は日曜日だった。自然環境を大切にしているノルウェーの多くの人たちは、家を2軒保有しているそうだが、物価が高いのにこの豊かさと国家を敬愛する姿勢は何なのだろう。

　やがて、別荘も見えなくなり遠い山の頂が雪化粧となっているのが見えた。列車は、やや喘ぎ喘ぎ走っている。少しずつ高度を上げているようだ。とうとう辺り一面真っ白となり、窓の外が横殴りの吹雪となった。まだ9月というのに、これが豪雪地帯を行くベルゲン急行だった。オスロ中央駅を出てから4時間半になろうとしていた。

　ミュールダール(4)は峠の駅だった。1,000mは超えるかと思われる山が前後に迫り、頂上部は雪に覆われていた。小雪交じりの霙が降る中、多くの人がホームへ降りた。皆、フィヨルドツアーに行くのだろう。駅舎の軒下は霙から逃れる人でたちまち1杯になった。オスロから乗ってきた赤い列車はホームを離れて峠を下りて行き、大勢のツアー客がホームに取り残された。

　しばらくして、反対側のホームに深い緑色の列車が入って来た。列車が完全に停車し、ドアが開くのを待ちかねるようにして皆、次々と乗り込んだ。滝が間近で見えるという側の座席にアジア系観光客の多くが殺到したため反対側の座席は空いており、私たちは、そちらの座席の窓よりの席につくことができた。霙は上がって晴れ間が覗いていた。

　車掌が検札に来たのでミュールダール、フロム(5)間のトレインリザベーションチケットを見せたら No. と言われ、フィヨルドツアーチケットを差し出した。

　"Yes."

　車掌はチケットをちらっと確認しただけで戻してきた。もう、この列車を含め、オスロ中央駅からフィヨルドツアーは始まっていた。列車はキーキーとブレーキをかけながら急な坂をゆっくりと下りて行った。滝が間近に見えるといって殺到した側は山肌

で、こちら側は谷底から向かい側の山肌まで絶景が広がった。

"Oh beautiful！"

誰かが叫んだ。向かいの山々の雄大さ、山肌を流れ落ちる幾筋もの細い滝や谷底の山道をトレッキングする人まで見渡せた。大自然のパノラマに圧倒され、列車は氷河が削り取ってできた山々の織り成す自然と一体になっていた。アジア系の観光客が私たちの足を踏まんばかりに寄って来て、勝手に窓を下ろし写真を撮り始めた。皆、高級な一眼レフを持っていた。

やがて、谷底が広い湖となった。列車は相変わらずキーキーと湖を回り込むように下りて行き、湖からあふれ出した水が大きな滝となって音を立てて流れ落ちる所までやって来て、滝のしぶきが列車にかからんばかりの近くで停車した。乗客は、次々と降りて滝のそばへ行き写真を撮り始めた。私は、なんとなく人ともみ合うのがおっくうで、乗客のいなくなった車内から殺到した側の窓越しにこの列車ごと押し流さんとばかり流れ落ちる水の勢いを見ていた。

フロムは湖のそばにある駅のように見えたが、そこがフィヨルドの奥まった先端、船着き場がある駅だった。列車から降りる人の流れに乗って船着き場へやって来た。先のとがったスマートな大型ボートが係留されていて、黒々としたフィヨルドの海が広がり、冷たい小雨が降っていた。周囲には土産物店が数軒あり、ボートの出港までにはまだ1時間半ほどあった。

土産物売り場をひととおり見終わっても時間があったので売り場の入り口にある待合所の椅子に腰かけた。

「あのー。日本の方ですか」

「そうです」

隣に腰かけていた御夫婦は日本人だった。私たちのスタイルがトレッキングスタイルで日本人旅行者には見えず、声を掛けるのをためらっていたが、2人の会話を聞いて声を掛けられたそうだ。5組のご夫婦が一緒で北欧ツアーの終盤だった。しばらく話していると皆さん立ち上がり船着き場の方へ出て行こうとした。出港までにはまだ時間があった。

「もう行かれるのですか」

「添乗員の方からこの時間には船のタラップの所に来るように言われています」

　少し早いと感じたが皆さんに同行することにした。乗船口の所には既に数人の人が並んでいた。

「えっ、ひと月以上もヨーロッパを旅行するのですか」

「ええ。荷物はこのリュックサック１つだけです」

「添乗員さんもなしに……。会話が堪能なのですね」

「できません。片言で何とかなるでしょう」

「うらやましい」

　私たちの後ろには長い列ができ、アジア系の人たちの一団が私たちの横に並んだ。

"Please line up."

　日本人ツアーの女性添乗員さんが、彼らに向かってやや強い口調で諭したが動く気配はなかった。

　乗船開始となり、私たちと一緒にアジア系の人たちも乗船した。ツアーの人たちは添乗員さんの誘導で上の階へ行かれたが、私と妻は船首近くの窓際の席に付いたので乗船して来る人たちの様子がよく見えた。ほとんどがヨーロッパ系の人々で、車椅子のお年寄りも家族に押されながら乗船していた。フィヨルドは多くの人を引き付ける魅力があるのだろう。

　16時少し過ぎに出港した。あれだけ多くの人が乗船したのに全ての人に席があるようだった。子供たちが部屋からデッキと、そこらじゅうを走りまわり、デッキに出るドアをその都度開けるので冷たいが風が私たちの席を通り抜けた。深い群青の海、晴れ間を時々覗かせながら流れる厚い雲、切り立った岩肌、横の窓からもフィヨルドを堪能できたが、フィヨルド全体の景色と大自然を堪能するには寒くてもデッキの船首に立つしかなかった。ボートは手すりを設け、多くの人が船首部分に立てるような構造になっていた。出てみることにした。

　隙間がないほど多くの人が立っている。少し空いた手すりに滑り込んだ。突然、フィヨルドの大パノラマが広がった。ボート

はスピードを上げて走っている。群青の海を渡る風を身体いっ
ぱいに受け、両サイドの山肌が迫っている水平線のあたりをじっ
と見ながら、私はこの大自然と一体になろうとしていた。
「素晴らしいね」
「ほらあそこ」
　高い岩肌から大量の水が流れ落ちる滝が幾筋か見えた。ボー
トは、氷河が削った山肌が高いと言われるソグネフィヨルドの中
央を突き進んでいた。
　ふと気が付くと横にいた人たちが立ち去り、車椅子のおばあ
ちゃんが、椅子を押されながら入って来た。ボートは流れ落ち
る大滝のそばに行くらしく右に舵を取りスピードを落とし始め、
行き足が止まりかけたとき大滝が目の前に広がった。私は大滝
も気になったが、横に入って来たおばあちゃんも気になってい
た。おばあちゃんは大滝を見ているようで見ていなかった。そ
の目は虚ろで焦点がなく、長い年月を生きて来て高齢となり、記
憶を失い、今、自分が何処で何をしているのかも分かっていな
いようだった。たぶん、大自然を見せてあげようという親心と言
うか子心から連れて来られたのだろう。気が付くと妻もおばあ
ちゃんを見ていたが、私が振り向いたので大滝の方へ視線を変
えた。表情が暗くなっていた。
　妻の母も記憶を失っていた。妻は、以前から気付いていたよ
うだったが、私は、義母が暴れて義父を引っ掻いたり、夕刻、
スリッパのまま屋外を徘徊するようになってそのことに気が付い
た。義母がいなくなると義父が慌てて電話をかけてきた。妻は、
母を探しに出かけて行った。ある日、義母は徘徊の途中、右足
大腿部の付け根を骨折して入院した。京都から武子さんが帰っ
て来て妻と交代で病室に泊まり込んだ。退院してからも昼間は
デイサービスに通ったが、夜は家に居たので誰かが世話をする
必要があった。武子さんが京都に帰ると妻が実家に泊まりに行っ
た。
「なんしに来た」
「あんたが面倒掛けるからよ」

　義母と妻の間にも子供の頃からの確執があった。

「私の子供はあんただけじゃあない」

　それを言われる度に妻は寂しい思いをした。義母は若い頃、小学校の教師をしており、クラスにはかわいい子供たちがいた。妻が幼かった頃、山間部の学校に単身赴任していて週末にしか帰って来なかった。家には父と兄、義母の両親のおじいちゃん、おばあちゃんがいるだけで、妻は、3歳から2kmほど離れた保育園へ、同じ保育園に通う近くの養護施設の子供たちの後ろを追いかけながら歩いて通った。

　優しい嫁の武子さんに比べ強い口調で当たる妻は義母から嫌われていた。義母は妻が泊まった夜、おむつを下ろしベッドで放尿した。

「あれは私へのあてつけよ。あたんしているのよ。犬や猫と一緒よ……。こんなときにヨーロッパなんかに行けるわけがないじゃあない」

　私にあてつけるようなやけっぱちな言い方だった。私は、妻の悲しさを分かろうとせず1人で行こうと考えていた。

　盛りの頃は教師として多くの人から慕われ、地位と名声のあった義母、老いて自己を失うということは、そんな名誉も地位も全てをかなぐり捨て、ときとして獣のような心がむき出しとなる1人の老女と化してしまう。妻がヨーロッパに行く気になったのは武子さんに薦められたからであろう。すべての面倒を武子さんに渡して、妻は私について来た。

　ボートが大滝の直前に近づくと、ツアー客の多くが船首に出て来てもみ合うような状況となり、車椅子はキャビンへと引き上げていった。妻は、気を取り直したのか大滝の写真を撮り始めた。大滝まわりの遊覧が終わるとボートは大河のようなフィヨルドの中央をまっしぐら、スピードを上げて航走し始めた。波をたたく小刻みな振動、スクリューでかき回されたウェーキ、湧き上がる水魁、ほのかに潮の香りがした。ああ、ここは海なのだ。

　わずか2時間ほどの航海でボートがフィヨルドから外海へと出ることはなく、途中、舵を左に取り、別の切れ目の奥へと入っ

31

て行った。とてつもなく長大なフィヨルド、ツアーは鷲のかぎ爪のような亀裂の先端から隣り合わせたもう１つの爪の先まで移動しただけだった。

　やがて爪の先端、グドヴァンゲン(6)という船着き場に着き、10台ほどのバスがツアー客を待っていた。岸壁に近いバスから満席となり次々と出発した。下船が遅れたこともあり少し遠くのバスへと走った。

「よかった。空いている」

　急いで乗り込み、大きなリュックサックは網棚には入らないので抱えた状態で席に付いた。８割ほど席が埋まったところで運転手のスピーチが始まった。注意事項をしゃべっているのか、途中の運行状況をしゃべっているのか皆目分からない。このバスで送ってもらう駅までの所要時間は約１時間20分、列車の出発時刻は19時38分、既に18時を大きく回っていたがスピーチは一向に終わる気配がなかった。少し心配になって時計の針をにらんでいた。乗客のほとんどがいろんな国の人々であったと思うが、話の速度を緩めるでもなく朗々としゃべり、スピーチは終了、バスの車列の後を追うようにして出発した。前を行くバスは既に見えていなかった。

「間に合うかなあ」

「分からない」

　空いている席に移動しリュックサックを横の席に下ろした。妻も私が座っていた席に下ろした。車窓は暗くなり、周りの景色は見えず、スピードを上げていることだけが分かった。この辺りがハルダンゲル地方(7)だろうか。フィヨルドにかかる巨大なハルダンゲル橋はこの近くだろうか。バスに揺られながら、暗く底知れないフィヨルドから吹き上がる冷たい風を感じていた。

　バスはヴォス駅(8)から少し離れた空き地に停車した。あたりは暗くどちらの方向が駅なのか分からない。ただ、他の乗客の後を追うようにして走った。右へ曲がったところからなんとなく線路の横を走っているような気がした。遠くに見える明かりが駅の入り口だろう。妻は遅れていた。明かりのところまで来て振り

返った。いない。立ち止まった。何人もの人が横をすり抜けて行く……。闇の中に妻の姿が見えた。

「よかった。急げ！」

　ホームへ駆けあがり列車に飛び乗った。席に付き、リュックを網棚に挙げると同時に列車が動き出した。

「間に合った」

「ベルゲンは終着駅だからもう安心だ」

　暗い車窓を時々、明かりが横へ通り過ぎて行った。船が着くころから雨模様だったが、車窓に当たった雫が勢いよく横に走り、本格的に降りだしたようだった。

　列車は21時を少し回ってベルゲン駅に着いた。乗客はホームに降りて一斉に列車の前の方へ向かって歩きだした。私たちも同じように歩いて行くと、列車は駅に突き刺さるように入線しており、右側の出入り口のところで女性が私の名前を書いた白い紙を胸に掲げて待っていた。

"I'm Katsuragi."

"Oh Follow me."

　ついて行くと駅の横の路地に黒いワゴンのヨーロッパ車が停まっていた。乗り込むと革張りのシートが気持ちよかった。

"Nice car."

"Thank you."

　彼女との会話はそれだけだった。

　車はガタガタと石畳の凹凸を吸収しながら進んで行きホテルの玄関前に着いた。彼女はさっと降りてドアを開けてくれ、リュックサックの肩紐を持ち、妻に続いて車を降りた。雨が降り続いていた。

"Thank you."

　彼女は愛想よく微笑んだだけだった。

　チェックインを済ませ、多くの荷物を運ぶような大型のエレベーターでガタゴトと５階へ上がり部屋に入ると広い部屋にベッドが２つ並んでいた。

「何か食べに出よう」

「うん」

　レンガを横にしたほどの大きさの石で波打った石畳が雨に濡れ、街灯の明かりで光っていた。時折、車がガタゴトと通過する以外に人通りはなかった。もう22時近かったので開いている店などどこにも見当たらない。今日は日曜日だった。それでも何か口に入れねばという気持ちが2区画ほど歩かせ、明かりの点いた店へと誘導した。若い人の集まる軽食店のようだった。なんとなく店で食べる気がせず、ピザを持ち帰りにしてもらって部屋で食べることにした。

　妻がシャワーを浴びている間に飲み物を探してロビーに下りた。自動販売機のコーヒーメーカーがあり、書いてあることがよく分からず、コインを入れるようであったがコインも入れず紙コップを置いてボタンを押してみたらカフェラテが注がれた。フロントにいた女性に尋ねると、

“Don't enter money. Please”

　ラッキーとばかり2杯持って部屋に帰ったら丁度、妻がシャワーから上がったところだった。

「このカフェラテ薄いんじゃない」

「そんなことはないだろう。さっき入れたばかりだよ」

　飲んでみると薄く、とても飲めた代物ではない。薄くてしわいピザと薄いカフェラテで空いたお腹をごまかしてベッドにもぐりこんだ。

　フィヨルドの亀裂の奥へと吹き抜ける冷たい風が連れてきた、人々を厳しい冬へと誘う冷たい雨は、未明になっても降り続いているようだった。

　オスロ（ベルゲン線）～ミュールダール駅（フロム鉄道に乗り換え）～フロム駅（観光船に乗り換え）～グドヴァンゲン（バスに乗り換え）～ヴォス駅（ベルゲン線）～ベルゲン

　オスロ～ベルゲン（約463.6km）

［注］
(1) ベルゲン／ノルウェーの南西部の海岸に位置し、人口約26万5千

34

人、首都オスロに次ぐ規模の都市、国際的な養殖業、海運、海洋石油産業、海底技術の中心地でノルウェーの学術、観光、金融の中心地でもある。

(2) サンディビカ／ベルゲン線オスロ中央駅から7つ目の駅。

(3) ベルゲン線／ベルゲンとヘネフォスを結ぶノルウェーの鉄道路線、ヘネフォスからオスロに至る路線に乗り入れる。長さ496km、ハルダンゲル高原を横切る地点では標高1,237mに達し、北ヨーロッパの主要鉄道で最も高い地点を走る路線。

(4) ミュールダール／フィヨルド観光、ベルゲン線からフィヨルドへ下りるフロム線への乗換駅。

(5) フロム／ミュールダール間にフロム鉄道、フィヨルド観光船が発着する村。

(6) グドヴァンゲン／フィヨルド観光の交通拠点となる村。

(7) ハルダンゲル地方／西ノルウェーに位置し、北欧では珍しく気候が穏やか。

(8) ヴォス駅／フィヨルド観光の拠点となる駅。

第4話　ニューハウン

10月1日（月）　ベルゲン晴れ、コペンハーゲン晴れ

　朝、水を求めてロビーに下りた。水のペットボトルがコーヒーメーカーと同じ所にあったので、泊り客には無料かも知れないと思いつつもフロントの若い男性に聞いた。

"Water is 33 Kroner and coffee is 20Kroner."

　サービスではなかった。昨夜のカフェラテは出がらしだったのでサービスだったのか、薄くて不味かったはずだ。水を買って部屋に戻ると妻が窓を開けて外を見ていた。雨上がりの空気が新鮮で、山肌にちりばめられた色とりどりの家々がこちら側に向かって建ち、絵本のような風景にしばらく見とれていた。

「朝ごはんに行こう」

「うん」

　広いダイニングの小さな丸テーブルに陣取ってビュッフェスタイルの料理を取って回った。大きな野菜やチーズ、パンがふんだんに並べられ、見覚えのあるご婦人が私の前でサーモンを掬っていた。富山から来たという日本人ツアーの奥様だった。

「おはようございます」

「あら、同じホテルだったのですね。おはようございます」

　昨夜の夕食はどうされたか聞きたかったが聞かないことにした。状況を心得た添乗員さんがどこかのレストランでも予約していたのだろう。

「外国に来るとこういう朝食が口に合わないのよねえ。ご飯とみそ汁が恋しいと思いません」

「お嫌いですか」

「そうなのよ。主人は好きみたいですけど……。失礼します」

　御主人の待つテーブルの方へ行かれた。私は、ヨーロッパのこういう食文化が楽しみでもあった。特に焼き立ての大きなパンやチーズが盛り沢山に並べられているのがたまらなかった。空港までの迎えは11時に来ることになっていた。まだだいぶ時間

がある。

「街に出てみようか」

「うん」

　荷物を部屋に置いたまま出ることにして、食事から上がりがけにフロントでチェックアウトは 11 時頃でもよいか尋ねたら問題ないということだった。すっかり部屋に置いて行く気で部屋に帰り、出発の準備も終わってさあ出ようかと思ったとき、ガチャ、いきなりドアが開きホテルのボーイが中を覗いた。私は、すぐ通路に出て帰りかけたボーイを呼び止め、何の用かを確認した。

"Excuse me. I thought I had already left."

"No problem."

　部屋に入り、

「置いて行くのは少し心配だな」

「そうね」

「チェックアウトしてフロントに預けて行こう」

「その方がいいかも知れない」

　フロントの荷物預かり場所はフロントの奥ではなく、フロントから離れた誰でも入れる荷物置き場で鍵はなく、ドアも開けっ放しだった。

「ここも心配ね」

　結局、チェックアウトを済ませ、リュックサックを背負って街に出ることにした。

　北国ベルゲンの朝はさわやかだったがどことなく寂しかった。これから寒い季節に向かうからだろうか。それとも街の古さからだろうか。坂が多い。ベルゲンは天然の良港なのだろう。北極圏に向かうフェリーボートの母港らしいが、一度乗船してみたい気がする。

　ホテル前の通りを北に進み、右に折れ、坂を登って上の通りに向かって上がっていると、学生さんらしい若い男女が追い越して登って行った。

「大学があるのかも」

「ああ」

「港の方へ行ってみよう」

「うん」

　港の方角はおおよそ分かっていたが、ここから港は見えていない。若い頃の感覚を呼び起こし方向を決めて歩いていたら長い坂を登った上で海が見えた。

「港だ」

　少し冷たいさわやかな風に潮の香りがする。だが空は鉛色、水は黒く、昨日、ツアーの人たちにヨーロッパを廻ると得意げに言ったものの自信はなく、まるで私たちの行く手を暗示しているような海の色だった。

　波が打ち返す岸壁まで下りて来ると古い漁船が係留されていた。対岸の山が迫った岸壁に白い帆船シュタトラート・レームクール(1)が係留されているのが見えた。その前方にとんがり屋根のカラフルな家並み、ハンザ同盟時代の空気が漂うブリッゲン(2)が見えた。もう、あそこまで行く時間はなかった。私は、港を眺めながらフランクフルト空港での乗り継ぎ、地下駅ナショナルシアターで自分の予想を信じて乗った列車のことを考えていた。乗り継ぎが間に合わなかったり、予想が外れていたら今、こうして港を眺めてはいなかっただろう……。風の音が聞こえる。

　さざ波が立ち、黒い海面が幾分明るい群青の海となり、鉛色の空の隙間から一条の光が古い漁船の舳先付近の海面を射した。円形の波紋が2つ浮かび輝き、深い群青の海の底から頭にこぶのある白いイルカが2頭、顔を覘かせた。

「キュー、キュー」

　一声鳴くと徐々に広がる丸い波紋を残して底知れぬ海へと消えて行った。

「大丈夫！　私たちも行くから」

と、言ったような気がした。

「イルカがいたよ」

「何処」

　漁船の後方から近付いて来た妻には遠くまで広がった波紋し

か見えなかった。
「ホテルの方へ帰ろうか」
「うん」
　長い坂を登った坂の上に横へ延びる尾根道があり、しばらく進んでおおよそのところから反対側に下りた。どの家も人影はなく静まりかえっていた。下りたところの通りにホテルがあると思ってしばらく歩いたがホテルらしい建物は見えなかった。少し焦った。
「おかしいなあ。この通りだと思うが」
「もう１つ向こうの通りに行ってみたら」
　次の角を右に回って１区画向こうの通りに出たところで目の前にホテルが見えた。
　ホテルのロビーで少し待っていると背の高い男性が迎えに来て黒いワゴンに案内された。たぶん、昨夜の車と一緒だろう。車は石畳の振動を抜けると自動車専用道路に入った。途端、快適な乗り心地となり、少し坂を登っているような感じだった。円形交差点でスピードを落としながら半円を描き、やがて平屋で近代的、とてつもなく大きい体育館のよう建物の前で停車、空港ターミナルだった。送ってくれた男性にお礼を言ってターミナルに入った。
　広いフロアーには遮る物がなく、向こう端に搭乗受付カウンターがいくつか見えた。しかし、どのカウンターに行ってよいのか分からない。
「向こうの柱に電光掲示板が掛けてある」
「行ってみよう」
「えーと……。コペンハーゲン行きは、Ｆだ！」
　左端から３番目のＦカウンターで搭乗手続きを済ませ荷物を預け、まだ時間があるのでフロアーの端にあった売店に入った。
「この広いフロアーにしては小さな売店」
「そうだな」
　一回りして搭乗ゲートへ入って行くことにした。手荷物検査を済ませて長い通路を奥へと入って行くと大きなショッピング

マーケットに迷い込んだと思ったら免税ショップだった。
「うまくできているな」
「うん」
　買って帰りたい品物がたくさんあったが、我慢して搭乗ゲートへ急ぎ、ゲート近くの椅子に腰を下ろした。後ろの席に１人で座っているお母さんから声を掛けられた。
「日本の方ですか」
「そうです。これからコペンハーゲンに行って、そのあとヨーロッパを周遊する予定です」
「いいわねえ」
「ご旅行ですか」
「私の旦那はノルウェー人で、もう長いことベルゲンに住んでいます。孫もいますよ。法事があって鹿児島まで帰るところです」
「それは遠い」
「そうねえ。鹿児島に着くのは明後日になるかな。遠くで暮らしていると、こういうときは不便ねえ」
「ノルウェーに住まれて生活はどうですか」
「失礼よ」
　妻が口を挟んだ。
「そうねえ。物価は高いけど別荘もあるし、生活に不便を感じたことはないわね」
「素晴らしいですね」
　搭乗案内があり、お母さんが先にボーディング・ブリッジを渡って行かれた。
　スカンジナビア航空は、既にリタイアされたと思われるような体格の良いご婦人の熟練乗務員が勤務しておられた。生涯雇用の１つであろうか、皆さん溌剌として元気よく仕事をこなしていた。素晴らしい。やがて、お好み焼きの生地を鉄板に流したような平たい島が見えてきた。あれが酪農王国デンマークなのか。見えている広大な土地は牧草地だろうか。機は右に旋回しながらゆっくりと降下し始めた。
　両替所はバゲージクレームの出口付近にあった。１晩なのでと

りあえず２万円ほどデンマーク・クローネ⁽³⁾に交換して空港出口に向かった。コペンハーゲンでは是が非でもカラフルな家が立ち並ぶ運河沿いの町に行ってみたかったが、その町の名さへ知らなかった。出口にバスか地下鉄のチケット自動販売機が数台並んだコーナーがあり、文字も満足に読めない私が自動販売機でチケットを買うことは困難だった。何処か人が売るチケット売り場はないのだろうか。いくら見渡しても自動販売機しか見当たらない。仕方なく自動販売機で買うことにしてコーナーに入った。どのボタンを押していいのかさっぱり分からない。困った。

　"Where are you going."
　コーナーの入り口付近にいた男性がやって来た。
　"I would like to go here."
　スマートフォンに保存している町の映像を見せた。
　"Okay, alone, one way or round trip ?"
　"Two persons. Please go one way."
　"75 kroner for two, put money here."
　100クローネ札を挿入した。
　"Press here, Press here, Yes Two tickets, Yes Change."
　"Thank you."
　男性に頭を下げ、妻のところに行き２人そろってもう一度頭を下げ空港ロビーを出た。出たところの下方に大きな道路が横たわっていた。なんだ、空港ロビーは２階だったのか。そのまま歩道橋を渡って道路の向かい側へ行けるようになっていた。歩道橋を渡らずに右の階段を道路に下りるとバス停があった。
「とりあえずバス停に行ってみようか」
「うん」
「ところで、この切符はバスのだろうか地下鉄のだろうか」
「さあ」
　バス停で女性が１人バスを待っていたが、なんとなく声を掛けづらかった。案内地図が貼ってあったがさっぱり分からない。よく見るとバス停はここだけではない。道路のこちら側にも向かい側にも一定の距離を置いていくつかのバス停がある。それぞ

れバスの行き先が違うのだろう。何も分からずにバスに乗ること
は危険だった。空港ロビーから来た一団が、がやがやと階段を
下りて来てバス停の周りにやって来た。

"I would like to go here. Is this bus stop okay."

　携帯に映し出された写真を見せたが、手を横にかざして、分
からないという仕草をされた。アルゼンチンから旅行に来た人た
ちだった。

「危険だな。歩道橋を渡って地下鉄の駅に行こう。何か分かる
かも知れない」

「うん」

　駅には間もなく発車しようとしている電車が待機していた。コ
ペンハーゲン(4)空港は市内中心部の南東、アマー島(5)にあり、どの
みち電車は隣のシェラン島(6)にある中心部の方へ行くだろうと勝
手に考え飛び乗った。電車は混んでいて吊革につかまったもの
の少し不安だった。次の駅で乗客が何人か降りて席が空いたの
で４人掛けのボックス席に並んで腰かけた。向かいの席に好青
年が座っていた。

"Are you Japanese."

"Yes."

"I am learning Aikido."

　しめた。こんなときに日本通に会うなんて、スマートフォンの
画像を見せた。

"You can go by this train. Get off at Kongens Nytorv."

　不安な気持ちは知らないうちに去っていった。彼は、車内に
掲示している停車駅一覧の何番目にその駅があるか詳しく教え
てくれた。

"I'm a firefighter and I'm about to leave after work. Very
sleepy. I'm getting at the next station, is that okay?"

"Ok."

　彼は降車前にもう一度、次に停車する駅を示す電光掲示板に
注意するよう念を押した。私は電光掲示板から目を離さず、コ
ンゲンスニュートー(7)が表示されるのをじっと待った。

　階段を上って駅の外に出ると大勢の人、人、人という感じだった。そんな中を自転車が人の間を縫うようにして走っていた。目の前はコンゲンスニュートー広場、広場の周りを車や人がグルグルと回っている。遠くに荘厳な建物がいくつか見える。これが古都コペンハーゲンだった。広場の向かい側に目的の町があるような気がして、人並みとともに広場の周囲を歩いた。

　やがて、遠くに色鮮やかに並んだ建物群が見えてきた。運河沿いに広がるおとぎの国のような町、ニューハウン⁽⁸⁾だった。妻は、大勢の人々と同じようにおとぎの国を満喫しているようであったが、私は、今夜のホテルに行く方角のことを考えていた。おおよその方位は分かっていたが、インターネットのナビが確実だろう。

「もういいだろう。ホテルに行こうか」

「うん」

　24時間だけインターネットに繋がるアプリにコネクトした。ナビが方角を示しだした。

　休日の歩行者天国のような通りを人と擦れ合いながらしばらく歩くと、車が行きかう広い通りへ出た。横断歩道を向かいの歩道へ渡ると右下が駅で広い川のような窪地に線路が何本か見えた。

「何処だろう」

　駅を地図で探すことができず、自分の居場所を地図に示すことができなかった。

「あそこじゃない」

　またしても妻が見つけた。ホテルの前に掲げられたアルファベットが探しているホテルの発音になるような気がした。すぐに資料を出して照合した。

「間違いない」

「英語でもないのによく気が付いたなあ」

「勘よ」

　2人ほどチェックインを待っていた。妻は、疲れた様子で椅子に腰かけたが、私は立ったまま待った。私の順番になりカウ

ンター内の男性に書類を見せた。チェックインは旅行会社で用意された書類を見せるだけで終了するはずであった。

"Please show me your credit card."

旅行会社で支払いは済ませてあるはずなのに、なぜクレジットカードをチェックする必要があるのだろうか。

"Should I have paid for it ?"

"We need it."

ウェストバッグのチャックを開けクレジットカードを出そうとしたとき妻が後ろに立った。

「何をしているのよ」

「クレジットカードをチェックしたいんだって」

「支払いは済ませてあるので見せる必要はないでしょ。なぜ見せようとするのよ」

「そうだな。書類を確認したので客の確認もできたはずだ」

"I have already paid. So I don't need to show you my credit card."

"We need it."

同じ返事だった。

"Call a travel agency in London. I will talk."

フロアーマスターのような女性が出てきてわけを聞いていた。旅行会社に電話するよう、女性にも伝えた。

"I understand. Already all right."

やっと部屋のキーカードを渡された。今までのホテルではこんなことはなかったのに何だったんだろう。

部屋に落ち着く暇もなくホテル紹介サイトを開いて明日の宿泊先を検索した。旅行会社にセットしてもらったのはこのホテルの予約までと約1か月後、11月4日のヒースロー空港発羽田行き⁽⁹⁾の航空券、その前日、ロンドン⁽¹⁰⁾の宿泊予約だけだった。明日からのことは何も決まっていない。まったくのフリーだった。なんとか11月3日、ロンドンのホテルにたどり着ければ、無事、日本に帰れるけど、なんでこんな計画をしたのだろう。ゆくさきは不安だらけだった。

「明日はベルリン⁽¹¹⁾まで行くか。少し遠いかな。初めてだしハンブルク⁽¹²⁾までにしておこうか」

「うん」

　ハンブルクのホテルを検索、予約したがなんとなくしっくりこなかった。ホテル紹介サイトを使うのは初めてだったし、よく分からなかった。こんなことで予約が完了したのだろうか。シャワーを済ませ、食事がてらコペンハーゲン中央駅を見に行くことにした。地図上ではそんなに遠くないはずだった。ホテルを出て南東に向かった。外はまだ明るかった。

　中央駅はレンガ造りの威厳のある建物で、中に入ると天井の高いドーム型、とても広く大勢の人が行きかっていた。これがヨーロッパの駅なんだ。思っていたとおりだった。構内を一回り、チケットオフィスを確認して外に出て、チボリ公園⁽¹³⁾のイルミネーションを横目で見て通り、外からガラス越しに中が良く見える綺麗なレストランに入った。あたりはすっかり暗くなっていた。

　ビールと少し多めの料理に舌鼓を打ちながら、私も妻も明日からの不安などすっかり忘れ去り、少し陽気なコペンハーゲンの夜が更けていった。

　月明かりの中、スカンディナヴィア半島⁽¹⁴⁾とユトランド半島⁽¹⁵⁾の間、スカゲラク海峡を回って2頭の白いイルカがすぐそこの海まで来て、鳴いている声が聞こえていた。

　ベルゲン〜コペンハーゲン（約680km）

［注］

(1) シュタトラート・レームクール／シュタトラート・レームクール財団が
　　所有、運営する3本マスト、バーク装備の帆船練習船、ベルゲン港
　　に拠点を置き、ノルウェー海軍の練習船としても活用されている。

(2) ブリッゲン／ベルゲン旧市街の倉庫群、ノルウェー語で埠頭という
　　意味、ハンザ同盟時代ドイツ人街だった地区にカラフルで奥行きの
　　ある木造倉庫が並んでいる。建物は伝統的な技法で修復されており、
　　1979年、世界遺産として登録された。

(3) デンマーク・クローネ／デンマークの通貨、略称KDK、個人商店に
　　至るまで電子決算システムが進んでおり、2015年の通貨1枚当たり
　　の平均決済回数は209回だった。

(4) コペンハーゲン／デンマークの首都で最大の都市、人口約 60 万人、バルト海にあるアマー島とシェラン島に位置し、スウェーデン南部と橋で繋がっている。北欧のパリと比喩される。

(5) アマー島／コペンハーゲン市内南東部の島、コペンハーゲンの都心は西の大きな島シェラン島にある。シェラン島との間の水道はコペンハーゲン港になっており、水道には道路橋と鉄道橋が架かっている。コペンハーゲン空港がある。

(6) シェラン島／バルト海に位置し、デンマークでグリーンランドを除くと最も広い島、東端に首都コペンハーゲンがある。

(7) コンゲンスニュートー／デンマーク語で「王様の広場」という意味を持つ広場、王立劇場の北側に位置し、ニューハウンと東側で接している。

(8) ニューハウン／「新港」という意味、観光地として知られ、飲食店やアンティークの店などカラフルな建物が軒を連ねている。

(9) ヒースロー空港／ロンドンの西部にあるイギリス最大の空港、国際線利用者数は 2019 年が 7,604 万人でドバイ空港に次ぎ世界第 2 位、2013 年までは世界第 1 位の空港だった。

(10) ロンドン／イギリスおよびこれを構成するイングランドの首都、人口約 978 万 9 千人、シティー・オブ・ロンドンと 32 のロンドン特別区から成る。イギリスやヨーロッパ域内最大の都市圏を形成、2000 年前のローマ帝国によるロンディニウム創建が都市の起源である。

(11) ベルリン／ドイツ北東部、ベルリン・ブランデンブルク大都市圏地域の中心に位置する。人口約 370 万人、ドイツ最大の都市。

(12) ハンブルク／ドイツ北部に位置し、エルベ川の河口から 100k 入った港湾都市、人口約 184 万 5 千人、何百もの運河が縦横に走り、広い緑地もある。

(13) チボリ公園／コペンハーゲンにある遊園地、年間来場者数約 350 万人、面積 82,717㎡、世界で 3 番目に歴史のあるテーマパーク。

(14) スカンジナビア半島／ヨーロッパ最大の半島、長さ 1,850k、幅 370 〜 805k、半島のおよそ 4 分の 1 は北極圏にあり、最北端はノルウェーのケープ・ノールシンである。

(15) ユトランド半島／ヨーロッパ大陸北部の北海とバルト海を分かつ半島、北側がデンマーク領、半島の根元、南側がドイツ領である。

第5話　ツーイーストインフォメーション

10月2日（火）　コペンハーゲン晴れ、ハンブルク晴れ

　ヨーロッパの列車時刻検索サイトで11時35分発ハンブルク行きがあることを昨夜確認していたので、発車の2時間前には駅に着くようホテルを出た。ベルリンまで行ってもよいかなとも思ったが、到着が18時過ぎになるので少し無理だろうと考えた。実際、駅に行って手続きをしなければ、その列車に乗れるかどうか分からない。早いに越したことはないだろう。

　中央駅で駅員に初めて使用するユーレイル・グローバルパス（ユーロパス(1)）を見せて、ハンブルク行列車の座席の予約をした。

"Seat reservation please."

"I would like two seats on the train to Hamburg."

　ユーロパスを最初に使う駅の駅員は、パスの有効期日をパスに記入することになっているので、駅員はユーロパスに1か月後の日にちを入れようとしたが、今日が月初めであったため危うく10月最終日を記入しようとした。

"Today is October 2nd."

"I'm sorry."

　駅員は気を入れなおして正確に11月1日と記入した。

"I'm sorry. The first class is full and there is only the second class."

"That's fine."

　安い運賃で乗りたかったのでそれで十分であったが、駅員がなぜそれを確認したのかそのときは分からなかった。初めてにしてはわりとスムーズに席を確保できた。座席指定券をもらって、私たちは出発まで十分すぎる時間を持て余し、エントランスホールをゆっくり見て回った。

「色々な人がいるね」

「コペンハーゲンは国際都市だから」

　ヨーロッパの鉄道では自分たちの乗る列車が何番ホームに入

るか、この時点ではまだ決まっていない。出発時刻、列車番号、行き先などが電光掲示板に示されたとき、その列車が入線するプラットホームナンバーが示される。駅の構内をめぐり疲れ、ホームに下りて待つこともできず電光掲示板を見上げると、まだ10時台に出発する列車ばかりで、私たちの乗る列車は当分表示されそうにない。近くのベンチに腰を下ろし重いリュックサックを股の間に下した。ウェストバッグから切符を出してもう一度確認した。

「なんだ、ファーストクラスだったのか」

　私の持っているユーロパスにクラス1と記載されていた。空いていればファーストクラスの座席が指定されるところだった。

　電光掲示板の最下端にハンブルク行きが表示された。

「7番トラックだ。行こう」

「うん」

　リュックサックを背負って7番トラックへ下りて行くと間もなく窓のラインが紺色、上下が白いツートンカラーのデンマーク国鉄（DSB）の列車EC34が静かに入線して来た。トラックには縦方向にDとEのエリアがあり、ワゴンナンバー81と82がD、71と72がEに入線する予定だった。私たちのワゴンは81なのでDで待っていたところ、実際にはDに71と72がEに81と82が入線した。

「なあーに」

　プラットホーム内で民族の大移動が始まった。あわてて、私たちのワゴンナンバーを探して人とすれ違いながら移動、やっとの思いで自分たちの席に着くとほどなく列車が動き出した。席は満席だった。

「よく座席指定が取れたね」

「そうだな」

　EC34は短時間で市街地を抜け、見渡す限り平原というか牧草地の中をひたすら走り始めた。すぐ向こうに海が見え、海も牧草地も同じぐらいの高さの車窓がいつまでも続いた。さすがデンマークは酪農王国だった。妻は、景色を食い入るように見

ていた……。

「あれ、鉄橋じゃあない」

「分からない」

　右前方はるか向こうの水面上に長い棒を倒したようなものが見えてきた。

「本線とは直角方向だし渡らない可能性が高いだろう」

　近づくと、海にかかったとてつもなく長い橋だった。

「普通の橋かも知れないね」

「渡ればいいのに」

　やがて、妻の期待通り EC34 は右へカーブし始めた。

「ほら、やっぱり渡るよ」

「そうらしい」

　橋が見えなくなると間もなく、ガタゴトと海の上を走りだした。

「長いね」

　デンマークは島国でもあった。橋を渡り終わると間もなくEC34 は一旦停止した後、人が歩くよりも遅いスピードで動き始めた。

「どうしたんだろう」

「路面電車の軌道のようなところを走っているよ」

「踏切だよ、道路を横切っているんだ。車が止まって待っている」

　やがて、薄暗いトンネルのような中へ入っていった。

「これ、船の中じゃあない」

「フェリーボートだよ。すぐ隣に同じ列車が止まっている。列車ごとフェリーの口の中に飲み込まれたんだ」

「すごい！　大きなフェリー！」

　車掌がやってきて列車から降りるよう指示した。航海中、車両甲板は立ち入り禁止なので上のデッキに行けということだろう。

　船内はレストランやカフェ、売店、大きな免税ショップまであった。

「さすが国際フェリー」

「大きいね。海を見てみたい」

ハッチを開けてデッキに出た。海面まではかなりの高さがあったが猛烈な風としぶきを浴び、とてもハンドレールにもたれて海を見ている状態ではなく慌てて船内に入った。大陸から吹き寄せる強烈な風とバルト海から北海へ流れる強い潮の流れがあるのだろう。どちらも船の行く手を阻んでいた。1時間ほどすると列車に帰るよう船内放送があり、船員の誘導で車両甲板に下り、自分の席に戻った。フェリーは港に入港したらしく、EC34は乗り込んだときと同じようなスピードでフェリーの口から出て行き、まもなくして本来のスピードに戻った。

　私たちは、バルト海の玄関口フェールマルン・ベルト海峡⁽³⁾を風に逆らいながら海面すれすれを飛ぶ渡り鳥になって北ヨーロッパからヨーロッパ大陸へと飛んで来た。

「ドイツに入ったんだ」

「何も変わらないね」

　だが、車掌が少し威厳のあるドイツ人に変わった。今までは母国語と英語も追加放送していたが、車内放送がドイツ語のみとなった。車窓には相変わらずの牧草地が広がっていた。

　ハンブルク中央駅はコペンハーゲン中央駅と同様、ドーム型の巨大な駅で大勢の人で賑わい、駅の周囲は無数の車が行きかう大都会の駅だった。私は日本と同じような感覚で、まず、駅前交番でホテルの場所を聞こうと思い、構内で商売している人に声をかけ、ポリスステーションの場所を聞いた。

　"It's at the exit over there."

　"Thank you."

　駅の西側に交番はあった。そっとドアを開けて中に入ると婦警さんが2人忙しそうにしていた。中年の婦警さんと目が合った。ネットから写し取ったホテル名を書いた手帳にはカタカナ表記のホテル名が書かれているだけだった。口で言えば分かるだろうと安易に考えていたが、つたない私の会話力を理解してもらうのは無理な話だった。それでも地図を出して、おおよその位置を示してくれた。

　"Thank you very much."

　駅を離れ、大きな通りの歩道を示された方向へと歩き出した。
「どことなくめんどうくさそうな感じだったね」
「そうだろうな」
　しばらく大通りに沿って歩いた後、示された位置が大通りから少し東に入った所だったので、次の大きな交差点で横断歩道を右に渡り、しばらく歩いて左に曲がり小さな通りに入った。向こうにホテルらしい建物が見えた。
「あれかも知れない」
「うん」
　ホテルに掲げられたアルファベットが見えるところまで来て、全く違うホテルだということが分かった。
「違うなあ」
　このまま当てもなく歩いていてもしょうがないので、あのホテルで泊まれるか聞いてみようかとも思ったが、ネットで予約したかも知れないホテルが私たちの到着を待っているとしたら、そうもいかなかった。
「誰かに聞いてみたら」
「そうだなあ」
　アパートのような建物の陰で色々思案していたが、状況を打開する手立ては思いつきそうになく途方に暮れていた。ちょうどそこへドイツ人と思われる背の高い男性が通りかかった。
"Excuse me."
　思い切って声をかけ交番と同じ質問をした。彼は後ろポケットからスマートフォンを出し、私の発音を聞き取っただけでホテル名をチェックし、何度か検索しなおした様子だった。
　私が手帳を見ながら喋っているので手帳を覗き込んできた。
"This is Japanese."
"Oh."
　しばらく検索した後、彼は、本当に申し訳ないという表情をしながら見つからない旨を英語で説明したようだが、彼の身振りからそう感じただけで、話している内容はよく理解できなかった。

"No problem."

　彼の心を和らげるため、かろうじてその言葉を出した。私たちは、何度も何度も彼に頭を下げ、来た道を帰って行った。行く当てなどなく、とりあえず駅の方へ向かっていた。

　昔、ハンブルクを舞台にしたハードボイルドな映画を見たことがあり、この大都会に飲み込まれそうなみじめさと底知れない不安が心をほぼ覆い尽くさんとしていた。これからどうなるだろう。今夜は寝るところがないかも知れない。

　プー……。

　後の方から車のクラクションの音が聞こえた。車が私たちの横で止まり、先ほどの背の高い男性が降りてきた。

"I know the Japanese owner of Japanese restaurant. I'll call you so talk."

　彼はスマートフォンを掛け始めていた。電話が繋がったらしく、ドイツ語で私たちの状況を伝えている様子だった。スマートフォンが渡された。

「お手数をおかけしてどうもすみません。桂木と申します」

「桂木さん。ハンブルク駅の近くには何百という数のホテルがあります。そんな中で有名なホテルならともかく、名前が分かっていても１つのホテルを見つけ出すのはとても難しいです」

　私は愕然とした。

「ハンブルク駅にツーイーストインフォメーションがあります。ツーイーストというのは、桂木さんのような旅行者を言います。そこがホテルのリストなど用意していたら、ひょっとしたら分かるかも知れません」

「桂木さん。頑張ってくださいね」

　その最後の言葉を聞いたとたん、私は、熱いものがこみ上げ目が潤んできた。

「はい」

　小さく返事をして、気付かれないようにスマートフォンを彼に返した。彼は、日本人オーナーとしばらく話した後、スマートフォンを後ろポケットに収め、

"I'll send you to the station."

"Thank you very much."

　足も気持ちも疲れていたのか、遠慮もしないで思わず言ってしまった。車の後ろ座席にはゴルフのクラブが数本置いてあり、彼は急いでそれをトランクに格納、後ろに乗るよう勧めた。リュックサックを抱いたまま座席に腰を掛けた。腰を掛けた安ど感が私の身体全体に広がっていくのを感じた。

　多くの車が行きかう中、駅前の道向こうで車は停車、歩道に降り、車の彼に向かって深々と頭を下げた後、手を振った。私は、車が他の多くの車に飲み込まれるまで手を振り続けた。

「名前も聞かなかったね」

　名前ぐらい聞いておけばよかったと思いながら、じっと、見えなくなった車の方を見ている眼に涙が浮かんでいた。

　ツーイーストインフォメーションでは2人の女性が忙しそうに旅行者の対応に当たっていて、案内を受けようとしている人の列ができていた。順番を待った後、私の対応に当たってくれたのは年上の女性の方だった。

"I'm sorry I want to go to ○○ hotel."

　分からないという表情をされた。やっぱり駄目なのだ。

"Beispiel Hotel."（例のホテルよ）

　そのとき、他の旅行者に対応、調べごとをしていた若いほうの女性が私に対応していた女性に声をかけた。女性は、分かった様子で立てかけてあったボックスから地図を抜き取りポンと丸を書き、渡してくれた。

"Thank you thank you very much."

　ああ、ひょっとするとこれで大丈夫かも知れない。私は、地図に示された丸が駅からどちらの方向になるか、しっかりと確かめた。

　駅の東側の夜を待っているような通りをしばらく行った後、北西に進路を取り、やがて、海のように広い外アルスター湖(4)のほとりに出た。湖岸は遊歩道になっていて、自転車専用道路も並行して走っていた。何も分からない私は、歩きよい自転車道の舗

装された道を歩いていて、後ろから来た自転車に何度もベルを
鳴らされた。

「そっちは自転車道なのよ」

「そうか」

　舗装してない遊歩道に下りた。静かな波がすぐそばで打ち寄
せていた。妻は、嬉しそうな表情で対岸の景色や塔を写真に収
めていた。無邪気なものだ。長い道のりを大きいなリュックを背
負って歩いて行っても目指すホテルではないかも知れないのに、
私の心にある不安は解消されてなかったが、半分、何とかなり
そうな気もしていた。

　旅に出てからの妻は不思議なほど私に従順で何もかも私に任
せ、私の言うことを素直に聞いた。橋を２つ渡り、次の通りを
東に入り、２つ目の通りを北に行った。そこはウーレンホルス
ターという静かな住宅街だった。交差点の右側に日本語の看板
を掛けたレストランらしい建物が目に入り、もしやと思ったが、
そんなこともないだろうと通り過ぎ、行き詰ったらこの店で聞く
のもいいかなと思いつつ離れて行った。右側にスーパーマーケッ
トがあり、薄暗くなった街路樹の歩道をしばらく行ったところに
公園の入り口のような門が見え、壁に名前が記してあった。

「あれじゃあない」

　掲げられたアルファベットをゆっくりと読んだ。

「あれだ。間違いない」

　急いで門に近づき中を覗くとテニスコートが見え、奥に平屋の
建物が見えた。とてもホテルとは思えなく、どこかのスポーツク
ラブのような感じだった。テニスコートを回り込み、クラブハウ
スのような建物に入って行った。入口の扉を開けた正面にフロン
トがあり、若い女性がパソコンに向かって作業をしている前へと
進んだ。

"Excuse me, can I stay here tonight ?"

"You can stay."

"Should I have a reservation ?"

　女性はパソコンの前に座り直し、しばらく操作した後立ち上

がり私と向かい合った。

"Not reserved. Do you stay ?"

"We will stay. please."

　妻は心配そうに壁際のソファに腰かけていた。大丈夫という合図を送った。少し微笑んだように見えた。ああ見えたが駅からここまで、私と同じような気持ちで歩いていたのかも知れない。

　宿泊棟はフロントの右側を回り込んだ奥を右に曲がった先にあった。通路に大きな観音開きの木製ドアがあり、その向こうを左に折れ、ジュータンが敷き詰められた通路の両脇にルームが並んでいた。やはり予約は入っていなかった。空いていたから泊まれたようなもので、満室だったら今頃暗い街角で途方に暮れていたかも知れない。幸運だった。

　部屋は広く立派な作りだった。

「最初からこんな素敵なホテルに泊まれるなんてついているね」

「そうだな。一時はどうなるものかと思った」

「もう7時をだいぶ回っている。どうする」

「さっきのスーパーに行って何か買ってくる。シャワーでも浴びて待ってて」

　ドアを開けて通路に出た。通路は誰も泊まっていないかのような静けさだった。実際、物音ひとつ聞かないまま、誰とも出会わず、通路の大きな扉を押して玄関ロビーへと出て行った。

　スーパーマーケットは思ったより遠かった。入口が階段を少し上った高い位置にあり、間口もそれほど大きくはないため、危うく通り過ぎるところだったが、気が付いて階段を登り、扉を押して中に入るとまだ多くの買い物客がいた。まず、冷えたビールを探し、栓抜きなしでも蓋が開けられる瓶ビールを2本、籠に入れた。次にパンとパンに挟むハムかソーセージ、しかし、適当な大きさのハムもソーセージも見当たらない。たくさん買って冷蔵庫に保管しておく、というわけにもいかず悩んだ挙句、肉屋のお母さんにお願いした。

"I'll put it in bread so I want only 2 slices."

"Show me the bread."

お母さんは、大きなハムの塊から適当な大きさに削ぎ取った
ハム2枚をポンと紙に包んで渡してくれた。
　"Thank you very much."
　愛想よく微笑んでくれた。レジに並ぶ前、日本ではあまり見
かけないブドウの大きな一房が安かったので籠に入れた。しか
し、ブドウはレジを通るときハカリに乗せられ、そんなに安くは
なかった。ドイツに入ってからも遭う人、遭う人、みんな親切で
優しかった。そんなことを思いながら暗い並木通りをホテルへと
急いだ。
　部屋に帰ると妻は、洗濯した下着をどのように干そうか悩ん
でいた。リュックサックのポケットから洗濯ラインを取り出し、
洗面所の突起物から突起物へとラインを張った。
「そんな紐まで持って来たの」
「こんなこともあろうと思ったんだ」
　急いでシャワーを浴び、ハムを挟んだパンに齧り付き、ビー
ルを喉に流し込んだ。
「うーむ、美味い」
　明日からのことなどすっかり頭から抜け去っていた。
「ドイツのパンもハムもビールも美味しい」
　そういえば、フェリーでサンドウィッチを食べただけで何も食
べていなかった。
　私が脱いだ下着の洗濯を済ませた妻がパンを千切って口に入
れた。私は、ビールをとっくに飲み干し、ブドウを摘まんでいた
がウトウトしてしまい、時間がかかった割には食べ残してしまっ
た。妻は、食べ終わり洗面を済ませベッドに入りかけていた。
「ブドウは明日持って行けばいいよ」
「そうだな」
「ところで明日はベルリンの方へ行く？　それとも、オランダの
方へ行く？」
「どっちでもいいよ」
　妻は、ベルリンやオランダがどちらの方向でどの位の距離が
あるかなど分かっていなかった。とりあえず、ベルリン経由でド

レスデン⁽⁵⁾まで行くことにしよう。列車の便を調べ、ホテル紹介サイトでドレスデンの宿を予約しようとしたが、どうしてもヒットしない。クレジットカードのデータを打ち込む当たりで撥ねられてしまう。どうしてだろう。妻は寝息を立てていた。

遅くまで入力方法を変えながら予約に挑戦したが上手くいかず、諦めてベッドに潜り込み、敷地の広いホテルの中庭の木々を抜ける静かな風を感じながら、深い眠りに着いた。

アルスター港の奥まで入り込んだ2頭の白いイルカの月明かりの波間で戯れている静かな水音が木々の間をとおり聞こえている夜だった。

コペンハーゲン～ハンブルク（約300km）

［注］
(1)ユーレイル・グローバルパス（ユーロパス）／ヨーロッパ諸国（ロシアを含む）以外の外国人に対し発行される一定期間鉄道乗り放題の周遊券。
(2)ハンドレール／船の舷側に廻らされた転落防止の手すり。
(3)フェールマルン・ベルト海峡／デンマークのロラン島とドイツのフェールマン島との間にある海峡。
(4)アルスター湖／ハンブルクの中心部にある人造湖。
(5)ドレスデン／ドイツ連邦共和国ザクセン州の州都、人口約55万4千人、旧東ドイツに属し美術館や第2次世界大戦後再建された旧市街の古典建築群で有名。

第6話　魔弾の射手

10月3日（水）　ハンブルク晴れ、ベルリン晴れ一時雨、ドレスデン曇り

　ダイニングは通路出口扉の先を右に折れたフロントの反対側、中庭に突き出たところにあり、まだ誰も来ていなかった。

"Here you go."

　ウェイトレスに促されて中に入って行った。2部屋がセットになったダイニングで、手前にテーブル席、奥の部屋に食べ物が置かれていた。そのまま奥の部屋に入って行き、パンやチーズ、野菜、果物が豊富に盛られている中、一通り食べ物を皿に盛った後、出来立ての大きなパンに自分でナイフを入れ、皿に乗せて席に着いた。窓から中庭を覗くと、その先に私たちの部屋の窓が見えた。

「あの窓、私たちの部屋じゃあない？」

「そうだ。こんなに近かったんだ」

　静かな朝だった。今日これからのことなどあまり考えず食事を楽しんだ後、出発の準備を整え、チェックアウトを済ませてホテルを出た。湖の方から吹くのか爽やかな風が私に、もう少し此処に居ろよと誘っているような気がした。一応、行く先は決めていたが、絶対そこへ行かなくてはならないわけなどなかった。旅の終わりにもう一度ここに帰って来たいと思いながらウーレンホルスターの静かなたたずまいの中を歩いていた。

　アルスター湖沿いの遊歩道には散歩をする人の他、通勤らしい人々も多く歩いていた。駅まで約1時間、緑の公園と一体になった朝の遊歩道には活気があり、いつしか私たちの足取りもスムーズになっていた。昨日、駅の方から出てきた道へは左折せずに通り過ぎ、高い位置を走る線路のガード下まで行き、線路横の道を駅の方へ向かった。

　DBと書かれたチケットオフィスに入ると、調べたとおり10時35分発のベルリン行き特急列車があった。すぐ窓口には行け

ず、番号札を取って電光掲示板に自分の番号が表示されるまで待たねばならなかった。まだ30番ぐらいあった。

「間に合うかなあ」

「窓口も数か所あり、流れもスムーズだから大丈夫でしょう」

　乗り放題のユーロパスは持っていたが、特急列車などは座席指定を取らなければならなかった。番号が表示され、示された窓口に向かった。ユーロパスを見せながらベルリン行き特急の座席をお願いした。

"Seat reservation please."

"I would like two seats on the train to Berlin."

　14号車の14、16座席が取れた。すぐホームに行きたかったが、ベルリン行き特急列車がどのホームに入るかまだ分からない。出発時刻が近づいてプラットホームナンバーが電光掲示板に表示される。皆、掲示板を見上げて目指す列車の発車ホームが表示されるのを待っていた。

「8番ホームだ。行こう」

　新幹線を一回り大きくしたような白い巨体、ICE705が私たちを待っていた。いよいよヨーロッパ大陸の奥へと入って行く。

　ベルリン中央駅の前広場は人だかりで混雑しており、誰かが台の上でしゃべっている。人だかりを縫うようにして抜けると、路上に縦、横40cm程の黄色い四角形が描かれていた。しかも、四角形は10cm程度の間隔を開けて次々に描かれ、黄色いラインのように延々と続いていた。

「何だろう」

「昔、ここに壁があったのかも知れないね」

「とにかくたどって行ってみよう」

　私は、今も市内のどこかに残されているらしい壁が見たかった。遠くで強烈な音楽が聞こえる。黄色いラインはどうもそちらの方へ向かっており、橋を渡って広い公園のようなところに出た。向こうの大きな建物の横で多くの人が2列に並んで、人が通れる程度のゲート2か所に列ができている。このまま行けば他の人と同じようにゲートを抜けるようになる。

「あの先に何があるんだろう」

「分からない」

　公園と外部を遮断するような高いフェンスが張り巡らされており、何人もの人がゲートからぞろぞろと中へ入っている。

"This baggage is too big to enter."

　背負っているリュックサックが大きいので中に入ることができず、ゲート係から列の外へ出るように指示された。仕方なく列を離れたとき、ザーっと大粒の雨が降り出し、あわてて傍の白い大きな建築物の裏側に回り込み軒下に入った。軒といっても長く突き出ているわけではなく、高いところにあるので、ないよりまし、といった程度で雨に濡れるしかなかった。それでも何人かの人がその軒を目指して入り込んで来た。そばに来た家族連れのお父さんにベルリンの壁がある場所を聞いた。聞いたといっても、wall とか monument など関連する単語を並び立てただけで、ドイツ人のお父さんに分かるわけがなかった。お父さんは頭をかしげていた。聞くことをあきらめかけたとき、

"monument."

と大きな声でお父さんが言った。

"yes"

　お父さんの説明によると、なんでもブランデンブルグ門(1)の近くにあるということだった。

"Is it over that fence ？"

"yes."

　やっぱりそうか。雨は小ぶりとなり、晴れ間も覗きだした。

「1 人で行って来たら。リュックサック持って待っているから」

「大丈夫か」

「大丈夫よ。人も大勢いるし、ゲートが見えるところの建物の横にいるから」

「分かった。急いで見てくるから」

　ゲートの中はとても広い公園、ティーアガルテン(2)だった。フェンスはティーアガルテン全体を包み込むように張り巡らされており、音楽関係のイベント会場が方々にセットされていた。人の流

れに沿って西へ移動したが、どこまで行っても目指すものはなく、いくつもの道が交差した変則交差点から東へ向かう大きな通り、6月17日通り(3)に入った。広い道だがたくさんの人が行き交い銀座の歩行者天国のようだった。私は走り出していた。

やがて、前方にブランデンブルグ門が見えた。門の下は大きなスピーカーがいくつも置かれたロックバンドのイベント会場で門をくぐることはできず、門の開いた隙間からその先のフェンスが見えた。ベルリンの壁などどこにもなく、既に長い時間が経過していた。居ても立ってもおられず反転、来た道を走りだしたとき、またしても大粒の雨が激しく私に襲い掛かった。近くのイベント会場のテント下は多くの人ではみ出しそうになっており、思わず右の林の中に逃げ込んだ。高い木々の葉が幾分か雨を凌いでくれ、正面にソビエト戦争記念碑(4)が見えていた。

大きな木の下で日本人のような若いカップルが雨宿りをしていた。

「こんにちは、日本の方ですか」

「こんにちは、私たちは日本の方ではありません。中国人です」

女性の方が答えた。

「日本語がお上手ですね」

「日本に留学していました」

よかった。この人たちに聞けば分かるかも知れない。

「ベルリンの壁がどこに残っているか知っていますか」

「私は分かりません。この人は日本の言葉は話せませんが、ドイツに長いこと住んでいるので分かるかも知れません」

しばらく、2人の会話が続いた。

「ブランデンブルグ門の向こうの方にあったそうですが、今は取り壊されているそうです」

「ありがとうございます」

雨も上がりかけていた。もう一度、ブランデンブルグ門の方へ向かって走った。ほんの少しでも形跡が残っているかも知れない。このまま引き返すには心残りだった。

ブランデンブルグ門の向こうにはフェンスがあり、近くにこの

イベント会場を出るゲートがあった。多くの人の背を押すように
してゲートを抜け、ブランデンブルグ門を背にした道路と道路の
間の公園のような空き地に向かって走った。大きなスクリーンの
ような看板に高い位置から撮ったベルリンの壁周辺の古い景色
が白黒映像で映し出されていたが、実物の形跡をあたりに見つ
け出すことはできなかった。

　もういいだろう。仕方ない。再び先ほどのゲートに入ろうと
走りかけたとき、向こうにある大きな白い建築物に見覚えがあっ
た。西に行って東に行ったのだから大きく回り込んだ形であり、
案外、最初に入ったゲートの近くまで来ているのかも知れない。
あの建物の向こう側にゲートがあるのではないだろうか。建物に
向かって走り出した。

　しばらく走り続けて建物を回り込んだところにゲートがあっ
た。やっぱりあった。走るのをやめてゲートに近づき妻を探し
た。違う……。最初に入ったゲートではない。建物も辺りの景
色も違う。私は焦った。どうしよう。このままフェンスの外で
ゲートを探しても見つけられない。とにかく中に入ろう。

　ゲートを抜けてフェンスの中に入った。ゲートに入る人もまば
らになっていた。引き返す方向へ走りかけてすぐにやめた。広
い公園内を左回りに大きく回ったようなものであり、会場を取り
巻くフェンスにはいくつもゲートが設定されている。ナビを考え
たが行き先が確実にセットできず、違った場所に誘導されたら
もう戻ることはできない。このままフェンスに沿って回り込めば
次のゲートが最初のゲートではないだろうか。この大きな建築
物も最初入ったとき、遠くの方に見かけていたのではないだろう
か。私は走り出していた。こんな大都会で妻とはぐれたらどうし
よう。妻を見失うことの怖さが私の胸を突いていた。

　前方の人の流れからどうもあの付近に次のゲートがある
……。ゲートが見えてきたが違うような気がする。最初に入っ
て進んだ方向と逆方向から見ているからだろうか。とにかく出
よう……。ゲートを抜けると見覚えのある景色が広がった。こ
こだ！　右側の建物の横で妻が私を見つめていた。よかった。

「大丈夫だった……。壁はなかった」

「そう」

「行こう」

　黄色いラインをたどってベルリン中央駅⁽⁵⁾に向けて歩き出した。壁で別れ別れになった家族の気持ちがほんの少し分かったような気がした。高いフェンスを入ったり出たり、どことなく背筋が寒くなるような思いを感じながら、妻から目を離さないようにして歩いていた。中世の古い建築物が多く残っているドレスデンまで行くことにした。泊まるところもなく、このままベルリンにいて夜を迎えるのはなんとなく怖い気がした。ドレスデンは今から行くとして距離的にも丁度よい距離だった。DB に入り、次の特急列車の座席をお願いした。

“Seat reservation please.”

“I would like two seats on the train to Dresden.”

　15 時 19 分発、ICE177 号の座席が取れた。ベルリン中央駅は今までのヨーロッパの駅と異なり近代的で、東京や大阪の駅を思い出させ、ICE のプラットホームが表示されるまで駅構内うろうろした。ベルリンには数時間しか滞在しなかったけれど未練はなかった。

　列車はヨーロッパ大陸の奥地へと疾走している。ベルリン市街を抜けるとやはり広大な牧草地が広がった。基本的にヨーロッパはどこの国も牧畜国家なのだろうか。遠くで発電用風車が何台も羽根を回している。私たちは、ヨーロッパ大陸を吹き抜ける風になっていた。しかし、風が止んだその晩、泊る所はまだ決まっていなかった。

　ドレスデン中央駅⁽⁶⁾に着くとすぐツーイーストインフォメーションを訪ねた。

“Please introduce the hotel.”

“There is a large hotel on the north side of the station. If you ask there.”

“Thank you very much.”

　駅を出て路面電車の線路を渡り、ちょっとした商店街を抜け

たところが広場になっていて大きなホテルが２棟並んで立っていた。フロント係に今夜宿泊したい旨をお願いすると、すぐに部屋をセットしてくれた。なんだ、ネットのホテル紹介サイトにヒットしなくても簡単に宿が取れるじゃないか。部屋は２棟目の10階だった。部屋から伝統建築、聖十字架教会の塔が見えていた。
「あれ見に行こうよ」
「まだ暗くなるまでには少し時間があるし、行こうか」
　広場まで下りると、建物に邪魔されて伝統建築は見えなかった。おおよその方向を決め、向かい側の大きなアパートのような建物の下の通路を抜けると電車の線路があり、その向こうの大きな通りに出た。視界は大きく開けたが伝統建築は見えなかった。ホテルの部屋の窓から見た方向が90度位ずれていたかも知れない。通りを渡って歩道を左に向かって歩いた。電車は静かだが勢いよく追い越して行く。向こうの交差点の左奥に伝統建築の塔が見えてきた。
「あそこよ」
「すごいなあ」
　少し早足になっていた。
　私たちは、聖十字架教会の高い石の基礎の横を通りながら中世の町に迷い込んで行った。エルベ川河畔にあるその地区はドレスデン城を始めとする伝統建築群の集合地区で、土産物店やレストランも軒を並べ、多くの観光客がそぞろ散策していた。
「こんな近くに、こんなところがあるなんて」
　妻は、夢中になってスマートフォンのシャッターを切っていた。私は少し先を歩いていた。
「日本の方ですか」
　土産物店のそばに立っていた若い男性から声をかけられた。
「そうです。あなたも観光ですか」
「父や母と一緒に来ています」
「いいですね。お国はどちらです」
「お国……？」
「あっ、どちらの県から来られました」

「県……、私は中国人です」

「そうですか。日本語がお上手ですね」

「日本に留学していました」

「そうですか。てっきり、日本の方だと思っていました」

　土産物店から出てきた両親と思われる夫婦が、私に頭を下げて広場の方へゆっくりと歩いて行かれた。

「それでは」

「失礼します」

　彼は両親の後を追いかけて行った。辺りはだいぶ暗くなり、伝統建築がライトアップされ、そぞろ歩く観光客の波が幻想的な雰囲気となってきた。

「誰と話していたん。日本人」

「中国の人だった。今日、中国の人と話したのは2回目だ」

「1回目は何処」

「ベルリンのあのフェンスの中で道を聞いた。彼らはすごく好意的だ」

　すべての伝統建築を見て回り、土産物店もいくつか覗いて日も暮れて最後に訪れたのは、歌劇「魔弾の射手」が上演されるエルベ川を背にした州立歌劇場ゼンパーオーパー[(9)]の前広場だった。オレンジ色の光を放つ1、2階の窓が整然と並び、玄関正面、騎馬兵の像が私を見ていた。歌劇の舞台となった岩山や野外歌劇場が近くにあるらしいが、もう行く時間はない。第7弾目の弾が、なぜか私に向かっているような、辺りはそんな気さえさせる静けさに変わっていた。

「疲れたな。帰ろうか」

「うん」

「何処か食べに行こうか。お腹が空いただろう」

「そうでもない。早く休みたい」

「食べに行くのはやめて、サンドウィッチとビールでも買って帰ろうか」

「うん」

　私は宿に向かいながら南の空に射手座を探していたが、星が

いくつか見えるものの雲らしい影が星座を隠していた。輝く星から物語を考え出した西洋人の気持ちにほんのわずか触れたような、そんな思いがしていた。大勢いた観光客も皆、ホテルの部屋に引き上げたのか、いつの間にか姿を消し、伝統建築群が暗い闇の中の中世に戻っていくような静けさが石畳の路地に漂い始め、帰り着いたホテル前の広場は寂しく暗い田舎町に化していた。

　伝統建築群の間を吹き抜ける少し肌寒い大陸の風に乗って、遠い北海へと移動した2頭の白いイルカの鳴く声が、かすかに聞こえてくる夜だった。

　　ハンブルク～ベルリン～ドレスデン（約459.3km）

[注]

(1) ブランデンブルグ門／ベルリンのシンボルとされている門、高さ26m、幅61.5m、奥行き11mの砂岩でできた古典主義様式の門。

(2) ティーアガルテン／ドイツ語で動物園、ベルリン中心部ミッテ区に位置する広大な公園、かつて王家の狩猟場だった。

(3) 6月17日通り／ベルリン中心部の東西幹線道路の区間名称、もとは違う名であったが、1953年6月17日、ソ連軍が武力制圧したことに抗議して名付けられた。

(4) ソビエト戦争記念碑／ソビエト連邦が、第2次世界大戦のドイツ降伏直前ベルリンに侵攻、戦いで亡くなったソビエト軍兵士8万人を記念して建てられた。

(5) ベルリン中央駅／東西冷戦下では、長距離列車の拠点となるターミナル駅が2つに分断、旧東ドイツのベルリン東駅、旧西ドイツのベルリン動物園駅を統合、旅客の利便性を高めた。

(6) ドレスデン中央駅／ドイツザクセン州の主要都市ドレスデンにある鉄道駅、1897年、市の南にあった3つの駅に置き換わる形で開業、大多数の優等列車は、ドレスデン・ノイシュタット駅と当駅に停車する。

(7) 聖十字架教会／後期バロック様式ルター派の教会、高さ92mの塔があり、54mの場所に展望台がある。ザクセン福音ルター派教会の中心教会であると同時にドイツ福音主義教会にも加盟しているザクセン自由州最大の教会である。

(8) エルベ川／チェコ北部、及びドイツ東部を流れ北海へと注ぐ国際河川、全長約1,091km、このうち727kmがドイツ国内を流れ、ヨーロッ

パで14番目に長い河川。

(9) ゼンパーオーパー／東ドイツ時代は、国立歌劇場で「ドレスデン国立歌劇場」と呼ばれた。東ドイツ政府が国家の威信をかけて復興に注力したこともあり、中規模都市の歌劇場でありながらミュンヘン、ウィーン、パリなどに比肩する豪華さを誇っている。

第7話　ウィーン中央駅

10月4日（木）　ドレスデン曇り、プラハ晴れ、ウィーン晴れ

　ホテルの広い食堂で朝食を済ませると荷物をまとめドレスデン中央駅に向かった。もう一度ゆっくり伝統建築を見て回りたい気持ちもあったが、ユーロパスをできるだけ有効に使うため次に行くことにした。

「昨日、伝統建築群を見て回って良かったよ。駅に着いたときは、今朝、出発するとは思ってなかった」

「昨日のうちに行って良かったでしょう」

　路面電車の線路を渡って駅に入り、9時10分発プラハ行列車の座席指定をお願いした。

　"Seat reservation please."

　"I would like two seats on the train to Prague."

　"It is a non-reserved seat."

　座席指定はいらないということだろうか。プラットホームは階上にあり、ドーム型の屋根の隙間から空が見えるようなホームへと上がり列車が入るのを待った。

　やがて、白地に窓枠の青いEC171号列車が入って来た。乗車すると間もなく車掌が検札に来た。座席指定券がないので少し不安だったが問題はなかった。ドイツ国境を過ぎ、チェコに入ると岩山が目立ってきた。ヨーロッパ大陸も中心部に近づくので牧草地から山岳地帯に入るということだろうか。

　ECは11時24分、プラハ中央駅⁽¹⁾に吸い込まれるように入って行った。静かなホームから下り、トンネルのような通路を抜けるとにぎやかなエントラスホールへ出た。気のせいかドイツとは違ったエキゾチックな雰囲気を感じるような、プラハは古い街⁽²⁾だった。駅前の広場を下りて通りを横断し、街へ入るとカラフルな古い建築物が目立ち始めた。私は、ビロード革命の舞台となった⁽³⁾ヴァーツラフ広場⁽⁴⁾に行ってみたかった。おもちゃのような路面電車が次から次へと行き交う石畳の通りに入り、狭い歩道を行

き来する人を交わしながら、古い石の建物が並んだ横を歩いていると、いきなり広い、広い通りに出た。ヴァーツラフ広場だった。

　革命時、約30万人の人がこの広場を埋め尽くしたそうだ。ソビエト軍を中心とするワルシャワ機構軍に踏み潰されたプラハの春⁽⁵⁾から21年後、人々は自由主義を勝ち取った。共産主義時代の写真が年代ごと工事現場のフェンスに貼られていた。フェンスの間から中を覗くと地下深く掘られた穴が見え、数台の重機を入れたビルの基礎工事現場だった。

「どうしてこんなことになるんかねえ」

「戦争は、好むと好まざるとに関わらず、攻める側の論理で開始される」

「帰ろうか」

「うん」

　なんとなく、明るいプラハの街とは裏腹に背筋が寒くなるような思いがして、今日の目的地であるウィーンへ移動することにした。

　駅に着くとすぐにチケットオフィスに行った。次の列車の発車まで数分、発券までにかかる時間やホームに行くまでの時間を考えると間に合わないかも知れない。その次に発車する列車の指定をお願いした。

　"Seat reservation please."

　"I would like two seats on the train to Vienna."

　発券されたのは次の、次の列車、プラハ発14時51分、ウィーン着18時49分だった。ウィーンに着いたら暗くなっている。1時間早い次の列車になぜしてくれなかったのだろう。思い切って次の列車にチェンジしてくれるよう申し入れた。

　"Please change to the next train."

　"Another train."

　アナザートレインとはどういうことだろう。国が違うということだろうか。鉄道会社が違うということだろうか。どちらにしても、このオフィスでは発券できないということだろう。1時間以

上待つことになった。

「昼ごはん食べに行こうか」

「うん」

　駅構内にあるレストランを探してうろうろしたが、結局、気に入った店が見つからず、サンドウィッチが食べられる軽食の店に入った。ヨーロッパに来てサンドウィッチをよく注文した。列車を待つときなど早く食べられるし列車にも持ち込める。気軽に注文できる最適な食べ物だった。駅構内にはサンドウィッチを売る店が多く、種類も豊富で美味しくボリュウムもあった。妻と２人で分けて食べるにはちょうど良い大きさの長くて固いパンのサンドウィッチをよく注文した。

　"Please give me that sandwich."

　ショーケースに並んだ美味しそうなパンを指さして注文した。どこの駅でもこのやり方で大丈夫だったが、若い女子店員２人ともなかなかこちらに寄って来てくれない。他に注文しているお客がいるわけでもないのに気が付かないふりをして逃げるようにしている。なぜなのだろう。

「どうしたんだろう」

「もう１回、言ってみたら」

　結果は同じだった。その内、忙しく店内を動き回っていた東南アジア系の女性がやって来て、てきぱきと注文に答えてくれた。

　"Is it okay with euro."

　"Ok"

　お釣りはチェコ・コルナ[(7)]だった。背の高い止まり木のある丸テーブルでサンドウィッチを齧りながら女子店員がなぜ相手にしてくれなかったか気になった。

「対応してくれた子はアジアからの出稼ぎじゃあないかな。だから片言の英語しか喋らない観光客に対応できるんだろう。慣れているんだ」

「最初の２人は、純粋のプラハっ子ということ」

「そうだろうなあ」

　プラットホームへの行き方を確認して20分前にはチケットオ

フィスに戻り、電光掲示板にホームナンバーが表示されるのを待った。しかし、10分前になっても表示されない。ホームまでの距離を考えると少し焦ってきた。5分前になっても表示されない。

「壊れているのかも知れないわ」

妻は、ホームに向かって走り出した。後を追った。

「実加！　実加！　……何やってんだ」

「どのホームか分からないのに、あてずっぽに行くのは危ないだろう。ホームには上るなよ」

「めんどくさー」

妻は、自分の意に沿わないことを私に言われたりしたとき、こんな言い方をした。チケットオフィスに走って掲示板を見上げると、ぱっと電気が走った。

「おーい、7番トラックだ。1番むこう。走れ」

妻は、私に背を向けると、トンネルのような暗い通路を一目散に走りだした。大きなリュックを背負っていて急な動きに対応できないので焦っていたのかも知れない。

石段を駆け上がると青と白、ツートンカラーのRJ371がホームに入線して来るところで、何人かの乗客がRJを待っていた。

「どうしてホームが分かっているのだろう」

妻は、何も答えず入ってくるRJをじっと見ていた。

「他に分かる方法があるのかも知れないな」

席に着いてからも妻は窓の外をじっと見たまま私の方を見ないようにしていた。何かの拍子に目が合うと、私と遠い異国に来ていることも忘れ、忌まわしい盗人を見るような目で私を見た。怒鳴られたことに腹を立てているのか、自分の軽率な行動を反省しているのか、さっぱり分からない。この状態はしばらく続くかも知れない。

ドナウ川を渡って超近代的なウィーン中央駅に着いたときはもう暗かった。すぐにツーイーストインフォメーションに向かった。

"Please introduce the hotel."

インフォメーションにいた男性に声をかけた。

"I can't introduce a hotel."

男性が市内地図を渡してくれたので受け取って妻の所へ行った。

「ホテルは紹介できないそうだ。手あたり次第行って直接聞くしかないな」

妻は黙ったままだった。インフォメーションは半公営の立場なので、どのホテルに行きなさいなんて言えないのだろう。ドレスデンがイリーガルだったのかも知れない。インフォメーションでホテルを簡単に紹介してもらえるなんて安易に考えていたのが間違いだった。

私たちは暗くなった街へと出て行った。幸いホテルの屋上にはネオンが輝いており、すぐに見つけることができ、駅から1番近いホテルを訪ね、玄関ドアからずっと奥に入り込んだフロントの前に立った。

"Excuse me, can I stay here tonight?"

"One room is open. What country are you from?"

フロントに1人でいたアジア系の女性が応対した。

"I came from Japan."

大きなリュックサックを背負った私の身なりを怪訝そうに見たのか、

"This hotel is expensive."

"Then don't stay."

なんとなく見くびられたような気がしてとっさに断ってしまった。なあに、他も空いているだろう。妻は玄関付近で待っていた。

「高いんだって。なんか、馬鹿にされたような気がして断ってきた」

次のホテルを探して出て行った。妻は黙って少し離れたところをついて来た。ところが、駅の南側にあった数軒のホテルは全て満室、ただ1軒だけ、肌の色が違う子供たちが数人ロビーを走り回っていた宿があり、主人から、同じ系列のホテルが数マイル離れた所にあり、そちらは空いているようなので紹介しようかと言われたが、なんとなく普通のホテルではないような気

がし、夜遅くなってこの地区を離れる怖さもあり、断ってしまった。それにしてもあの子供たちは何だったんだろう。ホテルというより施設のような感じだった。あの子供たちに親がいるのだろうか。それぞれは何処から来たのだろうか。住む家があるのだろうか。

　駅構内を通り抜け、北側にあるホテル数軒を訪ね歩いたが、こちらも全て満室、半分、途方に暮れ、駅に戻り、待合所の椅子に座り込んだ。

「飯でも食おうか。今夜は駅で泊まるしかないな」

　駅構内のファーストフード店が並んでいる所へ行き、どれにしようか悩んだ挙句、久しぶりにご飯ものが食べたくなりカレーライスを売っている店の前に行き、

「カレーでいいか」

　いいとも悪いとも言わなかった。発泡スチロールの器に盛られたカレーを2杯受け取って店の前に並べられたテーブルに付いた。普通のご飯だろうと思っていたが、細長い炒めたご飯にカレーが掛けられていた。

　待合所に戻った。待合所と言っても広い通路の中心部分に80脚程度の椅子が並べられただけの場所で、半分くらいの椅子は列車を待つ人と荷物に占領されていた。3つ並んだ椅子の中央にリュックサックを2つ置いて、両サイドの椅子にリュックサックを挟むようにして腰をかけた。もう、駅の外に出る気力はなかった。私は寝ないようにしていた。

　尻が痛くなるほど長い時間座っていたような気がする。みな家路についたのか、駅構内を行き交う人もめっきり少なくなり、ホテルを捜し歩いた惨めさとともに、吸い込まれるほど濃い群青の夜空の果てから誰かが私を見ているような気がして悲しかった。

　ウィーンの碧い夜空の遠い彼方から、北海を出て南下しようとしている2頭の白いイルカの泣き叫ぶ声が、群青の空に小さく響き渡って聞こえる夜だった。

　ドレスデン～プラハ～ウィーン（約482km）

［注］
(1) プラハ中央駅／チェコ鉄道各線、プラハ地下鉄、プラハ市電が乗り入れている。1866 年 10 月、この地にあった城壁の取り壊しに伴い鉄道駅の設置が決まり、1871 年 12 月 4 日開業、開業当時プラハはオーストリア帝国領であり、オーストリア皇帝の名にちなんだ「皇帝フランツ・ヨーゼフ駅」という名称であった。

(2) プラハ／チェコ共和国の首都で同国最大の都市、人口約 120 万人、市内中心部をモルダウ川（ドイツ語）が流れ、古い町並み、建築物が多く存在しており、毎年海外から多くの観光客が訪れる。

(3) ビロード革命／1989 年 12 月チェコスロバキアで起きた民主化革命、衝突や流血を伴うこともなく、ビロードのように滑らかに民主化を果たした。

(4) ヴァーツラフ広場／プラハにある広場、大通り、プラハのシャンゼリゼとも言われており、1968 年のプラハの春、1989 年のビロード革命の舞台となった。

(5) ワルシャワ機構軍／冷戦期の 1955 年、ワルシャワ条約に基づきソビエト社会主義共和国連邦を盟主とした東ヨーロッパ諸国が結成した軍事同盟軍。

(6) プラハの春／1968 年に起こったチェコスロバキアの変革運動、8 月 20 日夜 11 時頃、ソ連軍が率いるワルシャワ機構軍が国境を突破して侵攻、チェコスロバキア全土を占領下においた。

(7) チェコ・コルナ／チェコ共和国で利用されている通貨単位、1989 年のビロード革命により社会主義体制が終焉、翌年、国名がチェコスロバキア社会主義共和国からチェコおよびスロバキア連邦共和国と変わった後も通貨は社会主義時代のチェコスロバキア・コルナが使われていた。1993 年、チェコとスロバキアが連邦を解消し分離したため、両国の独立した通貨、チェコ・コルナが発行されることになった。

(8) ドナウ川／ヴォルガ川に次いでヨーロッパで 2 番目に長い大河、全長 2,850km、ドイツ南部の森林地帯「シュヴァルツヴァルト（黒い森）」に端を発し、概ね東から南東方向、東欧各国を含む 10 か国を流れ黒海に注ぐ重要な国際河川、河口にはドナウデルタが広がる。

(9) ウィーン中央駅／オーストリア連邦鉄道の鉄道駅、2 組の頭端式ホームと貨物駅で三角形の配置になっていたウィーン南駅を解体して建設された通過式ホームのターミナル駅。

第8話　駅前ホテル

10月5日（金）　ウィーン晴れ、ミュンヘン晴れ
　ウィーンの碧い夜空に鳴る奏　宿なし子らの眠りいざなう
　どこか遠くから「美しく青きドナウ」のメロディーが聞こえる。碧い夜空からだろうか、音が徐々に大きくなるにつれ駅の雑踏が小さくなって聞こえなくなる……。メロディーがいつの間にか「ドナウ川のさざなみ」に変わっている。
　朝から太陽がじりじりと照る暑い、暑い夏休みの昼前、小学校の１階、東側角の音楽室から聞こえる。額の汗が米神を伝って間もなく頬に差し掛かろうとしている。ドナウ川の流れるような緩やかな旋律から移調してテンポのよい旋律に変わったところを何度も何度も練習している。私は一生懸命、鈴を振っている。
「かつらぎ君……かつらぎ君！　そんなに力強く振ってはいけないと何度も言っているでしょう。聞いてみなさい」
　先生は録音したテープを再生しながら私を叱った。アコーデオンや笛のメロディーの中で鈴の音が強く鳴り響いていた。泣き虫の私は、叱られた涙と汗が一緒になって頬を伝っていた。シャン、シャン、シャン、シャン、シャン……カッチ、カッチ、カッチ……。
　耳の奥に響く鋭い金属音で目を覚ました……。ここは何処だろう。急に駅構内の雑踏が耳に飛び込んできた。私は不覚にもリュックサックに倒れこむようにして眠っていた。
「目、覚めた」
「寝てないのか」
「寝てなんかいられませんよ」
　少し嫌みのこもった、私に対する当てつけなのだろう。私の横の通路を行ったり来たりしている背の高い男がいた。
「その人も怪しいけど、あの人も、そこの人も怪しいよ。特に、あそこの人、ジッポーライターの蓋を開けたり閉めたり、なにか

合図を送っているみたい」

　さっきから耳についている金属音はライターの蓋が閉まる音だったのか。眠気がいっぺんに覚めてしまった。後ろ側の椅子でアメリカから来たという若い女性が2人連れの男性と大きな声でおしゃべりをしている。

「お喋りしている後ろの人たちも眠らないようにしているのと不審者への警戒でしゃべり続けているのよ」

　警察官が2人、ゆっくり歩きながら巡邏に来た。

「時々、事件が起きるのかも知れないね」

「ああ」

　2時5分ぐらい前に駅の警備員が4名来た。

"The station will be closed from 2 to 4 o'clock. Please get out of the station."

「えー」

　仕方なく立ち上がってリュックサックを背負い、警備員に追われるようにして北側の入り口から駅の外に出た。行く宛などなく、皆について西側の暗いバスターミナルの中を通り抜けて駅の南側に出た。ベンチのあるバスターミナルで過ごそうかとも思ったが、明かりもなく暗い中、誰かがベンチで寝ているような気がしたので止めにした。待合所にいた不審な人たちも散り散りになり、姿は見えなかったが、すぐ近くで私たちを見ているような気もしたのでアメリカから来た女性たちについて街の方へ行ってみた。しかし、彼らはどこかに消えて見失い、明かりが見えたホテルの1階ロビーに入ってみたが、閉めるので出て行くように言われた。

「このまま街にいても危ない。駅へ戻ろう」

　駅の南側の入り口には明かりがあった。ガラス張りのドアから常夜灯の点いた構内の中央通路が見えた。当然、ドアは開かない。

「ここの方が安全だ」

　ドアの前を行ったり来たりしながら寒さを凌ぐことにした。まだ2時半にもなっていなかった。こんなことではだめだ。こんな

76

ことでは残り1か月近くヨーロッパなんて廻れない。もっとしっかりしなければ妻を危険な目に合わせてしまう。みじめさが感情を押し上げ、ガラスを見ていた私の目に情けなさが滲んでいた。妻は、寒そうにしていたが動き回るわけでもなく何も気にしていないようだったが、この旅でこういう事が起きるだろうと、ある程度予想していたのだろう。またしても、妻の私に対する信頼を失う結果となってしまった。

　3時になった。パン屋の車が来て、パンの箱をいくつか通用口から構内に運び入れて去って行った。入り口の東側はカフェになっていて、テーブル席と右側のカウンターがガラス越しに見えていた。女性がカウンターの中で開店の準備をしていた。あと1時間、開いたらここで食べよう。

　客を退出させた2時間は掃除の時間らしく、駅の構内では運転席付きの大型掃除機やポリッシャーがフル稼働していた。駅にあのまま居ても掃除の邪魔はしなかったのに。

　4時5分前になっても何も変わらない。4時ジャストに警備員2人がドアの向かい側に近づいて来たが、何をしたというわけでもなく去って行った。半信半疑、ドアの前に立つとサッとドアが開いた。リモートコントロールで解錠したのだろうか。構内の暖かい空気がこの上ない喜びに感じられた。

　構内に入るとすぐ右側のカフェに行ったが、開店は5時からだったので待合所で寝ることにした。椅子は早朝から移動する乗客でぼちぼち埋まり始め、アメリカの女性も帰って来て寝る体勢に入った。不審な人たちはいなくなっていた。妻は、安心したのか1時間半ほど眠ったが、私は眠れなかった。構内は息づいたように人の往来が活発になってきた。

　妻が目を覚ましたので2人で洗面に行くことにした。地下の洗面所の管理人は少し体格のよいご婦人で、厳しい目で睨まれ、少し入りにくかったが、入り口にある回転式の改札機に0.5ユーロ投入してそっと横を抜けた。

　"Good morning."

　"morning."

妻には愛想が良かった。

　いよいよカフェ、朝食をここで済ませて仕事に行くのか、もう列ができていた。美味しそうなパンを２種類とジュース、コーヒーを受け取って隅のテーブルに付いた。数時間前まで駅が開くのを待ってうろうろしていたのがウソのような幸せな気分になった。パンとコーヒーの香りが人の心をこんなにも幸せな気分にするのだろうか。ウィーンでカフェに入るのはこれが最初で最後になるだろう。

　ウィーンにコーヒーをもたらしたのはトルコ人らしい。オスマン帝国が連れて来た軍楽隊のメロディーやコーヒーの香り、ウィーンを始めヨーロッパにトルコブームが起きた。モーツァルトのトルコ行進曲もその頃作曲されたのだろう。そんなことを考えながら昨夕ツーイーストインフォメーションでもらった市内地図をじっと見ていた。

「ここのところモーツァルトと読めない」

　妻に地図の１点を示した。

「ああ」

　私は、ハンガリー舞曲のベースとなった民族の旋律が何処かで聞けるかなと淡い期待を抱いてブダペストまで行くつもりでいたが、昨夜のことがあったせいかなんとなく気落ちし、ブダペスト行きをあきらめ、ウィーンからも早めに出たい気持ちになっていた。でも、せっかくウィーンまで来たのだからモーツァルトの記念碑だけでも見て行きたかった。

「ここへ行ってみようか」

「ああ」

　カフェを出て、駅前にいたタクシードライバーにリュックサックをトランクへ入れてもらい、地図を指さして行き先を示した。タクシーは長い坂を旧市街へと下りて行った。街の雰囲気が大きく変わってウィーンらしさが伝わってきた。もっとゆっくり見て回れば素晴らしいところが色々あるのかも知れない。左に大きくカーブしてしばらく走り、大きな通りで止まった。この辺りがウィーンらしいところだろうか、荘厳な建物がいくつか見える。

　タクシーから降り、通りを渡って向かい側に見える白い大理石の大きな門の近くへ行き、門をくぐって中へと入った。中は緑の芝生が美しい宮殿の広い前庭のようなところだった。しかし、ここが何処なのか分からない。犬を連れて散歩中の背の高いご婦人に地図を見せて尋ねた。ご婦人は目を細め、よく見えないという手ぶりをしたので私の眼鏡を渡した。

"Danke."（ありがとう）

　ご婦人は嬉しそうに私の眼鏡をかけ、何か喋りながら少し地図を見まわし指さした。地図を覗き込むこともさりながら間近でご婦人の顔を見て、その美しく整った目鼻立ちに少しドギマギしながら慌てて礼を言った。

"Danke Shane."（ありがとうございます）

　何を言われているか分からなかったが、ここが何処なのかは分かった。ご婦人は眼鏡と地図を丁寧に返してくれ、犬にせかされながら手を振って小走りで別れた。妻は、白亜の大理石のそばまで行っていた。ここはヘルデンプラッツ⁽⁶⁾だった。一旦、通りへ出て左に回り込みブルクガルテン庭園へ行き、モーツァルト⁽⁷⁾の記念像を見つけた。

「朝のウィーンは緑に白い建物が映えてとても清々しいなあ」

　通りの向こうのシラープラッツ⁽⁸⁾辺りまで散策した。

「もうそろそろ帰ろうか」

「ああ」

　次の目的地、ミュンヘン⁽⁹⁾には昼頃には着いてホテルを探したかった。この辺りで切り上げることにし、通りを走っている路面電車の停留所に向かった。通りの両側にそれぞれ逆向きの路面電車が走っており、駅から大きくカーブしてこの辺りに来たが、駅はたぶん右行だろうと思い、右へ行く電車の停留所に立った。

"I want to go to station. But is this stop okay."

　若い学生風の男性に聞いたらものも言わず、分からない。という身振りをされた。電車が来たので運転席の開いたドアから運転手に同じ質問をしたが手を横に振られた。すぐ、次の電車が来たので、またしても運転手に聞いた。分からないと首を傾

げられた。

"Station！ Station！"

何度か言ってみたが分からないようだった。ステイションは世界的な共通語だろうと思っていたが、そうでもないようだった。8時30分にミュンヘン行きがあることを調べていた。昼頃までに着くにはこの便に乗るしかない。路面電車で行くのは危険だな。

リュックサックを背負ったまま駅の方へ向かって走り出した。2kmぐらいだろうと思うが、駅のはっきりした位置は分からない。タクシーを探したが、こんな時に限ってタクシーが見当たらない。とにかく走るしかなかった。このぶんでは列車に間に合わないだろう。振り返ると妻が数m遅れてあえぎながら走って来ていた。

しばらく走ったところの通りから少し入ったホテルの横にタクシーが数台並んでホテルの客を待っていた。駆け寄り、1番後ろで待機していたタクシーの運転手に窓越しに聞いた。

"I want to go to station."

"Metro."

何だろう、何と言ったんだろう。でも、ステイションという単語は通じたようだ。

"No, We want to go to Germany."

とっさに答えた。

"Okay."

運転手は降りてきてリュックサックをトランクに入れてくれた。ホッとすると同時に汗が顔じゅうに流れだした。

8時過ぎにウィーン中央駅に着いた。間に合わない。とりあえずホームに上がろうと行きかけたが、切符を持たずに乗車してもめた場合を考えて思い直し、急いでチケットオフィスに向かった。私が引いた番号札が151番、今の順番が140〜143番、間に合わない。しかし、前の人たちの発券が思ったよりスムーズに流れた。

"Seat reservation please."

"I would like two seats on the train to Munich."

出発の7、8分前に発券され、電光掲示板を確認した。

「8番トラックだ。行こう」

ホームに駆け上がった。列車はまだ入線しておらず、すぐに深い緑と赤のツートンカラー、大きなRJ262が進入して来た。ワゴンナンバー26最後尾だった。

ミュンヘンまでの鉄道旅は快適だった。これまでの広大な牧草地中心の車窓から山あり、谷あり、川あり、田舎の町ありの車窓に変わり、なんとなく日本の風景を思い出させた。しかし、森の感覚は日本の山とは異なり、ヨーロッパの森だった。

12時30分RJ262は、大きなトレイン・シェッド、熊手箒[10]の先っぽのような頭端式ホーム、ミュンヘン中央駅に入って行った。すぐツーイーストインフォメーションを探さねばと思ったが、ミュンヘンはウィーン同様大都会であり、インフォメーションでホテルを紹介してもらえるとは思えなかった。まだ日が高い。片っ端からホテルを当たろう。そのつもりで昼頃までにミュンヘンに着きたかったのではなかったか。インフォメーションを探すことはやめて駅前に出た。思ったとおり一大観光地は車や人など雑踏の響きがしていた。

「この辺で待っていて」

「ああ」

遠くからでも見える駅前の広場に妻を待たせて、南側の通りを渡って人通りの最も多い向かいの歩道を人の流れから繁華街がありそうな東の方、駅前を左後ろにして人をかき分けながら小走りで進んだ。大都会ミュンヘンは移民の街のようにドイツ人以外の人で混雑していた。早くホテルを見つけなければ！　妻を1人待たしているだけに私は焦っていた。1つ目の信号を渡った先にさっそくホテルがあった。

"Excuse me, can I stay here tonight ?"

"I'm sorry it is full."

"Please tell me other hotels."

空いていそうなホテルを教えてくれるだろうと思い、すかさず

聞いた。

"There is hotel next door."

　駅の方を指さしたので、そちらから来たのにホテルはなかった気がした。

"Is there a hotel next door ？"

"There is a small hotel."

"Thank you very much."

　玄関を出て来た道を駅の方へ引き返そうとしたとき、危うく歩道に投げ出された足に引っ掛かりそうになった。歩道に座り込んだ物乞いをする男性の足だった。片方の足は太ももから先がなかった。ドイツの人だろうか。これまでの街では見かけなかったが、ミュンヘンに来た途端、見かけるようになった。どうしてだろう。彼らも必死に生きようとしているのだろう。

　ホテルは見つからなかった。再度、先ほどのホテルの方へ引き返すと、間口の狭いガラスドアを見つけたので中を覗くと、小さなフロントらしきカウンターが見えた。中に入り、カウンターの奥、半開きのドアに向かって声をかけた。ドアが開き、とても朗らかで愛想のよさそうなラテン系の女性が出て来た。

"Excuse me, can I stay here tonight."

"One room is open."

"Please."

　ウィーンのことがあったので何も考えず、すかさずお願いした。ミュンヘンではビールを飲みに行きたかったし、有名な観光地なので2泊しょうと思っていた。

"Two nights please"

"Two nights……No only one night."

"Is that so."

"It will be a little smaller, but you can change the room, you can stay for two nights."

"So please."

　夕刻に来たらたぶん開いていなかっただろう。急いで駅へ向かい、信号を待っているとき駅の方を見たが妻の姿は見えな

かった。胸騒ぎがして信号機が変わると同時に飛び出した。キー……。左折して来た車に当たりそうになった。若い男性が運転していた車は横断歩道に半分またがって止まった。車のフロントを回り込むようにして駅へ急いだ。

　妻はいなかった。

「実加ー……　実加ー……」

　辺りを見渡しながら力いっぱい叫んだ。若い頃、大きな声を出す仕事をしていた私の声はミュンヘン駅前の雑踏を切り裂くように突き抜けて行った。

「実加ー……　実加ー……」

　駅の入り口、壁際の陰から妻が出て来た。

「どうしたんだ。ここにいろと言っただろう」

「浮浪者のような人が何人かいたから」

「そうか」

　遠くからでも見えるということはかえって危なかったのかも知れない。

「ホテル見つかったよ。行こう」

　鼻を擦りそうなエレベーターで４階の部屋に入ると、窓から向かい側の建物や通りの雑踏が見下ろせた。

「今夜も静かに寝れそうにないな」

「洗濯物がだいぶ溜まってきた」

　リュックサックのひもを解きながら妻が言った。

「コインランドリーがあるかも知れない。下で聞いてみよう」

　妻が日本から持ってきた大きな風呂敷に汚れ物を入れ、市内見学を兼ねて街に出た。ラテン系の彼女が地図に書き入れてくれたランドリーはなかなか見つからなかったが、街の人に尋ね歩いてやっと見つけた。中に入ると体格のいいドイツ人のおばさんといった感じの女性が厳しく客を指導しておられ、彼女の言うとおりに動いて、何日分も溜まった汚れ物をきれいに乾かすことができた。説明書きは当然ドイツ語、どのように操作するか少し戸惑っていたので、そんな主人がおられて大助かりだった。

　ランドリーで長時間費やし外に出ると、近くに塔のあるカト

リック教会が見え、見学してからホテルに戻り、洗濯物を片付けるとすぐ街に出た。有名な巨大ビアホールにも行ってみたかったし、伝統的な建築物も近くに多くあった。フロントは同じラテン系の男性に変わっていた。夫婦だろうか。ビアホールの場所を聞くと、観光客の好む通りや有名な建築物まで丁寧に教えてくれた。

　カールス門[11]をくぐってマリエン広場[12]の方へと入って行った。大勢の人でにぎわっている歩行者天国の先を捜し歩いてやっとホーフブロイハウス[13]の裏口にたどり着いた。出入り口に男の人がいたが黙って中に入りかけると、

　"No, You can't enter from here."

　"I'm sorry."

　向こう側に行けと言わんばかりに腕を大きく回して入口を教えてくれたので、建物の反対側に回り込むと表口があった。

　まだ早い時間であったが満席、通路は席を探す人、見学する人で大賑わい、ウェイターが忙しく駆け回っていた。

「座れたとしても注文できないな。出ようか」

「うん」

　そのまま店を通り抜け裏口に出て、先ほどの男の人に手を挙げて挨拶しカウフィンガー通り[14]からノイウハウザー通り[15]の方へ移動した。何処かこじんまりしたビールの飲めるレストランを探し歩き、通りに面したビアレストランを見つけ、入り口の男性に声をかけた。

　"I haven't made a reservation, but can I enter ？"

　"Please."

　中はほぼ満席だったが、待っているとボーイが迎えに来て席に案内してくれた。ホーフブロイハウスほど大きくはないが、奥行きのある結構広い店だった。

「感じの良い店だね」

「席が空いてて良かった」

　ビールの注文は割と簡単にできたが、料理の注文が難しい。どれがどれだかさっぱり分からない。困っているとボーイがドイ

ツの民族衣装を着たアジア系の女性を連れて来た。残念ながら
日本人ではなかったので結果は同じであった。ドイツ人のボーイ
から見ると顔かたちが同じなので話が分かるだろうと思ったので
あろう。

　"Salad……Sausage……Bred."

　自分の好みの品をゆっくり喋った。そこは同じアジアの人、サ
ラダはこれか、ソーセージはこれか、パンはこれかと聞いてくれ
たので、多分人気メニューだろうと思い、そうだ、そうだ、そう
だと3回言って注文は終了した。やがて、黒いビールと美味し
そうなドイツ料理が並べられた。ゆで汁ごと器に入って出され
た白いソーセージが何とも言えない美味しさだった。

「明日、中世の町並みがそのまま残っている町、ローテンブルク(16)
に行ってみよう」

「うん」

「ローカル線で行って2回乗り換えなければならないが、日帰り
で行って来れると思う」

「大丈夫？」

「多分大丈夫だろう。明後日はイタリアに行くので明日しか行く
日がないんだ」

「うん」

　私たちはビールとドイツ料理を堪能した。今宵泊まるところが
あるということは、こんなにも安らぎを与えるものなのか。帰る
所のある喜びをしみじみと噛みしめていた。

　店を出てしばらく近辺をウィンドショッピングしながらホテル
に帰った。少しほろ酔い加減であったが、毎晩の日課である日
記の記載と明日の行動に伴う列車時刻表の確認を行った。ヨー
ロッパの列車時刻検索サイトもだいぶ使いこなせるようになって
いた。今日までは高速鉄道で主要都市間を移動したので割と容
易に確認できたが、明日はローカル線で2度も乗り換えがあり
少々面倒だった。列車の発着、乗り換え駅の確認もわりとスムー
ズにでき手帳に記録した。最後にもう1つ、宿泊先の予約、明
日はこのホテルに泊まるので問題ないが、明後日の宿泊先は決

まっていない。ホテル紹介サイトで何度やってもクレジットカードを入力する辺りではじかれてしまう。私は少々焦っていた。

　妻は、無料のコミュニケーションアプリを利用して家族との情報交換を実施、これら全て Wi-Fi 環境の整ったホテルで実施した方が安価で効率的であった。妻は、情報交換が終わるとベッドに入ったが、私の方はかなりの時間を要した。明後日のホテル検索をあきらめて、明日も早いのでベッドに入ることにした。

　窓のカーテンは戸外の明るさを投影して街の賑わいを伝えていた。南ドイツミュンヘンの夜は、人々の笑い声や語らい、大量のビールの消費とともに更けていった。

　ジブラルタル海峡を抜けて地中海に入ろうとしている 2 頭の白いイルカの戯れる声が、アルプス越えの暖かい風に乗ってかすかに聞こえてくるミュンヘンの夜だった。

　　ウィーン〜ミュンヘン（約 402km）

［注］
(1) オスマン帝国／アナトリア（小アジア）の片隅に生まれた小君侯国から発展したイスラム王朝、東ローマ帝国など東ヨーロッパキリスト教諸国、西アジア・北アフリカのイスラム教諸国を征服して地中海世界の過半数を覆い尽くすオスマン帝国へと発展した。
(2) モーツァルト／オーストリア、ザルツブルク出身の音楽家、古典派音楽、ウィーン古典派を代表する人物。
(3) トルコ行進曲／オスマン帝国（トルコ）音楽隊の音楽に刺激を受けて作曲した行進曲で、モーツァルトのピアノソナタ 13 番第 3 楽章とベートーヴェンの劇付髄音楽「アテネの廃墟」の行進曲が有名。
(4) ハンガリー舞曲／ヨハネス・ブラームスがハンガリーのジプシー音楽に基づいて編曲した舞曲集。
(5) ブダペスト／ハンガリーの首都で同国最大の都市、人口約 175 万 2 千人、ドナウ川河畔に位置し、ハンガリーの政治、文化、商業、産業、交通の一大中心都市、ブダペストの名称は、ドナウ川を挟んだブダとペシュト 2 つの町の名称を組み合わせたもので、1873 年、町が合併して以来使われている。
(6) ヘルデンプラッツ／中世の面影を残すゴシック様式の王宮礼拝堂。
(7) ブルクガルテン庭園／モーツァルトの像が建つ王宮庭園、かつては

皇室専用であったが、現在は一般に開放されている。

(8) シラープラッツ／ブルクガルテン庭園の南側にある広場。

(9) ミュンヘン／ベルリン、ハンブルクに次いでドイツで3番目に大きい
　　都市、人口約148万8千人、金融、交通、文化の中心都市、ドイツ
　　国籍を有していない住民が多く生活している。

(10) トレイン・シェッド／駅の線路とプラットホームを同時に覆う大屋根。

(11) カールス門／ミュンヘンに現存する3つの城壁門のうち西側の門。

(12) マリエン広場／ミュンヘン中心部にある主要な広場、カールス門の
　　西側に位置する。

(13) ホーフブロイハウス／マリエン広場に近い16世紀から続く体育館
　　ほど広いビアホール。

(14) カウフィンガー通り／ミュンヘンで元も古い通りの1つカールス門
　　からノイハウザー通りに続いて西へ延びるショッピング通り。

(15) ノイハウザー通り／ミュンヘンで元も古い通りの1つ、カールス門
　　から西へ延びる通り。

(16) ローテンブルク／ローテンブルク・オブ・デア・タウバー、ドイツ南
　　部バイエルン州にある町、城壁に囲まれた中世の町並みがそのまま
　　維持されている。

(17) ジブラルタル海峡／ヨーロッパ大陸南西端イベリア半島とアフリカ
　　大陸間の海峡。

第9話　ローテンブルク

10月6日（土）　ミュンヘン晴れ、ローテンブルク晴れ

　出発の1時間前には駅に着きたかったので6時過ぎにフロントに下りた。ラテン系の彼女は既に勤務していて、昨夜の支払いを済ませた。

"We are going to Rothenburg. I'll be back tonight."

"If you leave your rucksack."

"Thank you. I will bring it."

"Have fun."

"Thank you. See you tonight."

　駅の構内はもう活気づいていた。

"Seat reservation please."

"I want to go to Rothenburg."

"Unreserved seats departing at 7:35. Only Europass is okay."

　チケットオフィスの女性は、乗り換えの多い行程を案じてか Your Travel Connection（トラベルコネクッション／乗り継ぎ予定表）を A4 の紙に打ち出してくれた。

"Thank you very much."

"You're welcome."

　7時35分発の列車はそれぞれ行先の異なる3つの列車が連結されていた。行き先を確認しながら先頭の列車まで行ったが乗り換える駅が行き先ではないのでどの列車に乗ってよいかよく分からない。先頭列車の乗客に聞いた。

"I would like to go to Rothenburg."

"Not this train. Go to the train behind."

"Thank you."

　ホームに降りて後ろの列車に行く途中に駅員がいた。

"I would like to go to Rothenburg."

"Take the train in the middle."

"Thank you."

　RE57118 は少し古い車両だった。連結した3列車はガタゴトとミュンヘン中央駅を出て行き、各々の駅でそれぞれ切り離された。本当にこの列車でよかったのか少し不安であったが、田舎の車窓を楽しみながら、乗り換える駅を通過しないよう車内の電光掲示板からは目を離せなかった。何処の駅だったろうか。反対側のミュンヘン行のホームに高校生ぐらいの男女10名ほどが男女とも民族衣装に身を包み列車を待っていた。今日は土曜日なので皆おそろいでミュンヘンに行くのであろうか。そういえばミュンヘンの街中で民族衣装を纏った男性と何度かすれ違ったが、あれは何かをアピールしているのだろうか。そんなことを思っていると車内放送が流れ、次に停車した駅で多くの乗客が降り始めた。それほど大きな町ではないが多くの人が降りるのだなあ、ぼんやり思っていると、20歳ぐらいの可愛らしい女性が私たちの席の横を通るとき、立ち止まり少しかがみこんで話しかけてきた。

"Can you speak English."

"little."

"This train has broken down, so it stop at this station. Take the train on the opposite platform."

「えっ」

　私たちは彼女の後を追うようにして降り、向かい側の列車に乗り込んだ。乗り換え駅トロイヒトリンゲン(1)での待ち時間は5分だったので間に合うだろうか心配になった。

　乗り換えた列車は予定時間を15分遅れてトロイヒトリンゲンに着いた。乗り換える列車は遅れた列車を待ってはいなかった。列車は RB58110 ヴュルツブルク(2)行きであったが、次に来る乗り換えの列車が同じヴュルツブルク行きとは限らない。ハタと困ってしまった。ま、いいや、たぶん同じだろう。携帯電話がインターネット環境にない中、調べるわけにもいかず安易な考えに陥っていた。

「朝ごはん、食べようか」

「うん」

「サンドウィッチでも買って来る」

　どこかに時刻表が貼っていないか探しながら駅の玄関口サイドにあるフードショップに向かった。中はカフェスペースのあるショップ、売り場には列ができていて、3人ほど前に列車の故障を教えてくれた女性がいた。彼女が支払いを済ませ、カップコーヒーと食べ物を持って私の横を通るとき微笑んで会釈をしてくれた。

"Um, I want to go to Rothenburg. Is there a transfer train?"

"Please wait for about an hour."

"Is the next train running the same?"

"Is the same."

"Thank you very much."

　私にも聞き取れる優しい英語で話してくれた。ホームに帰ると妻はベンチに腰かけていた。

「1時間後に乗り換えの列車が来るそうだ」

「うん」

　サンドウィッチを食べながら、次のシュタイナッハ駅⁽³⁾でも乗り換えの列車があるだろうか。どれくらい待つのだろうか。次の疑問が湧いてきた。

「もう一度聞いてくる」

　彼女はショップ窓際のカウンターでコーヒーを飲んでいた。誰かを待っているのだろうか。

"Excuse me, Is there a connecting train at the next Stainach station?"

　ミュンヘンの駅で印刷してくれたトラベルコネクションを見せながら聞いた。彼女は、すぐにスマートフォンを取り出し列車時刻検索サイトを開いたようだった。トラベルコネクションを渡すと新しい列車時刻を記入してくれた。20歳ぐらいの可愛い子だと思っていたが、こうして会話していると、とても美しいレディーだった。私は少しあがってしまった。

"All are operated one hour late. You'll be an hour late to get to Rothenburg."

"Thank you very much. Are you German ?"

美しく流れるような彼女の英会話、思わず聞いてしまった。

"Yes, I am German."

"I'm Masanori. May I ask you for your name ?"

"Yes, I'm Anna."

"Your English is very beautiful."

"Thank you."

"Thank you for telling me a lot. Goodbye ! Good bye Anna !"

"Good by !"

　シュタイナッハ駅に入線したのは2両編成のしゃれた列車でほぼ満席、立っている人もいたが運よく2人とも座ることができた。列車は広い牧草地の中を走っていた。牧草地に飛行場があり、軽飛行機が飛び上がるところだった。私は、アンナの顔を思い出そうとしていたが、ほんの1時間前に別れたばかりなのに、その顔を車窓に描くことはできなかった。

　ローテンブルクはドイツの普通の田舎町だったが、私の行きたい中世の町は城壁の中にあり、駅から少し距離があった。当然、行き方は分かっていなかったが、列車の乗客は皆そこを目指しているので、彼らについて行くことで目的は達せられた。駅を背にして北西に伸びる広い通りを進み、団体客を引率する地理に詳しいガイドがいたのか、間もなく南西に取って路地に入り近道を先導された。駐車場を横切って北側から城門の前に出て東側から入門した。後から考えればこの城門がレーダー門だった。

　城壁の中の町は中世そのままだった。石畳が少し歩きにくい町並みが続き、おとぎの国に迷い込んだような、思い描いていたとおりの空間にいる自分に感動し、ゆっくり、ゆっくり歩きまわった。路地から路地をめぐりながら城壁で囲んだ町を造らなければならなかった遠い中世のことを思った。戦いを繰り返して

いた昔、夜の帳がおりて闇に輝く無数の星の下に黒い陰影となって浮かび上がる三角形の屋並、石畳を歩く夜警の足音が聞こえてくるような気さえする。人々は、いつの日にか戦いのない世界が訪れることを信じていながらもこの町を維持し続けたのであろう。路地を吹き抜ける優しい風の心地よさなのか、おとぎの町の不思議さなのか、次第に自分の位置を見失い、妻は夢中で写真を撮り続けていた。

　時間はあっという間に過ぎ、14時の列車に乗る時間が近づいてきた。これを逃すとミュンヘンに着く時間がぐっと遅くなってしまう。昼食もとらずに回ったのでもうこの辺でいいだろう。城門に近づき城壁に上がってみた。城壁の中の家々の屋根が手に取るように見えた。この石壁がなければ人々の安全は保たれなかったのであろう。

　城門から外に出るとなんとなく入って来た門とは外の風景が違うような気がした。振り返ると門は同じ門のような気がする。北側から来たので北の方へ行こうとしたが、なんとなく違うような気がして立ち止まり、タイミングよく門から出てきた小柄なご婦人に駅への道を聞いた。

"Excuse me, Please tell me the way to the station."

"I will go there too, so please follow me."

　ご婦人は北へは行かず、門を背にしてそのまま東へ進んだ。すぐに広い通りに出て右側の歩道を進み、やがて大きな交差点に出た。

"I go straight but the station is this way."

　ご婦人は南へ行く通りを指さした。北から門前に来たのに南へ行くのは方向感覚が少し混乱した。

"If you follow this street, you will reach the station."

"Thank you very much."

　指定された通りは緩やかに左にカーブして南東への下り道となり、右側に来るとき通った近道の路地が見え、遠くに駅が見えてきた。私の出て来た門は入門した門から北へ城壁沿いに200m 行ったガルゲン門だった。

　駅のホーム外れにフードショップがあった。
「まだ少し時間があるからアイスクリームでも食べるか」
「うん」
　ショップに入り、レジカウンターの反対側にあったアイスクリームボックスを開け、中のアイスクリームを物色しようとした。
　"Too, Too, Too, Too, Too……."
　大きな音が背後から聞こえ、ボックスの扉を開ける手が止まった。お客と対応していた主人が発した上あごの裏と舌を鳴らす音だった。こちらへ来いという手招きでカウンターに近づくと、アイスクリームの写真入りリストを示されたので好みの品を指さした。主人は奥からそのアイスクリームを出して来た。自分で品物を取ってレジへもっていくスタイルはご法度なのかも知れない。
　列車は空いていたが発車間際に大勢の人が乗り込んで来てたちまち満員になった。皆、遠くから来ているのだろう。シュタイナッハ駅での乗り換えのとき、デュッセルドルフ(4)まで帰るという2人連れの日本人女性と出会い、少し話をして先に出発する彼女たちを見送った。ミュンヘンまでの倍くらいの距離があり、帰り着く頃は暗くなっているだろうと思いながら同じホームの反対側に入線した列車に乗り込んだ。
　トロイヒトリンゲンまでの車窓が来たときと違うような気がした。ひょっとすると行きと帰りで違う線路を走ったのかも知れない。トロイヒトリンゲンからは赤い大きな2階建て車両、いかにもドイツ車両といった感じの列車に乗り、気分良くミュンヘンに帰って来た。明日は7時34分発の列車でヴェネツィア(5)に移動するつもりだった。
「そうか。今日のうちに指定席を取っておけばよいのだ」
「うん」
「今日取れば、出発までの待ち時間に気をもまなくてもよいし、席が空いている可能性が高くなる」
　チケットオフィスに入って行き、時間を気にすることなく順番を待った。
　"Seat reservation please."

"I would like two seats on the train to Venezia tomorrow morning."

　指定は容易に取ることができ、穏やかな気持ちでホテルへと引き上げた。部屋は昨日の表通り側から裏側に変わり、少し小ぶりであったが気にするほどではなく、夜中じゅう窓を照らす明るさがないだけかえって良かった。部屋に入るとすぐホテル紹介サイトを開いて何度かチャレンジした。ヴェネツィアでも２泊しようと考えており、宿がないと最悪、私は必至だった。

「キコーン」

　クレジットカードのオーナー名を漢字で入力したとたんヒットした。

「お母さん、繋がった、繋がった。漢字で名前を入力すればよかったんだ。今までローマ字で入れていたから撥ねられたんだ」

「よかったねえ」

　他の項目はスムーズに入力完了、ホテルが予約できた。ところが、表示された電文をよく見ると、サンタモニカビーチまで徒歩10分と書いてある。変だなあ……、そこはアメリカ西海岸ベニスのホテルだった。映画「ベニスに死す」にもあるように、私はヴェネツィアのことを安易にベニスと表現していたこともあって、ホテルの希望所在地をベニスとして検索していたのだった。

「お母さん。間違ってアメリカのホテルを予約してしまった」

「ええっ」

「どうしよう」

「ホテルに電話してキャンセルしたら」

「そのやり方もよく分からない」

　そうしていると、紹介サイトから予約完了のメールが入った。ひょっとして、と思いスクロールしていくと、キャンセルの項目があったのでクリック、キャンセルを選択して送信、まもなく紹介サイトからキャンセル完了のメールが入った。

「お母さん。キャンセルできた。よかった、よかった」

「今度は間違わないように」

　それ以来、カタカナで入力すると違った地名になる恐れがあ

るので、ホテル所在地は英語のアルファベットで入力することにした。再度、宿泊予約を行い、宿泊地を Venezia と入力した。紹介サイトに私の情報が登録されており、多くの項目を入力することもなく簡単に予約できた。

「なんだ、こんなに簡単だったのか。よし。今日もあのビアレストランに行こう」

「間違っていない」

「大丈夫」

　今宵は昨夜より少し混雑しているような気がしたが、何とか席に案内してもらった。ボーイは忙しく動き回っていて、声をかけてもなかなかつかめず、注文するのに手間がかかった。座った席によって担当のボーイが決まっているのか、そのボーイが注文を取りに来るまではじっと待っていなくては駄目なようだった。やっとボーイが来てくれた。昨日とは異なる料理を注文、白いソーセージは再度注文してドイツ最後となるはずの夜を満喫した。

　ホテルへの帰り道は昨夜とは違う路地、奥にひときわ明るい光が漏れるガラス窓、ドイツのおもちゃがいっぱいに並べられたショーウィンドウを時間が経つのも忘れてじっと覗き込む夫婦の背中を撫でるようにして暗い石畳の路地を風が吹き抜けて行った。

　その日、ミュンヘンは少し暖かかった。アルプスを越えてやってくる季節外れの南風であろうか。フェーン現象という言葉はドイツから来たらしい。その南風に乗って、遠いイオニア海からサンタ・マリア・ディ・レウカ岬を回ってアドリア海に入ろうとする2頭の白いイルカの群れ飛ぶ水音が、かすかに聞こえてくるミュンヘンの夜だった。

　　ミュンヘン〜ローテンブルク〜ミュンヘン（約508km）

［注］

(1)トロイヒトリンゲン／ドイツバイエルン州にある町、人口約1万2千人。

(2) ヴュルツブルク／ドイツバイエルン州にある都市、人口約12万7千人、マイン川沿いに位置し同州で4番目に大きな都市、領主司教の宮殿は庭園群と広場を含めユネスコの世界遺産に登録されている。ロマッチック街道北の起点としても知られる。

(3) シュタイナッハ駅／ローテンブルクへの引き込み線起点駅、この駅でローカル線に乗り換える。

(4) デュッセルドルフ／ドイツ西部ライン川河畔に位置する都市、人口約62万人、金融やファッション、世界的な見本市が開催される中心都市の1つ、ライン川東岸は旧市街、西岸は、近代的な商業地区となっている。

(5) ヴェネツィア／イタリア共和国北東部に位置する都市、人口約26万人、100を超える小さな島々からなり、運河沿いにはルネッサンス様式やゴシック様式の宮殿が立ち並ぶ。

(6) イオニア海／ギリシャ半島とイタリア半島南部の間に広がる海域。

(7) サンタ・マリア・ディ・レウカ岬／長靴に似たイタリア半島、踵の先端の岬。

(8) アドリア海／イタリア半島とバルカン半島に囲まれた海域。

第10話　ジュデッカ島の宿

10月7日（日）　ミュンヘン晴れ、ヴェネツィア晴れ

　エレベーターを降り、静かな通路を回り込んでフロントの前に出たが、誰もいなかったので声を掛けると奥の事務所から彼女が出て来た。

"Good morning. Please check out."

"Good morning, it's early."

"Because it departs at 7:34."

"It's not too early."

"I eat breakfast at station."

　女性は相変わらず朗らかであった。支払いを済ませると手を振って別れ駅に向かった。昨夕、座席指定の予約が完了していたので時間的にも心身的にも余裕があり、まだ1時間位あったので朝食となるファーストフードをゆっくり見て回り、固いパンに野菜とモッツアレラが挟まれたサンドウィッチと飲み物を持って7時過ぎにホームに入った。

　赤い大きな起動車に引かれた白い車体に赤いラインの列車EuroCity1289が私たちを待っていた。席があるワゴンナンバー236は後ろの方で、狭い通路を歩いて行くとそこはコンパートメント仕様になっていて、73、74席は、真ん中の向かい合わせだった。しばらくすると通路側の向かい合わせに若いアメリカ人夫婦が入って来た。

"Excuse me, Would you like to change your seat?"

　奥様から提案された。

"It doesn't matter, that's better."

　アメリカ人夫婦も私たちも横並びに座れるようになり、彼らが前、私たちが後ろ側の席に腰かけ、窓側の向かい合わせ席だけが空いていた。発車間際になってサンフランシスコに住んでいるという中国人夫婦が入って来て窓側の席に着いた。主人が引いていたトランクは大きくて置く所がなく、色々思案された挙

句、通路に置くことになった。さすが国際列車、3人種がコンパートメント席で一緒になったが、ものも言わずに時間が過ぎ、ミュンヘン市街を離れ、やがてアルプス越えの山が見え始め、イタリアの車掌がやって来た。

"I would like a seat reservation fee."

「えっ」

ミュンヘン駅で購入した指定券を見せながら怪訝そうな顔をした。

"Please pay for Train Italy."

皆も不思議そうな顔をした。アメリカ人の主人は、不服そうに2、3質問をしていたが最終的に支払ったので、私も仕方ないのだろうと思って支払った。料金はミュンヘン駅で購入した倍の値段、なんだか狐に騙されたような気がして、用事を済ませて遠ざかって行く車掌のお尻にしっぽがないかじっと見送った。

車窓はオーストリアのアルプス越えに入り、チロル的な風景が美しく、妻と中国人の奥様は写真を撮るのに熱中し始めた。そんなことがあってコンパートメント内はなんとなく和やかなムードになり、アメリカ人夫妻からも笑みが漏れ始めた。中国人の主人が、学校で習ったと言って片言の日本語で話しかけてきた。英語交じりの日本語でしばらく会話が続いたが、アメリカ人夫妻とは微笑むだけで会話はなかった。彼らはインスブルック[(2)]で下車した。駅名を見て冬のオリンピックがあった街だと思い出し、地名を知っていたからなのか、なぜか降りてみたい衝動にかられた。

古来、アルプス越えの要衝として多くの人と物資がこの街を通過したのだが、そんな感じは走る列車から見る街並みや停車した列車から駅舎の空間を通して見る街の雰囲気からは感じられなかった。ただ、この列車がたどったアルプス越えの行程の中でほっと一息入れられる街並みの優しさが皆を和ませていた。彼らはなんとなく新婚さんだったような気がする。

中国人夫妻はヴェローナ[(3)]で下車した。ビジネスがあると言って頭を下げながら手を振って別れた。なんだか昔から知ってい

る人のような気がした。コンパートメントルームは私たちの独占
となり、窓よりの席に移り、ヴェネツィアへと何処までも一直線
に続く鉄路沿いに広がる平野地帯の町並みを見ていた。平野地
帯の終わりに海にかかった長い、長いセメントの鉄橋が続き、
その先に海に浮かぶ街が見えてきた。EC1289 は、やがて海上
都市の中に消え、海に向かって突き刺さったフォークのようなサ
ンタ・ルチーア駅(4)のプラットホームへと滑り込んだ。

　駅構内から見える外の明るい光に映し出された景色は映画を
見ているようで、1歩、1歩その映像の世界に入って行く自分を
感じていた。駅前は肩を触れ合うほどの人だかり、目前の運河
はゴンドラやボートが行き交い、運河の向こうはヴェネツィアの
荘厳な建築物や古い街並みが海上にそのまま浮かんでいるよう
に見え、近づくと運河にかかるアーチ橋が見え、運河沿いの歩
道はそぞろ歩く人で埋め尽くされていた。ああ、此処がヴェネ
ツィアなのだ……。私は、しばらく映像の中にいた。

　ところが、そこで私は、3人連れだった中年過ぎ、日本のご婦
人に出会ってしまった。

「あら。日本人」

「こんにちは、ご旅行ですか」

「これからミラノの方へ行くの。ガイドがこの辺で待っていてと
言ったのよ」

「そうですか。お気を付けて」

　3人ともアイスクリームを舐めながら喋っておられた。私は、
映画の世界から現実の世界へ一挙に引きずり降ろされてしまった。

　とりあえず宿に行こう。インフォメーションを探すと近くに観
光案内所があった。

　"I'm sorry, I'd like to go here."

　カウンターの中で忙しく働いている3人の女性の1人にホテ
ル紹介サイトから手帳に写し取った住所を見せながら聞いた。

　"here."

　女性は地図を取り出しボールペンを突き刺した。

　"Thank you, Can I get me map."

"3 euros."

　えっ、貰えるのではないのか。今まで市内観光地図は全て無料だったので貰えるものとばかり思っていたのが浅はかだった。ユーロを渡して手に取ってみると、有料だけあって紙の質もよく立派な地図だった。感心してはおられない。ボールペンに突き刺された所は運河ではなく水道を挟んだ先にある島、ジュデッカ島(5)だった。橋もないし、どうして行くのだろう。

"There is an unlimited vaporetto ticket for two days."

　女性は、私の気持を察したかのように言った。ヴァポレット(6)って、あの水上バスか。2日間なら丁度よい。2枚で60ユーロだった。券を受け取って振り返ると、下の船着場からヴァポレットのオモテが離れるところだった。

「西回りなのであれに乗ろう」

「うん」

　ヴァポレットは駅を背にして西の方向へ航行し、ゴンドラやボートと行き交いながら狭い運河を抜け、左側の岸壁に係留された巨大クルーズ船2隻の横を通り、水道に出て東へ航行、ヴェネツィアを左回りに航行した。久しぶりの海だった。冷たいフィヨルドの海に比べると南の太陽に輝く青い海、ヴァポレットは行き交う船舶が作り出す波に打たれて動揺しながら一直線にジュデッカ島を目指しスピードを上げた。最初、サッカ・フィゾーラ(7)に着いた。ジュデッカ島とは運河で仕切られているが橋が架かっている。桟橋に降りて、桟橋から陸に渡してあるラッタルを上り、そこにいた女性と男性2人に住所を見せて聞いた。

"Excuse me, I'd like to go here."

"I think it's more over there."

"Is that so. Thank you."

　なんとなく頼りなさそうな回答だったが、とりあえず行ってみようと行きかけた。

"You should go by boat."

　島といってもかなりの距離がある。次の西回りを待つことにし、次に来た西回りの船に乗り、細長いジュデッカ島の中央付

近の桟橋で降りて、桟橋を上がった前にあったバーのお客とご
主人に聞いたが頭をかしげるだけだった。もっと向こうかも知れ
ない。速足で島の東に向かって歩き出した。東外れの辺りまで
来て通りがかりの男性に聞いたが分からなかった。少し焦って
きた。もう一度中央付近に帰ろう。歩き出した。妻は少し離れた
ところを追うようにしてついて来ていた。聞いても分からないの
は、観光地だけあって地元以外の人も多くいるのだろう。

　中央付近まで戻って来てレストランのボーイ２人に聞いた。

"Excuse me, Don't you know this hotel?"

　２人そろって手帳を覗き込んだ。

"Over there. That big building."

"Is it a Hilton hotel?"

　その赤いレンガ造りの大きなビルはヒルトンホテルだった。

"Oh yeah. That building."

"Thank you very much."

　半信半疑だったが、ヒルトンホテルがあるジュデッカ島の西
サイドまで行ってみることにした。２人のボーイが言うのだから
何か手掛かりがあるかも知れない。

　ヒルトンホテルの前まで来た。私が予約したのはヒルトンホテ
ルではなかったので当然、何の手掛かりもなかった。もうそこは
島の最西端、その先に横たわる海が見えていた。赤いレンガの
建物の基礎に使った石の残りなのか、四角い石が１つ壁際にお
いてあり、リュックサックを背に乗せたまま少し前かがみになり
ながら腰を下ろした。もう日が沈むまでに見つけることはできな
いだろう。私の身体と心は、この海の底に引きずり込まれるほど
の疲れを感じていた。

　携帯電話を開いて予約が完了した後にホテルのオーナーから
届いたメールを見た。長い英字電文で、オーナーがバチカン市
国の人という以外はすぐに解読できなかった。これを訳している
と時間がかかるなあ。しかし、訳すしかないだろう。重い腰を
上げヒルトンホテルの裏側の方へ向かって歩いた……。どこか
に腰をかけよう。

「乗船券と地図を落としたみたい。ちょっと見てくる」

「待って。どこに入れてたんだ」

「ウィンドパーカーの左ポケットに入れてたはずなんだけど」

「もういいよ。何処で落としたか分からないんだろう。パスポートとか大切なものを落としたのではないんだから。また買えばいいよ」

「うん」

　そのとき電話が鳴った。オーナーからだった。そのスピーディーな英会話を聞き取る力が私にはなかった……。電話は切れた。美しいヴェネツィアの島々を照らす光も西に傾いてきた。途方に暮れるとはこういうことだろう……。丁度そこへヒルトンホテルのレストラン従業員と思われる黒くて長い前掛けをかけた男性が通りかかった。手帳を見せてもう一度訪ねた。

"Excuse me, Don't you know this hotel ?"

"Oh, This apartment is there."

　ほっと胸をなでおろした。彼は、アパートの入り口、２つ並んだドアの所まで連れて行ってくれた。私が予約していたのはホテルではなくアパートメントだった。

"We can't enter it because it's locked."

"Um, I just got a call."

"Really, lend me a phone, this number."

　男性はこちらから電話をかけた……。繋がったようで何か話し始めた。

"Follow me."

　彼の後についてヒルトンホテルの前側に出ると中年の女性が私たちを待っていた。男性は女性に私たちを引き合わせると、ヒルトンホテルの内へと消えていった。

"Thank you. Thank you very much."

　私は、去って行く彼に深く頭を下げた。涙がひとしずく、石畳の継ぎ目からジュデッカ島の土に消えた……。

　私たちは、彼女に連れられて先ほどの２つ並んだドアの所へ行った。アパートの玄関だった。左側のドアを開けて中に導か

れた。暗い通路の1番奥のドアが予約した部屋の入り口、

"Turn it twice and turn it half more."

　鍵を差し入れて女性が説明した。開けられたドアから入った中は広く、ベッドルームが2部屋もある素敵なアパートだった。女性はアパート内の器具の使い方を説明してくれた。

"You can use either bedroom. You can use it properly every day."

"I'm leaving early the morning after tomorrow."

"All right, pay now and put the key on this table when you leave."

"Do I have to lock it ?"

"It's auto lock. Bring this key with you go out. Don't forget anything in the room when you leave."

"I understand. Thank you very much."

"Please enjoy yourself."

　女性は出て行った。

「あの人がオーナーかしら」

「この近くに住んでいて、オーナーに雇われている管理人さんだろう。鍵の開け方を練習しておこう」

　鍵を持ってドアの外に出た。言われた通り何度か試したが鍵は開かなかった。中から開けてもらった。

「おかしいなあ……。もう一度やってみる」

　1回目で鍵が開いた。2回目も開いた。なんとなくコツがつかめたような気がした。

「お腹が空いただろう。食べに行こう」

「うん」

　妻は、食べに行くことよりも地図と乗船券を早く探したくてしょうがなかった。玄関では中から見て左側のドアを開けて外に出た。

「アパートを探して歩いているとき、男の人に後ろから声をかけられたのよ。たぶん、あの辺りで落としたんじゃあないかなあ。無視してしまったけど、あの人、地図が落ちたのを知らせようと

したのかも……。あの辺りに行ってみる」
「もういいよ」
　妻は、私の言うことなど聞かず、先へ、先へと行ってしまった。私はゆっくり後を追いかけた。
　しばらく行くと、妻がこちらに向かって帰って来た。
「あった。生垣の下に隠すようにして置いてあった。でも、地図はなかった」
「その券が落とした券かどうか分からんだろう」
「多分そうだよ。隠すようにして置いてあったから」
「そうかも……。高いほうが見つかってよかったじゃない。地図はまた買うよ」
「うん」
　海に突き出た岸壁の際までテーブル席のある洒落たレストランに入った。ボーイがその席に案内してくれ、メニューが読めないので適当に頼んだ料理がシャコの料理だった。白ワイン片手に殻まで香ばしく焼きあがったシャコを口に運びながら水道越しに夕闇が迫ると灯り始めるヴェネツィアの明かりを見ていた。巨大クルーズ船が黒い影となって、その明かりを消しては点けながら出港して行った。
「いいなあ……この感じ。これがヴェネツィアなんだ……」
「あのとき、あのヒルトンの男性に出会わなかったらどうなっていたかなあ……」
「今頃、こんなことしていられないね」
「そうだなあ……。誰かに導かれているようだ」
　こうして、多くのヨーロッパの人たちに支えられてこの旅行が成り立っているのだろう。もっとしっかりしなくては。自分に言い聞かせていた。
　アパートの玄関まで帰って来て右側のドアに鍵を差し込んだがドアは開かない。何度試みても開かない。鍵が合っていないような感じだった。どうしよう……。通りかかった男性からアドバイスがあった。
　"If you put the key in the door over there."

「えっ」

　左側のドアに鍵を刺したらすんなり開いた。そうなのか。常に左のドアから出入りすればいいのか。管理人さんはちゃんと言ったかも知れないが理解していなかった。しっかりしていないじゃあないか。ついでに部屋のドアも開かなかった。

「おかしいなあ。これで開くはずなんだけど」

　何度やってみても同じことだった。そこへ２階の住人と思われる男性が帰って来て階段を上がりかけたが、私たちに気がついて来てくれた。彼は簡単にドアを開けた。

"Thank you Thank you very much."

"No problem."

　日中強かった風も止み、水路を行くボートがもたらす波が静かにアパート下の岸壁をたたく夜、明後日行くローマのホテルも簡単に予約でき、先にシャワーを浴びて寝てしまった。妻は、遅くまで使い慣れない洗濯機や乾燥機と格闘しているようだった。

　やっと眠りについたヴェネツィア、街角の灯が入り組んだ水路の小さな波頭を照らし、幾筋も折り重なって揺れている中、２頭の白いイルカが、すぐ窓下の運河まで来て囁き合っている声が耳元に聞こえるヴェネツィアの夜だった。

　ミュンヘン～ヴェネツィア（約543km）

［注］

(1) コンパートメント仕様／３席並びの向かい合わせで６席を仕切り版で仕切り、個室となっている形式の車両。

(2) インスブルック／オーストリア共和国の都市、人口約13万人、風光明媚な観光地として、またウィンタースポーツの地として世界中に知られる。アルプスを越えてイタリアやドイツに抜ける交易路の重要な中継地点。

(3) ヴェローナ／イタリア共和国ヴェネト州西部にある都市、人口約25万7千人、街の中心部には古代ローマ時代の円形競技場跡があり、街の象徴となっているほか、中世の町並みがよく残っており、「ヴェローナ市街」としてユネスコの世界遺産に登録されている。

(4) サンタ・ルチーア駅／ヴェネツィアの主要駅、ヴェネツィア観光の終着駅。

(5) ジュデッカ島／ヴェネツィア潟にある島、ジュデッカ運河を隔てて本島に沿うような形で浮かんでいる。

(6) ヴァポレット／もともと蒸気船の意味、ヴェネツィアで運航されている水上バス。

(7) サッカ・フィゾーラ／ジュデッカ島の西端、運河で仕切られた地区。

第11話　ヴァポレット

10月8日（月）　ヴェネツィア晴れ

　久しぶりに朝ゆっくりして9時にアパートを出発、島の西端、サッカ・フィゾーラの桟橋に向かった。アパートはジュデッカ島の西端、サッカ・フィゾーラへは橋が架かっていた。アパートを出てヒルトンホテルの裏側の塀むこうの道を行き、橋を渡り、5分ほど静かな住宅地を抜ければ桟橋に着いた。桟橋は2つあって東寄りの桟橋が駅の方へ行くヴァポレットが着く桟橋だということは昨日の経験で分かっていた。桟橋に下りる橋の入り口に回転式のゲートがあり、チケットをかざすようになっていた。妻は、昨日、植え込みの下で見つけた券が有効かどうか気がかりだった。もし、有効でなかったら券を島のどこかで求めなければならず、私も気が気ではなかった。

　券は有効だった。私はまず駅前に行き、妻の見つけた券がいつまで有効か調べたかった。それを知っていないと明朝の行動に不安がある。ボートには大勢の人が乗っていた。水道から運河に入った最初の桟橋で多くの人が降りた。バスターミナルのような建物が陸上に見えていた。皆、仕事に行くのだろうか。運河に入り、駅の桟橋でも多くの人が降りるだろうと勝手に考えてゆっくりしていると、数人が降りただけでヴァポレットのもやいが離された。

「しまった。降りられなかった」

「どうする」

「次の桟橋で降りて歩いて行こう」

「うん」

　運河沿いの道には込み合うほどの人が歩いていてなかなか駅の方へ進めない。静かな右の路地の方へ行き先を変えた。

「駅に行くのは後にしよう」

「うん」

　古いヴェネツィアの街は迷路のような路地の連続で、いつの

間にか自分がどの辺りにいるのかさえ分からなくなっていた。どこかでヴィヴァルディの「四季」が流れていて、その旋律が耳について離れない。この街を歩く浮き浮きした気分は「四季」と絶妙にマッチングしていて、長い時間、私の耳を独占し続けていた。ヴィヴァルディもこの町で幼少時代を過ごしたのかと思うと、入り組んだ歴史を感じさせるたたずまいの中を走り回る少年の姿が脳裏に描かれるようだった。

　こちらは行けるかと思い路地の奥へ進むといきなり凹型に入り込んだ運河の水が足元にあり、左の建物のレンガ壁横、水面まで30cm、外側の運河沿いの建物の角下、基礎部分の出っ張りまで道板が渡してある。その角を回ると道があるのかと思い、恐る恐る道板を渡って角まで来ると道はなく、横たわった運河があるだけだった。

「ああ、やっぱり迷い込んだ。来た道をさっきの通りまで出よう」
「どっちから来たのだったかなあ」
「こっちに行ってみる」
「そっちは違うと思うけど」
「出た、出た！　あの店見覚えがある」
　またしばらく歩き回った。
「あれ、この広場、さっきも通った気がする」
「そうだなあ」
　それでも妻は、嬉しそうに土産物屋を次から次へと梯子していた。

　人通りの多い通りに連なった、運河にかかった太鼓橋の下にゴンドラが2艘係留されていた。橋を渡ろうと石段に足をかけた。
「あのー、日本の方ですか……。ですね」
「そうです」
「やっぱり。一緒にゴンドラに乗りませんか」
　女性2人と小さな女の子2人が私たちを見ていた。
「ゴンドラ1回80ユーロなので、私たちだけで乗るには少しもったいない気がして、誰か良い人が通りかかるのを待ってい

たのです」

「乗りません？」

「いいですよ」

「すみません。この子たちがどうしても乗りたいと言うものですから」

「かまいません。私たちも乗ってみたいなと思っていましたから」

　女性2人は姉妹で、姉はロシア人と結婚してフランクフルトの近くに住んでいるらしい。女の子2人はハーフだった。妹さんが日本から姉の家に遊びに来ていて昨日からヴェネツィア観光、今夜ドイツに帰るらしい。船頭は背の高いダンディ、いかにもイタリア男性といった感じだった。お母さんと子供は艫、妹さんはオモテへ腰かけた。女の子たちは嬉しそうにはしゃいでいた。

「どうせならハンサムな船頭さんがいいなとこの子たちが言うものですから」

「この船頭さんでよかったわ」

　船頭にも聞こえるような声でお母さんが言った。船頭は、聞こえていたか聞こえていなかったか分からないが、長い竿を巧みに操り、足でそっとレンガの壁を蹴り離しながら狭い運河を縫うようにゴンドラを進めて行った。古いレンガの壁と壁の間の狭い運河から見る景色は陸上から見る景色とは全く異なり、長い歴史の中で造作された水の都の美しさと生活の香りがした。また、壁と壁の間から見る外海の光に照らされた景色は、外の世界にいざなう何とも言えぬ素晴らしい光景を作り出していた。

　海は世界へと繋がる道であり、こういう街で育った少年は、海を越えてやってくる物流、交易の魅力を必然的に感じ、商いの成功を求めて外海へと出ていく夢を育んでいたのかも知れない。1時間ほどの遊覧は日本の舟遊びのような広い景色の中を行く優雅さはなく、どこか圧迫感のある冒険者たちが繰る舟行き探検のような勇ましさがあった。

　ゴンドラは太鼓橋の下の船着き場に元通り達着した。ゴンドラ内では船頭さんと一緒に皆で記念撮影しようということにな

り、同僚の船頭が橋の上から写すスマートフォンのカメラに収まった後、船頭に支えられながら1人、1人ゴンドラから内側のゴンドラに渡り、船着き場へと降りた。せっかくお近づきになったのにこれで別れるのは寂しかったが、私たちは橋を渡って先に行くことにした。

「情報交換アプリをコネクトしてお互いの写真を交換したら」

「そうねえ」

「私たちの携帯はネットに繋がってないのですが」

「大丈夫、コネクトされれば、私の携帯を通して繋がるはずよ」

　コネクトの操作はすぐ完了したが、繋がったどうかは分からなかった。

「姉ちゃん、写真送ってみたら」

「じゃあ送りますよ」

　なかなか写真は送られてこなかった。

「姉ちゃん、何枚送ったのよ」

「全部だけど」

「何やってんのよ。試しに2、3枚送ればいいのよ、それじゃあ時間がかかって分からないじゃあん」

「私の方から送ります」

　親子が一緒に写った写真を数枚送った……。

「来た、来た！　ありがとうございます」

「大丈夫みたい。繋がっているわ」

　家族の写真をすべて送って着信を確認しないまま別れの挨拶をして、橋の上と下から手を振り合いながら互いに逆方向へ去って行った。

「いい家族に出会ったね」

「そうだな。情報交換アプリもコネクトできたし、また連絡が入るよ」

「どこかで昼食にしよう」

「うん」

　しばらく行った運河沿いの建物の角を左に回ったところが広場になっており、店の前にいくつものテーブルと椅子が並べら

れたレストランに入った。昼もだいぶ過ぎていて客はあまりいな
かった。なじみのないイタリア料理とケーキ、コーヒーを注文し
た。
「ここへ来る途中の壁にモニュメントがあったが、ヴォルフ・
フェラーリ⁽²⁾と書かれていた気がする」
「そう」
「マドンナの宝石⁽³⁾だよ」
　若い頃、何度か聞いたことがある。流れるような静かな旋律、
人通りから離れ、路地を少し入ったちいさな広場、人影もほと
んどなく、広場から繋がる路地の薄暗闇の向こう、運河の淡い
緑色の水面が、つい盗んでしまった聖母の宝石の輝きにも似た
光を放つ。そういった光景にピッタリと合っているような気がす
る。
「ご飯食べたら駅の方へ行こうか」
「うん」
　ところが、大きな協会の塔などを目印に方角を決めてはいた
が、路地から路地を行くうちに迷いに迷って駅に近づいている
のか、離れていくのかさえ分からなくなってしまった。
「あの塔、さっきまで目印にしていた塔となんか違うみたい」
「そうだなあ。さっきの塔は何処だろう。ここからじゃあ見えな
いなあ」
「向こうの方が明るいから行ってみよう」
「うん」
　そこは水道に面した海岸通りだった。遠くに私たちのアパート
があるジュデッカ島が見えていた。
「駅とはまるっきり反対側に来ているよ」
「そう。こうして見ると私たちの島も遠いねえ」
　東に行った方が駅に近いと感じて、海岸通りを東に向いて歩
いた。だが、海岸通りはとても長く、ずっとこの道を行くわけに
はいかなかった。私たちの足は疲れて棒になっていた。
「休もうか」
「うん」

近くのサン・ジョヴァンニ・イン・ブラゴラ教会[4]前広場にあったベンチに腰かけて両足を伸ばし左右に揺さぶり、太ももの裏側とすねの後ろ側の筋肉をほぐすことで少し足の疲れが取れたような気がした。私は、生まれて間もなくこの古い教会で洗礼を受けたアントニオ・ヴィヴァルディのことを思った。彼は、さらなる飛躍を追ってこの街を後にしウィーンへ旅立った。彼にとってウィーンは、この街以上に魅力があったのだろうか。足の揺さぶりをやめ、2人とも黙って行き交う人を見ていた。手を繋いだ老夫婦がゆっくりとした歩調で目の前を通り過ぎた。私たちがヨーロッパに来ていることなど知る由もない義母のことを思った。
「もう少しだったのに」
「何が」
「義兄さんの定年、もう少しだった」
　妻の気持ちを無理やり母の方へ持っていったような形になってしまった。
　義兄は、学校を出ると関西の企業に就職し、職人として長く勤めてきた。定年後は武子さん、義父、義母と4人一緒に実家で暮らす予定だった。義兄もそれを楽しみにしていたし、特に義母は、その日を心底、心待ちにしていた。ところが、義兄は定年を前にして帰らぬ人となった。もう手が届くところまで来ていたのに……。義母の落胆は、人には感じさせなかったが相当なものだったのだろう。記憶が薄くなったのもその頃からで、義母を取り巻く魔界を消しされるのは義兄しかいないのかも知れない。
　日もだいぶ傾いてきた。それでも多くの人が、アドリア海から寄せる風の心地よさを一身に受け、それぞれの思いを胸に秘めて歩いている。
「船で駅に行こう」
「うん」
　歩いて行くのはもう難しいだろう。立ち上がりヴァポレットの桟橋に向かった。桟橋は2か所あり、西回りと東回りに分かれているのだろうと勝手に思い、東側の桟橋の方へ下りて行った。

「多分こちらが西回りだろう」

　妻の乗船券も通過でき、しばらくするとヴァポレットが来た。案の定、西回りだった。

「やっぱりそうだ。大体思ったとおりだ」

　ヴァポレットは次の桟橋までは東に航行したが、次の桟橋を出ると右に舵を取って陸からどんどん離れ水道を横切る進路に転じた。

「あれ。この船は駅の方には行かない。もう1つの桟橋の方だったんか」

「どうする」

「このまま乗って行くしかない。折り返すだろう」

　ヴァポレットは空港のあるリド島⁽⁵⁾の方へ向かっていた。リド島の桟橋は船着き場ほどの広さがあり、多くの人が降りて多くの人が乗り込んできたが、降りずにそのまま乗っていると、間もなくして出艇、水道を横切り元の桟橋の方へ向かって航行、折り返すだろうという期待はそのまま的中した。水道を渡った最初の桟橋で降りて、その桟橋より西側にあった桟橋の方へ移動、こちら側の桟橋は東回りと思うが、向こうの桟橋が西回りでないのならこちらが西回りだろう。

　間もなくして来たヴァポレットに乗船した。しかし、そのヴァポレットはリド島直行便だった。西回りとか東回りとかは、駅を背にして西に行くのが西回り、東に行くのが東回りと、私が勝手に考えただけで、実際の運航はそんな簡単なものではなかった。時間と行き先を確認して乗らなければならないのだろう。時間は分かっていても行き先を理解するにはまだしばらく時間が必要だった。

「あれ、また水道を横切り始めた」

「どうする」

「とにかく、こっちへ帰らなくてはならないから、またそのまま乗っておくか」

　ところが、そのヴァポレットはリド島止めだった。仕方なく桟橋に上がると、船着き場と思っていた広場はフェリー乗り場のよ

うなところで、乗船する多くの人が並ぶ場所も整備されていた。外の道路にはバスも待機しており、空港行きだろうか。この島を経由した観光客の流れがあることを感じた。

"Excuse me. I'd like to go to the station."

"Depart at 16:20, line up behind that person."

"Thank you."

桟橋の関係者と思われる方に尋ねたら、駅の方へ行くヴァポレットの出艇時刻を教えてくれた。まだ少し時間があった。

ヴァポレットは時間通り出艇した。ああ、これで間違いなく駅に行けるだろう。2人とも気持ちが安らかになった。妻は居眠りを始めたが、私は前方右側に見える島を見ていた。ヴェネツィアには墓地の島があるらしいがあの島だろうか。その島にヴェネツィアをこよなく愛し、ヴェネツィアで客死したワグナー[6]の墓があるらしい。ワグナーは、同じくヴェネツィアを愛した若いサラサーテ[7]と友だちで、よく2人でカフェに行った。サラサーテは、ワグナーの命が間もないことを感じていたのだろうか。差し迫った人の運命を奏でるようにロンド・カプリチオーソ[8]が、私の耳の奥に鳴り響き始めていた。

ヴァポレットは狭い運河へと入って行った。水道を渡る風と潮の香りが微妙に変化した。ハッと気が付くと大勢の人とサンタ・ルチーア駅の前広場、アーチ橋が見えていた。急いで妻をゆすり起こし、間もなく達着した桟橋に飛び降りた。

「よかった。まだやっている」

案内所のカウンター越しに乗船券を差し出した。

"How long can I get on this ticket."

係の女性は券を受け取ると読み取り機にかざした。

"It's 14 o'clock tomorrow."

「よかった。やっぱりお母さんのかも知れない」

「うん」

拾った人のやさしさに感謝するとともに見つけ出した妻の執念にも感心した。

アパートに帰ると2人とも完全に疲れ切って、もう外に出る気

114

力はなかった。それでも私は、気力を振り絞ってビールを買いに出た。こんなときに飲むビールが疲れをいやしてくれることを身体が知っていた。

「今夜はアパートで食べよう。何か買って来る」

「うん」

　昨日歩き回ったとき、ジュデッカ島の中央より少し東側にスーパーマーケットがあることを確認していた。少し遠いが、他に適当な店を見つけていなかったので行くしかなかった。海辺の道を風と潮に当たりながらゆっくり行って来よう。

　ビールとパンを美味しく味わって、そろそろベッドに入ろうとしたとき、ゴンドラに同乗した家族から、今、夜行列車でアルプスを越えているところ、家に着くのは深夜になる、というメールが入った。通信が繋がると同時にゴンドラでの大量の写真が届いた。ゴンドラの心地よい揺れを身体によみがえらせつつ1枚1枚見ていると、いつの間にか睡魔が私を包んでいた。

　ドイツとイタリアの間には両者を分断する巨大な山塊があり、古来からドイツの人々は、その山塊を越えないと南の海に出られなかった。その山々は微動だにせず今もそこにあり、ただ、両者を結びつける風だけが自由に山塊を越えていた。

　ひとしきりヴェネツィアの島々を回って遊び、窓下の運河へ帰って来た2頭の白いイルカ、音を立てないようにして、ひれで水面を叩く微かな水音が聞こえているヴェネツィアの夜だった。

　　ヴェネツィア市内観光（数km）

［注］

(1) ヴィヴァルディ／アントニオ・ヴィヴァルディ、ヴェネツィア出身のバロック音楽後期の著名な作曲家、多数の協奏曲の他、室内楽、オペラ、宗教音楽などを作曲、ヴァイオリン協奏曲「四季」の作者として広く知られている。

(2) ヴォルフ・フェラーリ／ヴェネツィア生まれ、父親はドイツ人画家、母親はイタリア人、当初、ローマで画家修業、音楽は息抜き程度だったが、ミュンヘンに移り音楽に専念、オペラを多く書き残しドイツ国内を移動、最後はヴェネツィアに帰り亡くなる。遺体はサン・ミケー

レ島に埋葬。

(3) マドンナの宝石／ヴォルフ・フェラーリ作曲、全3幕からなるオペラ。

(4) サン・ジョヴァンニ・イン・ブラゴラ協会／アントニオ・ヴィヴァルディの生家に近く、洗礼を受けた協会、ゆかりの品が展示されている。

(5) リド島／ヴェネツィアの南に浮かぶ島、島の長さ約12km、住民約1万7千人、ヴェネツィアの島の中では数少ない車両が通行できる島。

(6) ワグナー／ヴィルヘルム・リヒャルト・ワグナー、歌劇の作者として知られる19世紀のドイツの作曲家、ロマン派歌劇の頂点、楽劇王の別名で知られる。1883年2月13日、ヴェネツィアにて客死。

(7) サラサーテ／パブロ・デ・サラサーテ、作曲家、ヴァイオリンの名奏者、スペイン出身のバスク人。

(8) ロンド・カプリチオーソ／（序奏とロンド・カプリチオーソ）イ短調作品28は、カミュー・サン・サーンスが作曲したヴァイオリンと管弦楽のための協奏的作品、名ヴァイオリニスト　パブロ・デ・サラサーテのために書かれ、スペイン出身のサラサーテにちなみスペイン風の要素が取り入れられている。

第12話　ローマ・テルミニ北東界隈

10月9日（火）　ヴェネツィア晴れ、フィレンツェ晴れ、ローマ晴れ

　5時40分、言われたとおり食堂のテーブルの上にアパートの鍵を置き、もう一度、忘れ物はないか各部屋を見て回った。その間に妻は折り紙で鶴2羽を折って鍵の横に置いていた。

「忘れ物はないな。行こうか」

「うん」

　アパートを出て桟橋に向かった。辺りはまだ暗く、ヴァポレットはまだ来ていなかった。6時前の出艇までそんなに時間はなかったが、私は、桟橋待合所内の壁に貼ってある掲示物にぼんやりと目を通していた。ヴァポレットが静かに達着して妻と数人の乗客はヴァポレットの乗船口に移動した。私も船が着いたなと感じてはいたものの掲示物を見続けていてハッと気が付き、後ろを振り返ると待合所内には誰もいなかった。慌てて乗船口に走った。船に乗ったものの後ろに私がいないのでびっくりして桟橋の方を見ていた妻の慌てた顔が見えた。

「何しているの」

　艇員は、まだもやいが解かれてなかったからなのか、一旦閉めた乗船口の扉を開けてくれたので半分開いた扉から船に飛び乗った。

"Thank you. Thank you very much."

「びっくりした。振り返ると誰もいなかった」

「ぼやっとしてたら駄目よ」

　危うく妻と別れ別れになるところだった。気を付けないといけない。昨日のことがあったので駅前の桟橋に着く前に乗船口の所で待機していた。駅の桟橋に着くと真っ先に降りて駅構内へと歩きチケットオフィスに入った。

"Seat reservation please."

"I would like two seats on the train to Florence."

　今日の目的地はローマ⁽¹⁾だったが、途中、フィレンツェ⁽²⁾に寄って

行く計画だった。調べておいた7時37分発の列車の座席を予約したが、発券されたのは7時25分発だったので券を受け取るとき怪訝な顔をしたら、7時25分発の便しかないと言われた。まっいいか、少し時間があり、朝食のサンドウィッチと飲み物を求めた後、プラットホームに向かうと赤いフレッチャロッサ9407⁽³⁾が私たちを待っていた。No.2 カーゴの 130,140 と思っていたら、その番号の席はなかった。おかしいなあともう一度チケットを確認すると 13D,14D だった。

フレッチャロッサは滑るようにサンタ・ルチーア駅を出て、海にかかった長い鉄橋をまっしぐらに走り出した。まもなくヴェネツィア市駅に着き、人が乗り降りするとすぐ発車した。7時37分だった。そうか、ヴェネツィア発7時37分はヴェネツィア市発の時間だったのか。車内では係の人が水、コーヒー、クッキー、ティッシュを乗客に配り始めた。フレッチャロッサはイタリアの野山を猛スピード、時速246kmで走り始め、車両は新しく、シートは革張り、コーヒーとクッキーは美味しく、最高な乗り心地だった。

9時30分、フィレンツェに着いた。フィレンツェでは赤瓦一色の中世の町並みに出会いたかったが、人間の目の高さからはそんなものは見えない。遠くに大きなとんがり屋根のサンタ・マリア・デル・フィオーレ大聖堂⁽⁴⁾が見えていた。あの辺りに行けば何かに出会えるかも知れない。とりあえず大聖堂に向かって歩き出した。駅から大聖堂の近くまでは、わりと近代的な商店、デパートが並んでいた。

大聖堂が見える広場に来て、その大きさと建物の壁を取り巻く大理石の整然とした文様に圧倒された。それは、伝統建築物というより巨大な芸術品だった。たくさんの人が大聖堂を中心とした建築群を取り巻いていた。特に、塔や建物の中への入り口から長蛇の列ができていて、何処がしっぽか分からないほど長く伸びていた。

「あれに並んでいたら今日中にローマへ行けないね」
「そうだなあ。どうしよう」

　塔に上がれば赤瓦の町並みが見えるはずだった。私は、自分の故郷が失ってしまった赤瓦の町並みを瞼に再現したかっただけに、どうしても見たかったがあきらめるしかなかった。

　大聖堂を離れて街の中へと入って行った。昔の建物がそのまま残っている古い通りが碁盤の目のように広がる中、街角から街角を当てもなく歩き回って、大理石の人物像を彫っているのか、修復しているのか、白い粉まみれになって彫刻する人のいる作業場を見つけ、長いことその姿を見続けていた。まるでミケランジェロの世界だった。

「ああ、今でも大理石の像を彫る技術を受け継ぐ若い人がいるんだ」

「うん。素晴らしいねえ」

　知らないうちに時間が流れていた。

「もうそろそろ行こうか」

「うん」

　昼食をとるのも忘れ、ヴェッキオ橋に行くのも忘れ、駅に向かって歩き出した。チケットオフィスには３人の職員しかいなかった。少し小さいオフィスだなと思ったが、ユーロパスを見せてローマまで行きたい旨を伝えた。

"Not here. Please go to Train Italy."

"I'm sorry."

　少しおかしいなあと思っていたがやはりそうか。トレニタリアのオフィスを教えてもらってそちらへ向かった。

「やっぱり大きさが全然違う。窓口もたくさんある」

　番号札の打ち出し機を探したが見つからず、係の人に聞くと、すぐ前の人だかりの陰にあった。

「なんだか要領が悪いなあ」

　それでも、思ったより早く私の番になった。

「１時過ぎの便に乗れるかも知れない」

"Seat reservation please."

"I would like two seats on the train to Rome."

　結局、13時８分発のフレッチャロッサに乗ることができた。

ローマ・テルミニ駅⁽⁸⁾までは1時間30分程度、昼食もとらずに歩いていたので配られたクッキーとコーヒーがとても美味しかった。フィレンツェまでの列車でももらったのでペットボトルの水が増えてきた。

「リュックサックのサイドポケットがペットボトルでいっぱい。次は貰わないことにしたら」

「中に入れておこう。いつか足りなくなるかも知れない」

「あっ、ヴェッキオ橋に行くのを忘れた」

　今日は、朝ヴァポレットに乗るところから失敗の連続だ。もっと気を付けなければ。

　ローマ着、14時40分の予定が、5分早い14時35分に着いた。慌ててリュックサックを背負いホームに降りたが、少し静かな感じがして、なんかおかしい、もう一度フレッチャロッサに飛び乗った。それでも、もしやと思い乗客の人に尋ねた。

"Is this Roma Termini station ?"

"I's the next station."

"Thank you very much."

　やっぱりそうだ。危ないところだった。ローマ止まりではないため乗り越してはいけないという思いがそうさせたのであろう。失敗はまだ続いていた。

「大丈夫、しっかりしてよ」

「ああ」

　ローマ・テルミニ駅は、ヨーロッパの主要駅がそうであるように、やはり頭端式ホームであり、列車は、ローマ止まりでなくても一旦入線するため、慌てなくても大丈夫だった。構内は今まで降りてきた主要駅と同じように多くの人で賑わっていた。やっぱり大きな駅はこうでなくては、その賑やかさに少し安堵感のようなものを感じていた。

　テルミニからホテルのある北東側の通りへと入って行った。夕刻までにはまだ時間があり、できれば遺跡の1つでも2つでも見て回りたかった。しかし、数階建ての古い建物が立ち並ぶテルミニの北東側の街並みの中で予約したホテルを見つけるの

はそんなに容易ではなかった。ホテルをいくつか見つけたが、どれも私が予約したホテルではなかった。

「おかしいなあ。たしかこの辺りだと思うが……」

キョロキョロして歩く私の後を妻は黙ってついて来ていた。ちょうどそこに2人連れの紳士が会話しながら通りかかった。

"Excuse me. I'm looking for this hotel, do you know ?"

"Oh."

2人ともスマートフォンを取り出して、私の手帳からホテル名を抜き取り入力した。

"Oh."

高価な背広を羽織った紳士がテルミニの方へ後戻りした。ワンブロック戻ったところで南西に伸びる通りを覗き込み、

"Oh.！"

私に手招きし、その通りの奥の方を指さした。指の先にあるホテルの看板のアルファベットをじっくりと読んだ。

"There was. Thank you very much."

2人ともにこっと手をかざし、元通り会話しながら北東へと歩きだした。

「おかしいなあ。さっき、あの看板は見たはずなんだけど」

階段を数段上がった古いアパートの玄関のようなところにロビーがあり、正面に昔のヨーロッパ映画に出てきそうなエレベーター、その両サイドにひと1人が通れる狭い階段があった。右サイドにカウンターがあり、若い女性が1人で待機していた。

"I have a reservation for Katsuragi tonight and tomorrow night."

女性は、私が宿帳に記入するのを待って3階の部屋へ案内してくれた。3人がやっと入れるほどの狭いエレベーター、ドア上半分の窓ガラスから菱形格子の鉄柵が、エレベーターの上昇に合わせて上から下へと移動する景色が不気味で、昔のヨーロッパ映画そのままだった。3階の通路にドアがあり、中へと誘導されて入ると中は真っ暗、女性はドアを半開きのままにした。

"Turn on the switch on the far right."

ドアから漏れる明かりでスイッチがやっと確認できた。

"You shouldn't close the door until the aisle lights up."

　かぎ型の廊下を右へ、左へと曲がった奥に私たちの部屋があった。お湯の出し方など一通り説明して女性は部屋を出て行った。部屋の窓からは中庭というより古い建物と建物の間の空き地が見え、ローマの一隅を見たような気がした。

「荷物を片付けたら遺跡を見に行こう」

「うん」

「ちょっと下で地図があるか聞いて来る」

　エレベーターに乗るのも面倒なので階段を飛ぶようにして下りると、ギシ、ギシと軋む音がしたので走らずに普通に歩き、2階まで下りたら2階にもホテルの受付カウンターがあり、男性が待機していた。古い建物を2つのホテルが分けて使っているのだろうか。少し奇妙な感じがしたが、古い建物を上手く使いこなしているローマ人の考え方、それが、このテルミニ北東界隈の落ち着きのある雰囲気を作り上げているのかも知れない。1階のロビーには、新聞紙に使用する紙に市内地図をカラー刷りにしたチラシが分厚く積まれていた。女性は、市内の遺跡をぽん、ぽん、ぽんと丸で囲み説明してくれた。

"Um, I'd like to go to the Vatican."

"It's a little far, but the Vatican is here. Early morning is good if you go to Vatican. A lot of people in the daytime."

"Thank you very much."

　リュックサックを置き、身軽になった私たちは、まず、テルミニの南西にあるコロッセオ[9]から行くことにした。

　テルミニから南西方向に大きな通りの坂道を下りて行きながら私は銀行を探していた。手持ちのユーロが底をついており両替がしたかった。通りの左側に銀行があったので中に入ると、セキュリティーが厳格で玄関から中のロビーへは入っていけなかった。サイファーロックがあり、旅の者がつい入って行けるような仕組みにはなっていなかった。誰かのコネクションがないと銀行で両替するのは無理だな。

　コロッセオは、これがローマの遺跡だと言わんばかりに堂々としており、その大きさに圧倒された。近代的な大都会にいきなりこの大遺跡、これが古代文明と同居したローマなのだろう。コロッセオの周りは多くの遺跡が軒並みにあり、これらすべてを見て回る時間はもうそんなに残されてなかった。それに、先ほどから雲行きがおかしくなってきていて、1つ、2つ、雫が頬や手の甲を濡らし始めていた。フォロ・ロマーノ⁽¹⁰⁾辺りの遺跡を横目で見ながらヴェネツィア広場⁽¹¹⁾まで来たとき、轟音とともに雷が鳴り、激しい雷雨となった。急いで大理石の階段横にへばりついた。軒のような出っ張りはほんの少ししか出ていない。濡れるに任せるしかなかったが、横殴りの風だけは防ぐことができた。ヴェネツィア広場からコルソ通り⁽¹²⁾をポポロ広場⁽¹³⁾まで行くつもりでいたが、雨で長いこと足止めを食ってしまった。

　少し小降りになったので下の街まで走って下り、商店街の軒から軒を歩き、また、激しく降り出し、デパートのような大きな建物の玄関前の軒下に駆け込んだ。少し広い軒下であったが、既に多くの人が逃げ込んでいて、人と人の間にくっつくようにして入り込んだ。
「もうコルソ通りの商店街に行けそうもないな」
「うん。いいよ」
「トレビの泉⁽¹⁴⁾だけは見て帰ろう」
「うん」
　雨音が少し静かになり、人が広い通りを渡り始めた。信号機もなく、次から次へと走り抜ける車を遮るようにして渡って行く。
「大丈夫かな」
　渡るのか、渡らないのか、横からくる車の運転手との駆け引きだけで上手に渡って行く。
「大したもんだ」
　車の運転手がぼやっとしていたら確実に跳ねられてしまう。しかし、待っていたら何時まで経っても渡れない。上手な人の後ろについて、車が激しく往来している通りを何とか渡り、小雨の中を泉の方へ歩いた。

トレビの泉は高い建物の間に突然現れた。想像していたより狭い空間にオアシスのような広場があった。大勢の人が泉の周りを取り囲んでいて、とても泉の傍まで下りて自分だけで写真、というわけにはいかなかった。人影と一緒の写真に納まって泉を後にし、テルミニからコロッセオへと下った広い通りの方へ、おおよその方角を決めて歩き出した。途中クイリナーレ宮殿[15]の坂道を登って上の道に出てしばらく行くと、道向こうに小さな食料品店があり、店の前にたくさんの果物が陳列してあった。

　私たちは疲れて喉が乾いていたのか、美味しそうなブドウを口に入れたくなったのか、フラッと雨上がりの通りを渡って濡れた靴をぐちゃぐちゃと言わせながらその店の狭い通路へと入って行った。店の主人はうさん臭そうに見ていた。私もトラブルが起きるのではないかと少し不安だった。

「この格好じゃあレストランには行けないね。今夜は疲れているしホテルで食べようか」

「うん」

　私はビールを取って、妻は美味しそうなブドウを取った。

「パンがないなあ。お菓子のようなのはあるが」

「そのパン、美味しそうよ」

「そうだな」

　支払いを済ませるとき、店の主人はにこっと笑ってくれた。ブドウを1粒、1粒と口に放り込みながら並木のある少し長い坂を上がって行くと、予想したとおりテルミニからコロッセオへと下った大きな通りに出た。街灯に照らされた道は明るかったが辺りはだいぶ暗くなっていた。

　私は、ぐちゃぐちゃになった靴に新聞紙を詰め込んで1晩おくと、次の朝、靴が完全に乾くことを知っていた。数年前、毎日のように歩いていた四国の遍路宿の主人にそのことを習った。ゆえに、何処の遍路宿の玄関にも大量の古新聞紙が積まれていた。

　ホテルに帰ると昼間の女性が店番をしていた。

"Excuse me. Give me a few newspapers as I will put them in my wet shoes."

　彼女は、遺跡見学の前にもらった新聞紙用の紙に印刷された市内観光地図をバサッと取って渡してくれた。

"Well, is this okay ?"

"I don't have a newspaper, just do it."

　明朝 5 時にタクシーをお願いし、地図を受け取って階段へと行きかけたが、ビールを開ける栓抜きがないことを思い出し、栓抜きを借りたい旨を伝えたが、栓抜きという単語が分からず、説明する身振り手振りに一苦労、ビール瓶を見せて説明したかったが、妻は、荷物を持って一足先にエレベーターで上がっていた。しばらく時間を費やしてやっと分かってもらい、栓抜きをポケットに突っ込んで部屋へと上がって行った。

　少々もったいないなと思いながら妻と私の靴に地図を丸めて押し込み、ビールとお菓子のようなパンを齧りながら、その長い 1 日を終えようとしていた。

　テルミニ周辺の繁華街からそんなには離れてないけれど、テルミニ辺りの賑やかさが部屋まで届かない静かな夜だった。ただ、古い建物の間の空き地に生えた名もない緑の大きな葉が風に揺れ、雨上がりの街へ出ておいでよと、私を誘っていた。

　イオニア海からシチリア島と長靴のつま先との間、メッシーナ海峡を抜けティレニア海に入って来た 2 頭の白いイルカの並んで飛び跳ねる水音が、半島に沿って流れる風と雨に乗って聞こえるローマの夜だった。

　ヴェネツィア～フィレンツェ～ローマ（約 531km）

［注］

(1) ローマ／イタリア共和国の首都で政治、経済、文化、宗教の中心地、人口約 285 万 6 千人、当市に囲まれるようにしてローマ教皇の居住するバチカン市国がある。市内にはローマ帝国時代の遺跡が多く残っている。

(2) フィレンツェ／イタリア共和国中部にある都市、人口約 38 万 2 千人、中世には毛織物と金融業で栄え、フィレンツェ共和国としてトスカーナ地方の大部分を支配した。メディチ家による統治の下、15 世紀のフィレンツェは、ルネッサンスの文化的中心地であった。市街中心部は

「フィレンツェ歴史地区」としてユネスコの世界遺産に登録されている。

(3) フレッチャロッサ／イタリアの鉄道会社トレニタリアが運行する高速列車の愛称。

(4) サンタ・マリア・デル・フィオーレ大聖堂／イタリアのフィレンツェにあるカトリック教会、フィレンツェの大司教座聖堂であり、ドゥオーモ（大聖堂）、サン・ジョヴァンニ洗礼堂、ジョットの鐘楼の3建築物で構成される。教会の名は「花の聖母」の意味である。

(5) ミケランジェロ／イタリアルネッサンス期の彫刻家、画家、建築家、詩人、社会活動家、西洋美術史上のあらゆる分野に大きな影響を与えた芸術家。彫刻以外の作品は決して多くないにもかかわらず、様々な分野で優れた芸術作品を残したその多才からルネッサンス期の典型的な「万能の人」と呼ばれる。

(6) ヴェッキオ橋／1345年に再建されたフィレンツェ最古の橋、橋の上に宝飾店が立ち並んでいる。

(7) トレニタリア／イタリア国鉄の業務を引き継ぐ民営鉄道会社、イタリア国鉄自体も民営化し、トレニタリアの全株式を持つ親会社フェッロヴィーエ・デッロ・スタート株式会社となった。

(8) ローマ・テルミニ駅／ローマの玄関口、中央駅で1日48万人、年間1億5千万人以上の乗降客がある。

(9) コロッセオ／ローマ帝政期、西暦80年に造られた円形闘技場。

(10) フォロ・ロマーノ／東西約300m、南北約100mに渡って存在する古代ローマ中心部の遺跡。

(11) ヴェネツィア広場／広場に面したヴェネツィア宮殿にちなんで名付けられた広場。

(12) コルソ通り／ローマの歴史的中心部のメインストリート、狭い曲がりくねった路地と小さな広場があるエリアに真っすぐに伸びる長さ1.5kmの通り。

(13) ポポロ広場／古くから交通の要所で、ローマの入り口にあたる広場。

(14) トレビの泉／最も巨大なバロック時代の人工泉。

(15) クイリナーレ宮殿／ローマ7丘の1つクイリナーレに建つ宮殿、イタリア共和国大統領官邸として使われている。

(16) イオニア海／ギリシャ半島とイタリア半島南部の間に広がり、北側をアドリア海と接する海域。

(17) メッシーナ海峡／シチリア島とイタリア本土との間にある海峡、1番狭い箇所は幅約3km。

(18) ティレニア海／イタリア半島西部に広がる海域、イタリア経済の重心がティレニア海側に集中している。

第13話　ナポリ

10月10日（水）　ローマ晴れ、ナポリ晴れ

　5時前にロビーに下りて行くと、お年寄りがフロントに待機していた。タクシーはまだ来ていなかったので彼に確認すると了解している様子だった。テルミニの方からタクシーが来てホテルの前で大きくUターンし始めたので通りへ下りて確認すると予約していたタクシーだった。

"Please go to Vatican."

"Roger."

　タクシーは北西に300mほど走り、交差点を左に曲がってテルミニ駅前広場の横を通り、バス通りのような交通量の多い通りを走り続け、最後に橋を渡って下りたところで道の左端に寄って止まった。バチカン市国(1)の正面へと続く薄暗い参道がタクシーの中から見えていた。昨日、ぐちゃぐちゃに濡れた靴はすっかり乾き、乾いた靴の履き心地の良さを感じるとともに新聞紙の吸水力の強さを改めて感じつつ、一直線に並んだ街灯の灯りの中央を1歩、1歩、進んで行った。薄緑色にライトアップされたバチカンは幻想的で美しく、夜明け前に来た私たちを歓迎しているようだった。

「あれがバチカンかあ」

「奇麗だね。人もあまりいないし早く来てよかった」

　バチカン市国の周りはフェンスで取り囲まれていて、入国することはできなかったが、わりと近くまで寄ることができ、サン・ピエトロ大聖堂(2)のドームが強烈な存在感を示していた。フェンス沿いを右へ左へと移動しながらゆっくりとバチカンを堪能した後、黒い石畳の参道をタクシーで最後に渡った橋の方へ移動した。橋から何か見えていたような気がした。

　橋まで来るとテベレ川(3)の土手沿いにサンタンジェロ城(4)が見え、そこへ向かって土手を歩いて行き、城へは登らず城下の橋を渡ってナヴォーナ広場(5)、パンテオン神殿(6)と回り、神殿前にたむろして

127

いたタクシーを捕まえホテルへ帰った。

　帰るとまだ朝食のとれる時間で、フロントの後ろを回って小さな食堂へと入って行った。昨日、フロントにいた女性が忙しく給仕していて、家族経営のホテルだろうか、なんとなくほほえましい気がした。女性に言ってコーヒーとオレンジジュースを運んで来てもらい、セルフサービスの料理とパンを取って小さなテーブルに付いた。

「朝から遺跡を見て来て、やっと一息という感じ」

「ご飯食べたら準備出来次第ナポリへ行くぞ」

「うん」

　テルミニ駅のチケットオフィス前にある順番札を発行する機器には多くの人が並んでいた。

「ナポリ行きの座席指定は当分買えそうにないな」

　切符の販売機が何台もあるが、文字さえ読めない外国人が使いこなすことは容易ではなかった。

　"Good morning, Where will you go？"

　ちょっと大柄な若い女性だった。

　"I will go to Naples."

　"I'll tell you how to buy a ticket. Come over here."

　女性は、私たちを販売機の前に連れて行った。一緒に行って大丈夫かどうか半信半疑であったが、にこやかな笑顔と少し強制力のある言い方でつい、ついて行ってしまった。

　"I'll teach you how to buy a ticket. ……Fist press here……."

　"Well, I have a Europass, so I only need to select a seat."

　乗車券も一緒に買われたらまずいと思った。

　"Show me."

　持って走られないように女性を販売機との間に挟むようにしてユーロパスを渡すと、女性は販売機画面の切り替わりに合わせ、いくつかの表示をタッチ、最後にユーロパスのナンバーを打ち込んだようだった。

　"Finally press here. ……Just 20 euros for two people ,put money here."

　女性は、販売機に私が渡した紙幣を2枚差し込み、最後に出た表示をポンと押した。販売機の口からチケットが2枚吐き出され、私と妻それぞれにチケットを渡してくれた。

「なんだ。簡単」

　しかし、自分で女性がやった操作を同じように実施することはできそうになかった。

"Thank you very much."

"It's not a big deal."

　女性は、にこやかな顔をして乗車する列車のプラットホームまで案内した後、私に右の手のひらを差し出した。ああ、リベートが欲しいということだな、1割位でいいだろうと思い2ユーロほど渡そうとしたら顔を横に振られた。結局、同額の20ユーロ渡して納得、女性は、次のターゲットを探してどこかに消えて行った。外国人観光客の弱みを見抜かれ、巧みに付け込まれてしまった。急いで観光するのなら販売機の操作まで勉強してこなかった私たちが悪いのかも知れない。振り返ると9時20分発のフレッチャロッサ9605がプラットホームに音もなく入線して来るところだった。彼女が出してくれたチケットには、4号車の11D、12D が記載されていた。

　ナポリ[(7)]までは海を見ながら行けると思っていたがそうでもなく、フレッチャロッサはイタリアの荒野を猛スピードで走り抜けて行った。例によってコーヒー、クッキー、紙おしぼり、ペットボトルの水が配られ、ペットボトルが貯まっていったが、コーヒーとクッキーは旅のお供に最適だった。

　ナポリ中央駅構内[(8)]を外に出ると明るい日差しがまばゆいぐらいで、ここがナポリ、という感じだった。ナポリに来たらまず海、と思っていたので、海岸の方へ向いてジュゼッペ・ガルバルディ広場[(9)]を物珍しそうに歩いていた。広場にはストリートカフェもあり、お茶を楽しんでいる人、行き交う人、道横の低い塀に腰かけて休んでいる人、多くの人で賑わっていた。私と妻は青と赤のウィンドパーカーを羽織っており、そんな賑わいの中でも遠くから目立っていたのだろう。塀に座っていた男性が、私たち

が横を通るとサッと立ち上がり後をついて来た。私は、ついて来ていることを感じていたので時々振り返りその男性を見た。男性は、私が振り返って自分を見ていることを感じていただろう。次の交差点を左に曲がり、海岸へ真っすぐ伸びた通りへと入った。男性も同じように曲がった。後をつけられていることを確信した。何度目かに振り返ったポルタ・ノラーナ駅付近で男性を見失った。その後、海岸通りに出て右に曲がり海を左に見ながら進んだが、誰かがついて来る気配は感じなくなった。私の被害妄想だったのかも知れない。

　向こうの海岸近くにヌオーヴォ城[10]、右の山の上にサンテルモ城[11][12]が見え、山と海と海岸通り、ナポリらしさを感じながら歩いていた。

「あの辺りまで行ってみようか」

「うん」

　いくつかの通りが交差するところまで来て、歩道は右にカーブして山の方へ向かうようになっていた。車の流れの多い通りを横断歩道もなく直進することができなくなった。必然、右に曲がり緩やかな坂道を登って行った。このまま登って行ったら山の上のサンテルモ城に行けるかも知れないと一瞬思った。山の上の方まで伸びている町並みと城との間には緑の森が見えていた。あそこに道があるだろうか、行くだけ行ってみよう。

　山に向かって登って行くに従い登りが徐々にきつくなり、古い建物と建物との間が詰んで道が徐々に狭くなった。未成年らしい少年が、モーターバイクですぐ横を猛スピードで何回か通り抜け、横に伸びている路地は薄暗く、その日の収入がその日の内に無くなってしまうという人たちが住んでいるような数階建ての集合住宅が壁をくっつきあって並び、見上げると洗濯物が大量に干されていた。油断すると路地の奥に引き込まれそうな殺気を感じ、引き返そうかと思ったが、城まで行けるかも知れないという気持ちと好奇心から上へ上へと登って行った。

　T字路に突き当たり、もうこれ以上登る道がなくなり行き止まりとなった。

「やっぱり行けなかったか」

「早く下りようよ」

「左へ行って別の道を下りよう」

「うん」

　左に回ってすぐ、古い建物入口の石段に小さな女の子と男の子が並んで座っていた。姉弟だろうか、引き込まれそうに青く澄んだ瞳がそろって私たちを見ていた。何か食べ物はないかなと思ったが、何もなかったのでウェストバッグを開けて紙幣を出そうとした。

「やっちゃあいけない」

「どうして」

「簡単に人から物がもらえると思わせてはいけない」

「ああ」

　どこかで誰かが見ているかも知れない。お金を出さなくてよかった。相変わらずバイクが横をすり抜け、妻は不安そうだった。私たちのような観光客が入って来てはいけない地区なのかも知れない。次の角を左に回り飛ぶようにして下の街へと下りた。

「もう、この辺りまで下りれば大丈夫」

「うん。暗い路地に引き込まれるのではないかと気が気ではなかった」

「ウェストバッグのベルトをしっかり握っていた。でも、いい経験になった」

　下りた街のガッレリア・ウンベルト1世ショッピングギャラリー⁽¹³⁾に入って行くと、フロアーホールのタイルに12星座が描かれていて、妻が気に入り、安堵した気持ちからかその場所から離れようとしなかった。ショッピングギャラリーには出入り口が方々にあり、どこから入ったのか分からなくなり、適当な出口から出て1区画行きムニチピオ広場⁽¹⁴⁾に出た。パトロール中の警察官がいたので、サンテルモ城への道を聞くと、タクシーで行けとの返事だった。

「タクシーで行くか」

「行かなくていい。海の方へ行きたい」

ヌオーヴォ城を左に見て、シーサイドに行けそうな方へ歩いて行き、荘厳な建築物に囲まれ、騎馬兵の像が２頭、対となって玄関先を警護する広い空間、プレビシート広場(15)を通り抜け、その先を海岸へと下りて行った。碧い海がまぶしいくらい輝き、思わずサンタ・ルチアを口ずさみたくなる。

「海がきれいだね」

「うん」

　左の海岸がナポリ湾を取り囲むように遠くまで弧を描いて見え、その先の半島の先にカプリ島(16)が見えていた。私はしばらく、日本のそれとは異なる海と空の碧さが織りなす海岸風景に見惚れていた。せっかくだから海岸のレストランに入り昼食をとることにした。

「食べたら最後にヌオーヴォ城を見て帰ろうか」

「うん」

　ヌオーヴォ城は石作りで堅牢、威厳のある城で、昔、海岸に突き出た要塞だったのだろう。帆船がすぐ下の海までやって来て戦う様子が見えるようであった。石の壁を叩いて別れを告げ、要塞前の道から右の坂道に下り、地下道を通って駅から来て右に曲がって山に向かった歩道の反対側に出た。山寄の横断歩道を渡り右へ下り、左に曲がって海岸通りに出て駅方向へ向かいながら、明日から地中海沿いにスペイン、ポルトガル方面に移動するにあたり、どこかでユーロに両替をしておきたかった。

　駅へと左に曲がる交差点との中間地点位まで来たところで、うまいこと歩道横に銀行を見つけ、入り口近くにいた女性行員に両替ができるか尋ねると、できないという返事だった。できないのかあ、なぜできないのだろう。できない銀行も多くあるのだろう。やはり、ローマの銀行でないとできないのかなと思いつつ海岸に沿ったヌオーヴァ・マリーナ通り(17)から左に曲がり、ナポリの美しい海を後にして中央駅へ向かった。

　ナポリ中央駅は、多くの人が行き交っていたが、その割には切符を求める人が思ったより少なく、すぐ自分の順番となった。これも多く設置してある自動機販売機のお陰かも知れない。次

のローマ行きまで5分しか余裕がなかった。その次は1時間後となる。5分で間に合うだろうか。

"Seat reservation please."

"I would like two seats on the train to Rome."

　窓口の男性職員に確認したら大丈夫という返事だった。彼は急いで作業し、私は来るときと同額のユーロを財布から出して切符が打ち出されるのを待っていた。妻も焦っていた。

「先に、出口で待ってて」

「うん」

　私は、切符をもらったらサッと走ろうと思い先に行かせた。妻は、チケットオフィスの出口に向かった。切符の払い出しと支払いを同時に行い、出口に向かって風のように走った。残り数分しかなかった。

　いない。出口の内にも外にも妻はいなかった。すぐにホームへ走り、遠くからプラットホームの入り口の方を見た……。いない。サンドウィッチか何か買っているかも知れない。ショッピング街の店を確認しながら走った……。いない。地下街だろうか。地下に下りて確認しながら走り抜けた……。いない。もう一度プラットホームの入り口に向かって走った……。

「実加！」

「何やってんのよ、もう出ちゃったよ」

　妻の怒った顔の後ろをフレッチャロッサが音もなく遠ざかっていた。

「出口で待っているんじゃあなかったのか」

「ホームまで来ているに決まっているじゃあないの」

「さっき見たとき、いなかった」

「いたよ」

　見落としたのかなあ、すぐ、チケットオフィスに向かった。

"I'm sorry, I wasn't in time."

　切符を差し出し、汗だくの額を腕で拭いながら言った。男性職員は笑いながら切符を受け取ると次発の切符を打ち出してくれた。

"Thank you. Thank you very much."

　何度も頭を下げ、妻も後ろで頭を下げた。私たちはプラット
ホームが見える所まで移動して、ものも言わず出入りする列車を
見ていた。こんな些細なことでさえ意思が通じていなかったの
か。情けなくなった。まだ、まだ行ってみたい街があった。

　結局、15時25分発のフレッチャルジェント(18)に乗ってローマに
向かった。到着は16時35分、例によってコーヒー、クッキー、
ペットボトルの水が配られ、約1時間少々、車窓に映るイタリア
の野山を照らす午後の光をじっと見ていた。

　テルミニ駅を出て銀行を探した。閉店まであまり時間がなかっ
た。しかし、そう簡単には見つけることができず、昨日見つけて
いたコロッセオへ下りる通り沿いにある銀行へ行くことにした。
セキュリティーが厳しかったが、銀行から出て来る人にわけを話
せば中へ案内してくれるかも知れない。少し甘い考えに一部の
望みをかけていた。日本と同じ17時が閉店だとすると、もう時
間がなかった。急ごう。

　銀行に着いたときは既に閉店直後だった。銀行から出て来た
紳士にお願いしたら、手を横に振って相手にされなかった。閉
店だからできないのか。両替自体できないのか。私の喋ってい
ることが理解できないのか。取り付く島がなかった。あきらめる
しかなかった。いざとなればクレジットカードがあるので何とか
なるだろうと思ってはいたが、現金での生活が浸透している私
には、お金のない寂しさが何とも言えず不安で心を暗くしてい
た。

「駄目だな。お金もないし、食べに行かないで何か買って帰ろ
う」

「うん」

　少しテルミニに寄った右側にコンビニエンスストアのような、
スーパーマーケットのような店があった。ホテルに帰って食べら
れるような物を求めて中に入ったところ、その店で日本の母娘に
出会った。

「お1人ですか」

134

「いえ、娘が奥の棚の方にいます」
「ローマには長く滞在しておられるのですか」
「いいえ、さっき着いたばかり、飛行機に疲れたので部屋でゆっくりしようと思って」
「先月末からヨーロッパを歩き回っていて、昨日の午後ローマに入り、今日、ナポリに行って来たところです」
「そうですか。私たちは、明日の朝からバスツアーの予定です。ナポリにも行くはずです」
「ユーロは日本で換えて来られました」
「いいえ、ここへ来る前にホテルで換えてもらいました」
「どちらのホテルか聞いていいですか」
「この道を少し上がったところの左にある大きなホテルです」
「いえ、ユーロが少なくなってしまって、どこかで換えてもらいたいなと思っていたのです」
「それなら、ホテルの外にある両替所の方が安いレートで換えてくれるとガイドさんが言っていましたよ」
「ありがとうございます」
　買い物を済ませた妻が寄って来たので挨拶を交わして店の外に出た。
「ビールは売ってなかった」
「そう。こういう店はアルコールを置いていないのだろう。それよりホテルで両替してくれるらしい。行ってみよう」
　ホテルはすぐ見つかったが、外の両替所は分からなかった。ホテルに入りカウンター越しに日本円をユーロに換えられるか確認すると、大丈夫、という返事だった。お願いすると支配人のような男性が出て来て電卓でレートを示した。それでお願いし、換えてもらいたい日本円の額を示した。金庫からユーロを出してきたが、私の示した日本円の額が大きかったのでそれだけでは足らず、カウンター内に居た従業員と自分の所持金を合わせて交換する額とし、両替は無事終了、私は両替したユーロを無造作にウェストバッグに押し込んだ。
　"Please be careful not to be a robber."

"Thank you very much."

　少し危険かなと感じたが、宿泊したホテルで一生懸命働く老人と娘さんに触れ、少し陽気なイタリアの人たちを信用する気持ちの方が上回っていたような気がした。

　テルミニのコンコースを抜けホテルへ向かった。帰ると今朝の老人が店番をしていた。この時間は女性がいるはずなのにどうしたんだろ。急な用事でもできたのだろうか。ビールの売っている店を老人に聞いた。

"Is there a store selling beer near here."

　老人はカウンターから玄関口まで出てきて、道向こう斜め先の店を指さした。

"Thank you very much."

「店まで行って来る。先に上がっていて」

「うん」

　小さな間口の店は思ったより奥行きが長く、ひととおり見て回ったが、ビールは出入り口横の冷蔵ボックスの中にあった。店番をしていたのはアフリカ系の男性で、にっこり笑って愛想が良く、他に客が１人、同じくアフリカ系の人で椅子に座り込み、店番の人と話し込んでいた。大きめのビール瓶を２本取って店を後にした。何か摘まむ物をと思ったがそれらしい物は置いてなかった。

　カウンターの老人がビールは買えたかというような顔をしていたので、買ったビールを２本右手で高く持ち上げ、エレベーターは使わず右側の階段を上って行った。

　１階と２階の中間の高さでエレベーターの周囲を回り込み、２階でまた回り込みながら２階のホテルの受付の男性と目が合った。まだ、お客を待っているのだろうか。少し頭を下げ３階へと上がり、ドアを開け、ビールを持った手でドアを抑えながら、暗い通路のスイッチをまさぐって探し、やっと探り当て、明るくなった通路を部屋の前まで帰り、廊下のスイッチを切って部屋に入ると、妻がシャワー室から出るところだった。

　ビールをちょっと高めの机に置き、シャワーに行こうと靴を脱

ぐとタイルの冷たさが足の裏から伝わってきた。古代ローマ遺跡の一室のようなその部屋は天井が高く、壁は白、床も一面、白い大きめのタイルが貼られていた。我々は部屋に入ると靴を脱ぐ習慣があるのでタイル貼りには少し抵抗があった。当然、スリッパなどというものは用意されていない。靴の文化にもう少し親しみを待たなければいけないのだろう。

　シャワーを出て、緑の帽子に緑の背広を着た好男子が描かれているビールの栓を開け、明朝、栓抜きを返すことを忘れないようにドア近くのテーブルに置き、今日の疲れを癒すようにゆっくりと味わった。

「ローマも今夜で終わりだなあ」

「うん」

　妻は、子供たちとの情報交換が忙しく、ローマに対する感傷はあまり無いようだった。

　部屋は昨夜と同じように物音ひとつせず、窓のカーテンを透かして空き地からの明かりもなかった。ただ、コップに注ぐビールの音だけが、閉じ込められた部屋の古代ローマの遺跡の眠りのように深閑な空気を、微かに揺らして白いタイルに伝わっていた。

　ナポリ湾で遊んでいた2頭の白いイルカが、ナポリ沖からローマ沖へと静かに移動しながら切り分ける小さな波、その砕けるかすかな音が、静寂の中に聞こえるローマテルミニ北東界隈の夜だった。

　ローマ～ナポリ～ローマ（約452km）

［注］

(1) バチカン市国／ローマの中にある都市国家、ローマカトリック教会の総本山、ローマ教皇が住む国であり、名高い貴重な美術品と建築物の宝庫とされている。バチカンとは、バチカン市国とローマカトリック教会総本山の総称をいう。

(2) サン・ピエトロ大聖堂／バチカン市国南東端にあるカトリック教会の総本山、キリスト教の教会としては世界最大級、床面積23,000㎡。

(3) テベレ川／イタリアで3番目に長い川、流域面積はイタリアで2番

目、ローマ市内を流れていることで有名。

(4) サンタンジェロ城／テベレ川の右岸にある城塞、約700mあるサン・ピエトロ大聖堂とは城壁上の通路で繋がっている。

(5) ナヴォーナ広場／1世紀に競技場を元にして造られた広場、中央に4つの大河(ナイル川、ガンジス川、ドナウ川、ラプラタ川)を擬人化した噴水型の彫像記念碑がある。

(6) パンテオン神殿／約2000年前に建てられた古代ローマ建築物、石造りの建築としては世界最大。

(7) ナポリ／イタリア共和国南部にある都市、人口約96万6千人、ローマ、ミラノに次ぐイタリア第3、南イタリア最大の都市、古代ギリシャ人によって建設された植民地が起源、風光明媚な景観で知られる観光地であり、「ナポリを見てから死ね」と謳われる。

(8) ナポリ中央駅／ナポリの主要なターミナル駅、イタリアで6番目に多い乗降客数があり、南イタリア最大規模の鉄道駅。

(9) ジュゼッペ・ガルバルディ／イタリア統一運動を推進し、イタリア王国を設立に貢献した英雄。

(10) ポルタ・ノラーナ駅／イタリア、ナポリの私鉄駅。

(11) ヌオーヴォ城／ルネッサンス建築によって造られた中世の城で5つの巨大な塔がある。

(12) サンテルモ城／ヴォメロの丘に建つ14世紀に建てられた要塞。

(13) ガッレリア・ウンベルト1世／パブリックショッピングギャラリー、1890年に完成したガレリア(アーケード)、十字に交わった中央部の天井は鉄とガラスで造られ、高さ58mのドームとなっている。

(14) ムニピチオ広場／ナポリ市庁舎広場でナポリ最大の広場。

(15) プレビシート広場／ナポリ王宮の正面に位置し、ナポリの主要広場、プレビシートはイタリア語で「市民会議、市民投票」の意味。

(16) カプリ島／ナポリ市街からナポリ湾を挟んで南へ30kmに位置する島、面積10k㎡、人口約1万5千人、風光明媚、青の洞窟と呼ばれる海食洞で有名。

(17) ヌオーヴァ・マリーナ通り／ナポリ市街、ナポリ湾に沿った海岸通り。

(18) フレッチャルジェント／トレニタリアが運行する高速列車、より高速な列車をフレッチャロッサ(赤い矢)、それ以外をフレッチャルジェント(銀の矢)としている。

第14話 ピ　サ

10月11日（木）　ローマ晴れ、ピサ晴れ、ジェノヴァ雨

　ピサに行こうと思ったのはローマに入ってからである。子供の頃から知っているピサの斜塔に行ってみようと、ピサがイタリアのどの辺りなのか調べてみたところ、これから行く予定にしているスペイン、ポルトガルへの通過点と考えても申し分ない所に位置していた。ただ、鉄路がメインルートから海岸まわりとなるので多少、列車のスピードが鈍るかも知れないが、そんなことは問題ではない。海岸通りの丁度よい距離に港町ジェノヴァ⁽²⁾があった。よし、ピサを経由してそこに泊まろう。座席指定券は前日の夕方取ることに気持ちの上ではしていたが、前日の夕方がいつもバタバタしており、イタリアに入ってからの行動は頭に描いているほどシステマチックではなかった。当然、6時57分発トリノ行きの特急列車が私たちの行動を演出できる最適の列車であると分かってはいたものの座席指定券は取れていなかった。

　発車の1時間前には駅に着いているよう5時過ぎにエレベーター横の暗い階段をロビーへと下りて行った。受付に居たのはやはり老人だった。世話になった女性に挨拶をしたかったが、老人に別れの挨拶をして玄関前の石段を下りた。女性に宜しく言ってくれ、なんて洒落た言葉は言えなかったし、イタリア語でどのように言うのかも分からなかった。

　暗いローマの街角を大きなリュックサックを背負って足早にテルミニへ向かう男と、その後を追う女の姿が、オレンジ色した街灯の薄ぼんやりした灯かりに照らされては暗闇に消える光景を繰り返していた。

　テルミニ駅に着いたのは5時30分、チケットオフィスのオープンは6時33分だった。1時間ほど余裕はあったがチケットオフィスの入り口で待つことにした。やがて、私の後ろに列ができ始めた。

「チケットオフィスが開いて列車が出発するまでにあまり余裕がない。間に合うかな」
「1番に並んでいるから大丈夫じゃあないの」
「順番札の発券機にも並んだ方がいいな」
　妻を発券機の前に行かせた。10mほど離れた所にある発券機にはまだ誰も並んでいなかった。私の後ろには既に10人ほどが並んでいた。
　"You can buy it by machine."
　昨日と同じように入れ代わり立ち代わり2人の女性が言い寄って来た。親切で言ってくれているのかも知れないが、昨日の今日では信じることができない。
　"No thank you."
　女性たちは残念そうに後ろで並んでいる人の方へ行った。そんなことを生業としなければならない社会とは何だろう。世界的な観光地でありながら病んだ事情も一緒に呑み込まなければならない社会、そんな社会は変えてゆかなくては、と言ってあげたいような悲しさが胸を過った。
　6時30分に発券機の電源が入った。妻は、すぐに液晶画面をタッチしたが番号札は発券されなかった。
「券が出ないよ」
　私の所まで言いに来た。
「ばか！　離れたらだめだ。ああいう機器は電源が入るとすぐに作動するというものではないんだ」
　妻が怪訝そうに引き返す途中、子犬を抱いた中年過ぎのご婦人が発券機に寄って来て液晶画面をタッチしてしまった。妻は、ご婦人が番号札を引き出すのを待って液晶画面にタッチした。
　チケットオフィスが開き、ご婦人は当然のように私の前に来てNo.1と表示された窓口に向かった。1時間も先頭で待ったが、私はNo.2に甘んじるしかなかった。
　"Seat reservation please."
　"I would like two seats on the train to Pisa."
　あまりゆっくりしていられなかったが、朝食のサンドウィッチ

を買ってプラットホームへ出ると、私たちが乗るフレッチャビアンカ（4）は既に入線していた。名前のとおり白い車体に赤いラインが走っていて、いかにも速そうな感じだった。3号車の13Aと14Aが私たちの席で、ほぼ満席の状態だった。席に着くと窓からローマの街をものも言わずじっと見ていた。やがて、街が後ろへと流れだし、フレッチャビアンカは出発の合図もなしに走り出していた。私はピサでの動きを考えていた。

　ピサの斜塔まで歩いて行くにはピサセントラル（5）駅で普通列車（6）に乗り換え、ひとつ先のピササンロッソーレ（7）駅へ行かなければならなかった。乗り継ぎが良いのでとりあえず行きはピサセントラルで普通列車に乗り換えて行こう。帰りはピサの斜塔でどの位時間を要するかによる。まっ、そのとき考えよう。そんなことを思っていると、ビアンカはローマ郊外を猛スピードで走っていた。せっかく海岸通りを行くので海が見えるのを楽しみにしていたが、線路が海に近づくことはあまりなかったような気がする。近づいたときはウトウトしていたのかも知れない。

　妻はヨーロッパの旅にも慣れ、列車からの風景にあまり興味を示さなく、朝が早いこともあり、ローマの街を抜ける前から深い眠りに入っていた。先ほどの発券機の件で私と話したくないのだろう。だんまりモードに入っていた。
「もう寝ているのか……」
「窓から見える景色が色々な事を教えてくれるんだ」
　いつの間にかピサの街に近づいて、街の景色を楽しむ暇もなく、静かにピサセントラルのプラットホームがビアンカの横を流れ始めた。降りるとすぐ普通列車に移動、乗り込んだが誰も乗っていなかったので少し心配していたら発車間際になって大勢の学生さんが乗り組んで来た。高校生だろうか、そんな感じでワイワイガヤガヤ、急にやかましくなった。列車はガタゴトと走り出し間もなくピササンロッソーレに着いた。学生さんたちが一斉に降り始め、その1番最後から降りて、どちらへ行けば良いのかも分からず学生さんの後をついて駅構内を出た。出たといっても塀の間を抜けたという感じだった。このまま学生さんの後に

ついて行くわけにもいかず、車も走っていない閑散とした道に出たとき、近くを歩いていた男子学生に聞いた。
"Where is the tilted tower."
"This road is straight."
"Thank you very much."
　学生さんたちはぞろぞろと道を斜めに横切って行った。行く方向が違う学生さんたちと別れ、誰もいない静かな道を行った。
「本当に、この先にピサの斜塔があるの」
「大丈夫だろ。いきなり民家の屋根上に突き出るんじゃあないかな」
　道は静かな住宅街の中を抜けていた。やがて、交通量の多い通りと交差し、通りの向かい側はたくさんのテントが張られた市場のような賑わいで、多くの人がテント下の出品を物色し、中には品物をめぐって交渉中の人もあり大混雑ぶりだった。通りを挟んで向こうとこちらでは大きな違いがあった。
　横断歩道を渡り、市場の中を人と擦れ合いながら、横目で展示品を物色しながら抜けて行くと門のような入り口があり、抜けると緑のじゅうたんを敷き詰めた広場に白亜の建築物、まばゆいほど新鮮な光景が視界いっぱいに広がった。ドゥオーモ広場(8)だった。
「わあ、すごい！」
「広いなあ」
　目指すピサの斜塔は広場の左奥の方に見えた。子供の頃に習った教科書の写真には斜塔のみが写っていたので当初、日本の寺院ほどの空間に斜塔がぽつんと立っているのかと思ったがそうではなかった。視線を落とすと見学客の多さが目についた。広場の右側を奥へと貫く真っすぐな道を埋め尽くさんばかりの人が縦横に移動、ポーズを取った人を相棒が立ち止まってスマートフォンを構えて撮影、その混雑ぶりを呑み込んでもまだ余裕のある広場の大きさにも驚いた。世界的に有名なピサの斜塔ならではの人出でもあり仕方ないのだろうが、ピサの街でこの広場だけが特異なのだろうか、この緑と白の広い空間を静寂の中

で堪能したい気もしないではなかった。

　人と人の間を交わしながら斜塔の横に立った。今にも倒れそうで倒れず長い年月を重ねている建築様式、ガラガラと崩れ始めても不思議はないはずだけど崩れない強さはどこにあるのだろう。しばらく見ていたが、あまりゆっくりもしてもおられず、他にも建築物があるのでそちらに回った。

　帰りもピササンロッソーレからピサセントラルに出て次へ移動しようと思っていたが、普通列車の発車時間を考えると少し料金はかかるがここからタクシーでピサセントラルに直接向かい、次へ移動した方が１つ早い便に乗れるような気がした。それならタクシーが進む道順に沿ったピサの街を見ることもできる。ドゥオーモ広場には車が入れないのであるが、広場を斜塔に向かうとき、入場した反対側の入り口にタクシーが来て見学者２名が降りたのを目撃したので、タクシーという手があるな、とぼんやり考えていた。

　広場をほぼ１周して建築物をすべて見学、市場のある通りが交通量も多く、ホテルのような建物もあったようなのでタクシー乗り場もあるだろう。

　門を出て市場を抜け、通りを少し左に行ったホテルの前にタクシー乗り場があった。そこでしばらく待ったが、車の通りが多いにもかかわらずタクシーは一向に来ない。

「これ以上待ってもだめだな」

「駅に行く？」

「いや、反対側のタクシー乗り場に行こう。タクシーで見学に来る人は向こう側に降ろされるような気がする。客を降ろすだけかも知れないが、とりあえず行こう」

　もう一度、市場と門を通り抜け、人並みを交わして反対側の入り口付近まで来た。

「あった。あそこ」

　やはり、こちらにもタクシー乗り場があった。先ほど見学者が降りた所より少し広場に近い気がするが、タクシー乗り場となっているので大丈夫だろう。

しばらくして、思っていたとおり見学者がタクシーでやって来た。

「ほら、タクシーが来た」

「うん」

　ところが、タクシーは乗り場より20mぐらい遠くで停車、見学者が降り始めた。

「しまった。あのまま行ってしまうのでは、行こう」

　私たちはタクシーに向かって走り出した。タクシーは客を降ろすとこちらに向かって走り出した。

「あっ」

　踵を返し、もといたタクシー乗り場に走った。タクシーが客を降ろす位置と乗せる位置が異なっていた。日本でもよくある方式であるが、タクシーを捕まえたいという気持ちが私をそうさせた。恥ずかしさで運転手に合わす顔がなかった。

"Please go to Pisa Central station."

"Ok."

　ドゥオーモ広場ぎりぎりまで入って来たタクシーは見学者を上手く交わしながらUターンして右の路地へと入って行った。路上に車が停車しているなど狭い道を直線的に走って住宅が密集している所で一旦停止、運転手は窓を開け、路上駐車してトラックから荷物を降ろしている男性と話し始めた。知り合いなのだろう。早口でしゃべっている。何を話しているかは分からない。すぐに話は終わり、窓を閉めて走り出した。タクシーを止めてまで話さなければならない用事があったのだろう。そんなに違和感はなく、気さくな人たちの日常動作を垣間見たような気がした。

　狭い路地から広い通りに出て橋を渡り、まもなく正面にピサセントラルが見え始め、駅前右のロータリーを大きく左にカーブして正面玄関に着いた。料金を支払った後、運転手は別れの挨拶をしてくれたが、私はサンキューというのが精一杯だった。駅構内に入ると正面にチケットオフィスのカウンターが見えた。

"Seat reservation please."

"I would like two seats on the train to Genova."

"The next train has unreserved seats."

"Thank you."

「次は急行だけどその次の特急より先に着く。それで行こう」

「うん」

　ピサからの列車は海岸ラインに沿って走った。断崖を繰り抜いたトンネルの連続、鮮やかな色の壁を施した数階建ての建物が崖を背にして小さな入り江から積み木のように積み上げられている。下の入江は小さな港になっていて漁船らしき船が係留されている。山が海に落ち込む崖っぷちに町が築かれている光景を地中海の光の中で見れば、一寸だけでも立ち寄って見たい旅情を掻き立てるのであろうが、あいにく小雨が降り出したため海の色が灰色っぽくなり、なんとなく日本の山や海岸を思わせるような色合いになってしまっていた。ここはリグーリア州、海産物とワインが美味しいリゾート地だそうだが、雨のベールが崖に建つ建物の鮮やかな色合いを和らげていた。

　ワイン用のブドウは崖のように勾配のある斜面に栽培されていて、人々は切り立って滑りそうな斜面を海まで１歩、１歩下りながら、海から１歩、１歩登りながら剪定、収穫作業を行っているらしい。よってワインの醸造量は少なく、ほとんどがこの地方だけで消費されている。１口飲んでみたい気もするが、今日は先に行くことにして、この次の機会を楽しみに待とう。

　港町ジェノヴァは坂の街だった。私たちが着いたジェノヴァプリンチペ駅も裏が崖になっていた。雨の中、駅前でたむろしていたタクシーの運転手さんたちに手帳を見せながらホテルの場所を聞くと、彼らは手帳を覗き込んだ瞬間、一斉に大声でホテルの名を叫んだ。同時に皆で振り返り、駅背後の崖を指さした。私たちの宿は駅横の坂道を上がった上にあった。

　部屋は、王様が泊まる部屋がセールということで並の値段で入れた。

「うわー。素敵」

「たまにはこういう部屋に泊まるのもいいね」

「明日も早いのでそんなにゆっくりはしていられないが」

「もったいないね」

「もう少し落ち着いたら街へ行こう」

「うん」

　雨の日もあるだろうと思い持って来た折りたたみ傘をそれぞれのリュックサックの中から出して準備した。

　ホテルの玄関を駅から登って来た道とは直角、左へだらだらとした坂道を下り、なんとなく気分が良かった。坂道に沿った商店を覗きながらこの街出身のニコロ・パガニーニ[11]のことを思った。必然、鐘のロンド（ラ・カンパネッラ）[12]のメロディーに連れられて雨の石畳を下りて行った。

　ロータリーまで下ったところを右に取って港の方へ出てみることにした。雨が本格的に降り出したこともあり、港に人影はなかった。向こうに帆船らしい船が見える。行ってみよう。

　突然、強い風が港内を吹き渡り、激しい雨とともに海面が波打ち始めた。ガレオン船ネプチューン[13]は外海にいるように揺れ始めた。傘を萎め、風に逆らうようにして近づき、大きく上下している船をじっと見ていた。風と船と私とが一体となって荒海にいるような気分になってきた。ネプチューンは砲艦だった。

「うーん、素晴らしい。本物だったらもっと素晴らしい」

「本物みたい」

　大航海時代、大洋への好奇心から木材で大海原を航海するに堪えうる大船に組み上げる技術を考え出したヨーロッパの人たち、船は、船乗りたちが乗り組むことにより生き物と化し、彼らを静から動へと誘う。ヨーロッパを廻る１つの楽しみは、このような帆船に出会えることでもあった。でも、残念ながらこの船は映画用に建造された船だった。帆に風を一杯にはらんだネプチューンの雄姿を見てみたいが、帆は艤装されておらず、そういうわけにもいかない。いつしか風もおさまり、港内はもとのように静かな海となって霧のような雨が降り注いでいた。帆を張り、風とともに未知の大洋へと漕ぎ出して行った船乗りたちの勇気と心意気を感じられた気がした。

　水族館も閑散としていた。フォークのように何本か突堤が突

き出し、湾曲した港を弧を描くように歩き、港に沿った大通りを
渡って街の方へ行くことにした。通りを渡ったところに古い商店
が立ち並んでおり、1階部分の大通り側がポルティコ屋根付きの
歩道になっていて、高い天井が雨を凌いでくれた。さすがジェ
ノヴァ、船具など船で使う道具を商う店が軒を連ね、私の目を
引いた。1軒、1軒覗き込むようにして歩き、入り易そうな店の
前で歩みを止めた。
「少し見て行こう」
「ええ」
　私は中に入ったが、妻は、外で雨の通りを走る車のしぶきを
見ていた。錨、ロープ、シャックルの他、小型の羅針儀、サイ
ドパイプなど、こまごまとした船の艤装品が店内を飾っていた。
手に取ったりしながら夢中で見て回り、少し大きめの錨に触れ、
小雪が舞い散る強風の前甲板に立っていた若い頃を思い出して
いた。
　妻は、車のしぶきにも飽きて歩道を少し行って右に曲がり、
街の中心へと続く坂道を少しずつ登っていた。私が、もうそろ
そろ待ちくたびれているだろうと外に出たときはいなかった。先
に行ったかな。右へと登る道まで走り辺りを見渡すと坂道の上
の方で赤いウィンドパーカーが揺れているのが見え、ほっとし
た。妻は、こちらに向かって手を振っていた。少し早足で石畳
を登って行った。
「どうして勝手に先へ行くんだ。こちら側を先に探したからいい
ようなものの、他を探していたら時間がもったいないだろう」
「そうね」
　妻は反省などしていなかった。
　それから先も色々な店を覗きながら上へ上へと歩き、途中か
ら右の路地に入った。路地の坂道にも服を商う店など小さな商
店があり、港町ならではの傾きのある路地裏が懐かしかった。
「なんかいい感じだなあ」
「うん」
　路地を抜けると広場に出て、古い建築物の中心に大きな教会

が建っていた。この街も数百年前の古い建築物を保存し、現在の社会に合わせながら大切に使用している。ヨーロッパの街という街は、歴史のある建築物が至る所に軒を連ねて残っており、その街並みが崇高な街のイメージを創り出している。

　小雪が降り始める頃、木挽きが山に入り、建築用の木材を切り出して乾かし、月日をかけて家屋を造り上げる。わが国では、職人たちが古来から受け継いできた技で建てた、各地の風土に調和した日本家屋が創り出す井然とした町並みがあった。古い日本家屋が連なった町並みを上手く残していく方策はないのだろうか。雨脚がひどくなってきた。

「食事に行こう」

「うん」

　広場から少し下ったところのレストランに入った。まだ早いのか客はおらず、道行く人が見える窓際の席に付いた。雨はさらに激しくなり石畳を流れ下る水が見えていた。

「せっかくのジェノヴァだから地中海の食事を注文しよう」

「うん」

「とりあえず、緑の紳士のビールだ」

　思ったより多くの魚介類が、底が深い大きめの金盥に盛られてやってきた。

「わあすごい！　ちょっと贅沢」

「雨が小降りになるまでゆっくり食べよう」

　外が暗くなるにつれて何組かの客が入って来た。盥の魚介類がなくなるとともに雨は小康状態となってきた。

「思ったとおり小降りになった。帰ろうか」

「うん」

　レストランを出て広場の方へ登って行った。広場の上の広い通りを左に行けばホテルから下って港の方へと曲がった交差点に出られると思って、しばらく通りに沿って歩き、大きな交差点に出たが目的の場所ではなく、見慣れない建築物が交差点を囲んでいた。

「どこか違うなあ」

「向こうの交差点に行っても違うような感じよ」

「扇型の支点となる港を半円回って街の方へ登って来たので、ホテルから下りた通りの反方向に向かって登ったのかも知れない。タクシーで帰ろう」

　タクシーは簡単に拾うことができたが、ホテルに着くまでに長い時間がかかった。

「そんなに歩いた感覚はなかったが、随分、遠くまで行っていたんだ」

「道を知っていなければ歩いては帰れないね」

「そうだなあ」

　部屋に帰るといつものように私が先にシャワーを浴び、夜の仕事にかかった。明日はミラノ(14)で乗り換える間に指定券を買わなければならない。事がスムーズに流れるように、その手順と話す言葉を調べて手帳に目盛るだけでも結構な時間がかかった。シャワーを浴びて豪華なベッドに入った妻の寝息が聞こえ始めていた。

　風が少し出てきたようだ。雨は上がるだろう。スタジアムの観覧席のような街の斜面を駆け上がり、山へと吹き上がっていく風に乗って、気分は先にアルプスを越えていた。

　ジェノヴァの港まで入って来た2頭の白いイルカが、ネプチューンの横で戯れて起きる小さな波の外舷に跳ね返る水音と雨が海面を打つ音とが重複して聞こえる港町ジェノヴァの夜だった。

　　ローマ～ピサ～ジェノヴァ（約511km）

［注］

(1) ピサ／イタリア共和国トスカーナ州にある都市、人口約9万人、ピサの斜塔で有名。

(2) ジェノヴァ／イタリア共和国北西部に位置する港湾都市、何世紀にもわたって海上貿易の中心地として栄えてきた。

(3) トリノ／イタリア共和国北部に位置する都市、人口約85万7千人、西方にアルプス、その東斜面に市街地がある。ミラノに次ぐイタリア第2の工業都市。

(4) フレッチャビアンカ／フレッチャルジェントの次にくる高速列車(白い矢)白い車体に赤いラインが特徴。

(5) ピサの斜塔／ピサ大聖堂の鐘楼、高さ55.86m、階段296段、重量14,453t、地盤にかかる平均応力は50.7tf／㎡、一時、傾斜の増大と倒壊の危惧があったが、その後の処置で当分は問題ないとされている。5.5度傾いていたが現在は約3.99度に是正されている。

(6) ピサセントラル／ピサ中央駅、ピサ第1の乗降客数がある。トスカーナ州の主要な鉄道ジャンクションの1つ。

(7) ピササンロッソーレ駅／乗降客数ではピサで2番目の駅、ピサの斜塔のあるドゥオーモ広場の最寄り駅。

(8) ドゥオーモ広場／洗礼堂、大聖堂、鐘楼、及び墓所回廊からなる広場で奇跡の広場という意味がある。世界遺産に登録、鐘楼が有名なピサの斜塔。

(9) リグーリア州／イタリア北西部の州、西はフランスと接し温暖な気候と風光明媚な景観から国際的な観光地。

(10) ジェノヴァプリンチペ駅／ジェノヴァの主要な駅の1つ、港や観光施設など町の中心部に近い。

(11) ニコロ・パガニーニ／ヴァイオリンニスト、ギタリストであり作曲家、特にヴァイオリンの名手としてヨーロッパ中で名声を獲得した。

(12) 鐘のロンド(ラ・カンパネッラ)／「ラ・カンパネッラ」は、フランツ・リストのピアノ曲であるが、ニコロ・パガニーニのヴァイオリン協奏曲第2番第3楽章のロンド「ラ・カンパネッラ」の主題を編曲して書かれた。名前のカンパネッラは、イタリア語で「鐘」という意味である。

(13) ガレオン船ネプチューン／ガレオン船は、大航海時代の前半に遠洋航海の基礎を築いた帆船キャラックか発展した船形、ジェノヴァ港に係留中のガレオン船ネプチューンは、17世紀のスペインガレオン船の復元船、1985年、同名のスペイン船を描いたロマン・ポランスキーの映画「ポランスキーのパイレーツ」に使用するため建造された。

(14) ミラノ／イタリア共和国北部にある都市、人口約139万7千人、商業、工業、金融、観光の街として世界的に有名、ミラノ・コレクションで知られるように古くから服装・繊維産業などファッション関連の産業が盛んな土地柄。

第15話　アルプスの水が出る蛇口

10月12日（金）　ジェノヴァ曇り、ジュネーブ晴れ

　5時44分発ミラノ行き急行列車に乗るため5時15分前にホテルを出た。朝早いせいか構内に人影はなく、そのまま中央の通路を通って急行列車が発車するホームへと階段を上った。ホームにも人はいなかった。発車時刻まで40分近くあった。

　どこかで音楽が鳴っている。駅構内のバックミュージックだろうと気に留めないでいた。

「携帯が鳴っているんじゃない」

「えっ」

　ウェストバッグからスマートフォンを取り出すと、先ほどホームに上がってきた中年のおじさんに聞こえるぐらい大きな音で、毎日5時00分にセットしている目覚ましのミュージックが鳴り響き、慌ててアラームを切った。

「恥ずかしいねえ」

「5時より先に出るときは何時も切っているのに、なぜ忘れたんかなあ」

　急行列車が入るまではまだ時間があった。

「もう少しゆっくり出ても良かったんじゃない」

「1時間ぐらいは余裕を持っていないと、言葉も通じないところで何かトラブったら時間が必要だろう。時間を持て余すぐらいで良かったと思わなくては」

「そうね」

　発車時刻が近づくにつれ人が増えてきた。皆、大都市ミラノに通っているのだろうか。

　急行列車は発車時刻の直前に大きな車体を見せ、目の前をガタガタと左から右へ移動、ギーギーギーガタン、静かだったホームに大きな音を立てて止まった。ドアが開くとともに向かい合わせた4人掛けのボックス席全てに1人ずつ座れる程度の人が乗り込み、めいめい好みの席に付くとまもなく、列車は坂の街の谷

あいに建設されたらしい駅を出発、すぐトンネルに入り、ゆっくり、ゆっくり、港町ジェノヴァを後にして内陸へと入って行った。

　ミラノに近づくにつれ乗客が多くなり、そろそろ立つ人も始め、私たちは向かい合わせの席にそれぞれ座り、リュックサックを隣に置いていたが、いつまでも置いているわけにもゆかず膝の上に抱えた。すぐ、若い女性が横に腰かけ、しばらくして話しかけてきた。

"Did you come from Japan."

"yes."

"I'm Risa."

　途端、笑顔となり、もうすぐ結婚すること、彼がとてもやさしいこと、日本に行ったことがあること、日本に友だちがいること、結婚したら日本へ旅行すること、等々、堰を切ったように話し出した。私たちが日本人だと分かって腰かけて来たような感じだった。会話は尽きず、分からない言葉はスマートフォンの翻訳アプリを見せ合いながらミラノに着くまで続いた。結婚するという彼女は "I'm happy" を何度も発していた。

　ミラノセントラル駅もやはり頭端式、発着ホームが 20 番線以上はあろうかと思われる巨大なこの地方の中心駅で、1 日の乗降客が約 32 万人、行き先の違う多くの列車のターミナル駅となっている。彼女に続いてホームへ降り、手を振って別れ、後姿をじっと見送ったが大勢の乗降客に呑み込まれるようにしてすぐに見えなくなった。

「楽しい人だったね」

「そうだなあ、毎朝の通勤列車に日本人がいたのでビックリしたのだろう。幸せそうだった」

　私たちは、見えなくなったリサの後を追うように人の流れに沿ってホームから構内へ移動、チケットオフィスへの案内表示を探した。ヨーロッパの旅にもだいぶ慣れてきたのか、それが地下 2 階にあることをすぐ見つけ、長いエスカレーターを下りた。

「あまりゆっくりはしていられない。8 時 23 分は無理かも知れないな」

「空いていればいいけど」

　平日の午前中早い時間だったせいかオフィスでは待っている人がいなく、すぐカウンターへ行けた。

"Seat reservation please."

"Can I get two seats for the train to Geneva."

　運よく座席指定が取れ、財布から紙幣を出そうとした。

"Payment is card only."

「えっ」

　どおりで客の流れが速いはずだった。クレジットカードを渡すとカードリーダーに差し込まれ、こちらに向けられた。日本国内でもカードで買い物をしたことなどなく、アクセプトできるか心配だったが、使えるかどうかを試す良い機会でもあった。暗証番号を打ち込むと少し間をおいて小さなうなり音を発しながら白い紙が吐き出された。ほっとするとともに案外簡単、その利便性に驚いた。

　座席指定が早く押さえられたので朝食のパンを買う余裕ができた。コンコースに移動したところ、レゴブロックの大きな展示ケースがあり、妻は興味深げにそこを離れない。こういう展示も珍しく、展示ケース全てが映るよう写真の構図を考え写真に収めた。

「パン買って来る。ここに居て」

「うん」

　戻って来てもまだレゴブロックに夢中になっていた。

「行くよ」

「うん」

　発車ホームへ行くと、白い車体に赤いラインの入ったユーロシティーカロッツァ(2)は既に入線していた。ワゴンナンバー2、Aシートの55、56、今までの座席にはなかった薄青色の枕が取り付けてあり、柔らかく気持ちが良かった。4時間近く乗ることになるのでスマートフォンと鉄道路線図を荷物から取り出し、リュックサックを棚に上げると間もなく、プラットホームに立っている人たちが後ろの方へ流れ出した。カロッツァは大都会ミラ

ノに未練など無いかのようなスピードで出てゆき、徐々に高度を
上げて行った。

　ミラノからジュネーブへのユーロシティーコース⁽³⁾はイタリア北
西部からスイス南西部を縦断する山岳地帯を越えて行く。これ
がアルプスだと言わんばかり、山と湖の連続だった。アルプス
越えは今回で2回目、後方へと過ぎ去る木々の間から見える湖
面の輝きに魅了されていた。特にジュネーブに着く前は、モン
トール⁽⁴⁾、ローザンヌ⁽⁵⁾、ニヨン⁽⁶⁾とレマン湖⁽⁷⁾の北側を沿うようにして
走り、湖水のある風景を堪能、レマン湖の南西端、スイス連邦
の南西端でもあるジュネーブへと入って行った。

　駅に降りるとそのままチケットオフィスへ行き、明日乗車予定
の南フランス、マルセイユ⁽⁸⁾行きの座席指定を求めた。オフィス
では待っている人などなく、そのまま窓口に向かった。

　"Seat reservation please."

　"Can I get two seats for the train to Marseille tomorrow
morning."

　指定はすぐに取れ、対応してくれた若い男性がとても親切そ
うだった。

　"Would you give me Eurail Map."

　"Oh."

　私の持っていたユーレイルマップ⁽⁹⁾は日本の旅行会社でもらっ
たもので、だいぶ擦り切れ、折り目の部分が破れていた。駅で
もらえるのかなと半信半疑であったが、思い切って言ってみた。
男性は席を立って奥の部屋に行き、表紙が雪景色となったスイ
ス版ユーレイルマップを出してきた。

　"I will give you."

　"Thank you."

　やっぱりどこの駅にもあるのだ。少し安心した。

「行こう」

　外で待っていた妻を連れて駅前のホテルに向かった。受付に
いた若い男性も親切な人で、少し早いが13時のチェックインで
も快く対応してくれた。

「またどうぞ」

　日本語で言われてびっくり、

「それじゃあ、また」

　日本びいきな様子が対面したときからアリアリと伺えた。それだけ日本人観光客が多いのかも知れない。エレベーターを待っている間、奥に感じの良いレストランがあることに気が付き、少しの間足を踏み入れに行って来た。

「今夜はここでもいいなあ」

　エレベーターのドアが開いた。

「荷物を置いたら街へ出ようか」

「早くチェックインしてもらって良かったね」

「荷物を持って行くのと持たないで行くのでは大きな違いだからな」

　駅からレマン湖へ向かうモンブラン通り(10)は歩道が広くなだらかに下っていた。時計店のショウウィンドウを覗き込みながら下りて行くとレマン湖にかるモンブラン橋(11)に出て、そのまま橋の右サイドにある歩道橋を渡って行った。湖から140mも高く立ち上がる大噴水が左に見えていた。橋を渡った左に公園があり、花時計があったので時計をバックに写真を撮る順番を待った。

　無事、写真も撮り終え、モンブラン通りを横切って古い町の方へと登って行き、途中、通りの中央を路面電車が通る商店街を横切った。

「帰りに来ようか」

「うん」

　坂を上ってゆくと広場に出て、さらに上がって行くと街とレマン湖が一望できる小さな公園に出た。そのまま、坂と石畳、スイス国旗が掲げられた静かな古い石造り町の石畳の道を歩きながらふと気が付くと至るところに蛇口があり、水が飲めるようになっている。アルプスの水が出るのだろうか。295か所もあるらしい。

　むかし、石を並べて人の道、水の道を造った人々、その水道や街並みを大切に使い続けている今の人々のことを思った。山

の町には山の町の素晴らしさがあった。

　スイス、ジュネーブまで足を延ばそうと思ったのはイタリアに
入ってからだった。西ヨーロッパの国々全て廻ろうとは思ってい
たが、スイスはちょっと無理かなと感じていた。旅の前半戦も終
わろうとしているこのとき、時刻表と地図、列車時刻検索サイト
を何度も見直し、南西端のジュネーブなら行って来れると確信
した。明日は山を下りてゆくが、思い切って山の街ジュネーブま
で来て本当に良かった。

　商店街のクロワドール通りへと下りて来た。通りの両サイドの
歩道が広く、中央をトラムが走っていて、歩行者天国のような
空間に高級時計を扱う店などがずらっと並んでいる。買って帰
れる物はないかと１軒、１軒、覗きながら、トラムの軌道以外は
歩行者に重点が置かれた通りを歩く楽しさを感じていた。

　帰りもモンブラン橋を渡った。

「ほら、魚がいるよ」

「ほんとだ。結構大きいなあ。水温７度でもなんともないのか
なあ」

　日がだいぶ傾き、モンブラン通りの坂道を上がるのが少しき
つい感じがした。

「今日もだいぶ歩いたなあ。きつくないか」

「うんう」

「夜は出ないでホテルのレストランにしようか」

「うん」

　ホテルに帰り、シャワーを浴びて１階のレストランに下りて
行った。ホテルの外からも入れるドアがあって、街の人が直接
レストランに入って来ていた。文字のみが書かれているメニュー
からは何を注文してよいか分からなかったが、たまたま注文し
たのがレマン湖の魚料理だった。

「今日、見た魚かねえ」

「そうかなあ。違うんじゃない」

「でも美味しいね」

「スイスのビールもなかなかいけるなあ」

　駅側の大通りを行き交う車のヘッドライトがレストランの窓ガラスを照らしながら流れていたが、通りの雑踏は誰かが外のドアを開けて入って来たときにしか聞こえない山の街の静かな宵も更けようとしていた。

　アルプスの高い岩の壁から一条の水が風に飛ばされ散りながら流れ落ちてくる。やがて、水は1筋の流れとなり、人々が築いた石の水路を通り町の蛇口へと導かれる。絶え間ない水の流れが生み出す悠久の時の流れを山で暮らす人々は知っているのだろう。

　モンペリエの砂州の前まで入り込んで来た2頭の白いイルカの呼ぶ声が、アルプスの谷間を分け入るように駆け上がる風に乗ってかすかに聞こえてくるスイス、ジュネーブの夜だった。

　ジェノヴァ～ミラノ～ジュネーブ（約535km）

［注］
(1)　ミラノセントラル駅／ローマ・テルミニ駅に次いでイタリア2番目の乗降客数があり、ヨーロッパの鉄道駅としても主要な駅、1日平均500本の列車が発着、32万人の乗降客がある。
(2)　ユーロシティー／ヨーロッパにおける国際列車の列車種別、ヨーロッパ都市間特急とも言われ、最高速度時速200k、高速列車が運行されている国では、これに次ぐ種別と位置付けられている。
(3)　ジュネーブ／スイス西部、レマン湖の南西端に位置する都市、標高375m、人口約19万1千人、チューリッヒに次ぐスイス第2の都市。
(4)　モントール／スイス・レマン湖の東端に位置する都市、標高390m、人口約2万2千人、急斜面の丘がある湖畔に町がある。7月に開催されるモントールジャズフェスティバルで知られる。
(5)　ローザンヌ／スイス・レマン湖の北岸に位置する都市、標高495m、人口約13万5千人、国際オリンピック委員会本部がある。
(6)　ニヨン／ジュネーブの北25kmのレマン湖畔に位置する都市、標高400.9m、人口約1万7千人、欧州サッカー連盟の本部が置かれている。
(7)　レマン湖／スイスとフランスにまたがる中央ヨーロッパ2番目に大きい三日月形の湖、英語での名称はジュネーブ湖、越水は湖の下流ローヌ川で地中海に流れる。
(8)　マルセイユ／フランス最大の港湾都市、人口約87万人、都市名は

フェニキア語で「植民市」を意味するマッサリア、及びそのラテン語
訳であるマッシリアに由来する。

(9) ユーレイルマップ／ヨーロッパの主要な鉄道路線、フェリー航路が
記載されている地図。

(10) モンブラン通り／ジュネーブ駅出口からレマン湖へ通じる通りのレ
マン湖寄りに位置する観光通り。

(11) モンブラン橋／モンブラン通りから連なり、レマン湖とローヌ川の
境に架かる橋。

(12) モンペリエ／フランス南部に位置する都市、人口約 26 万 8 千人、
モンペリエ大学の所在地、中世からの学園都市。

第16話　マルセイユ

10月13日（土）　ジュネーブ晴れ、マルセイユ晴れ

　ホテルの朝食が6時半から、列車の発車時刻が8時38分、ホテルが駅前ということで朝食をとってから出発することにした。やはり、焼き立てのパンに自分でナイフを入れるのが何とも言えぬ。今日もいい1日になりそうな気がした。ジュネーブという街をすべて見尽くしたわけではないが、ユーロパスでなるべく多くの街に行ってみたい。列車での移動を主にしている私たちにとっては、これで十分と割り切るしかなかった。滞在時間を長くすればより素晴らしい観光ができるかも知れないが、列車に乗れる回数も減るし、行ける街の数も減ってくる。少し忙しいのであるが、私も妻もかえってその忙しさを楽しめるようになってきた。

　何時ものように駅には発車の1時間前に着き、切符は揃っているので土産物店に入った。
「やっぱり時計にしようか」
「うん」
「昨日もだいぶ見たがリュックサックの場所を取らないし、スイスだし、時計がいいんじゃあないかな」
「昨日見た店より安いような気がする。時計にしよう」
「うん」
　時計を2つ買って、中央の通路を奥へ行った所の売店に入り、飲み物を買って7、8番ホームへ行くと長蛇の列ができていた。
「こんなことならもっと早くホームに来ればよかった」
「うん」
　国際列車が発車する7、8番ホームに上がるには出国審査があった。これまで、デンマーク、ドイツ、チェコ、オーストリア、イタリアと移動して来たが、こんなことはなかった。スイスはEU以外の国なので人の自由な往来に関する協定はあるが、

一応の審査はするのだろうか。
「入国するときに審査はなかったのに、なぜ、出国するときに審査があるんだろう」
「何かあるんでしょう」
　審査はパスポートと本人を確認するだけで思ったよりスムーズに流れた。ホームに上がると既に TGV⁽¹⁾ は入線していた。11号車の 83、84 席に付き、リュックサックを網棚に上げてウェストバッグを確認したとき、スマートフォンがなかった。
「携帯がない」
　リュックサックを下し、サイドポケット全てを確認したがなかった。
「時計を買った店に忘れて来たかも知れない」
　私が 1 人で行って来ようと一瞬思った。
「降りよう」
　発車まで残り 10 分しかなかった。リュックサックを背負ってホームへ出て階段を走り下りながら叫んだ。
「時計を買った店に行くから」
「飲み物を買った店に行くよ」
「おお」
　もう出国審査に人は並んでいなかった。その反対側の通路を中央の通路に向かって走り抜けた。後ろも見ずに通路を正面玄関に向かって走り抜け、ロビーを右に取って土産物店に直行した。店の女性はお客に対応中だった。店の中で歩き回った棚から棚、ショーウィンドーケースの上から下、スマートフォンを置きそうなところをすべて見て回った。ない……。ない。ない。ない……。
　お客の対応が終わった。
"Didn't you look at my smartphone."
　女性は怪訝そうな顔をして何も答えなかった。私の言っていることが分からないようだった。ああ、どうしよう……。
「あった。あった」
　妻が私のスマートフォンを持って走り込んで来た。

「行こう」
　猛スピードで走り、ロビーを抜け、中央通路を抜け、出国審
査の所まで来て後ろを振り返り立ち止まった。妻はもうそこまで
来ていた。
　"Already been completed."
　"Ok."
　審査官は私たち夫婦を覚えていた。審査官の前を走り抜け階
段を駆け上がり振り返った。妻は荒い息をしながら階段を途中
まで上がっていた。TGV はまだホームにいた。最寄りの入り口
で妻を待ち、妻を押し乗せ続いて乗った。間に合った。よかっ
た……。気持ちの上では間に合わないだろうと思っていた。妻
の後を 11 号車に向かって歩いているとき、TGV は音もたてず
に山の街を後にしていた。
　席に付いて汗を拭きながら、
「あの店で携帯を出した記憶がないけど何処にあった」
「私が持っていたのよ。ウェストバッグの隅に入り込んでいた。
店に行って私の携帯を見せて説明しようと思い取り出したらお
父さんのだった。確かめるともう 1 台あったのよ。時計を買って
お金を出すとき、持っていて、と渡されたことを忘れて全然気
づかなかった」
　とんだ茶番劇だった。
「それにしても、よく俺の携帯を掴んだなあ。自分のを掴んで
いたら、今ここに座っていなかっただろう」
　汗も引き、気持ちも落ち着いて南アルプスの車窓を楽しめる
ようになってきた。TGV はフランス国境に差し掛かろうとして
いた。
　超スピードでアルプスを下りて来た TGV が止まったまま動か
ない。車内放送があったが分からない。もうかれこれ 10 分近く
止まっている。
「どうしたのかしら」
「事故かなあ」
　線路が少しカーブしている部分なのか、車両は傾いたまま止

まっている。この辺りも猛スピードで走り抜けるのだろう。周囲はフランスの広大な荒野が広がっていて事故が起きそうな処には見えなかった。20分ほど停車した後、静かに動き出した。しかし、スピードは上がらず、まもなく駅に着く様子だった。車内放送でアヴィニョン(2)と言ったような気がしたので地図で確認した。

「アヴィニョンだよ。もうすぐアヴィニョン駅に着くんだ。駅に入るのを待たされていたのかなあ」

そうか。ここがアヴィニョンだったのか。子供の頃、橋の歌をよく歌った。今夜はここでもよかったなあ。アヴィニョンを出ると線路はイタリア国境に向かう左とスペイン国境に向かう右とに分かれた。目的地はスペイン方面だけど、スイスから下りてくると時間的にも距離的にもこの辺りで1泊する必要があった。フランスの地中海側には魅力的な街が多くあり、何処の街にするか随分迷ったが、アヴィニョンという選択肢は私の頭には浮かんでいなかった。マルセイユはスペイン方向とは反方向へ行くのであるが、なぜかその港町に興味があった。

マルセイユ・サン・シャルル(3)駅に着き、明日も早いのでまず座席指定を求めにチケットオフィスに向かった。オフィスはすぐ見つかり待つことなく窓口に行けた。

"Seat reservation please."

"I'd like two seats on the train to Barcelona tomorrow morning."

8時5分発バルセロナ(4)行きの座席が取れ、次はホテルの場所探し、何時ものようにツーイーストインフォメーションに行った。男女2人の職員のうち男性の方に手帳を見せて聞いた。

"Please tell me the location of this hotel."

男性は手帳を取り上げ、文字を見てニヤッとし、手帳を隣の女性に見せた。女性も含み笑いをした。なぜ笑ったのだろう。手帳にはホテル名と住所がアルファベットで書いてある。ホテル名を見て笑ったのか、余白に漢字も書いてあるので漢字を見て笑ったのか分からない。男性は手帳を返すと何か言ったが、なんと言ったか分からなかった。市内地図ももらえず、場所の説

明もなく、出口を指さして「あっち」といった感じだった。少し
嫌な気分になった。観光地マルセイユには私のような観光客が
大勢押し寄せ、次々にインフォメーションに来て、皆、同じ地区
のホテルを尋ねるので、少しおかしくて笑ったのかも知れない。
マルセイユにはもっと素晴らしい場所があるよと、言ってやりた
い気持ちになっているのだろう。

　指さした出口は正面出口だった。通りに出たが、さて、どちら
に行って良いか皆目分からず、どうしたものかなと思っていたと
ころに老夫婦が通りかかった。

"Excuse me, I'd like to go to this hotel."

　手帳を見せた。

"Go over here, Go right on the big street toward the sea."

"Thank you very much."

　これで凡その方向が分かった。行き詰ったらまたその先で聞
けばいいだろう。海へと続く広いなだらかな坂を下りて行った。

「街の人の方が丁寧だね」

「そうだな」

　日本人を馬鹿にして笑ったのなら許せない。ホテル名を見て
笑ったのなら、ホテルに何か問題があるのだろうか。少し心配
になってきた。

　海に近づくにつれ人通りが多くなり、港に沿った通りは大勢
の人で賑わっていた。ホテルは港近くにあったが別段変わった
様子もなかった。一緒に書いてあった日本語の漢字が面白かっ
たのかなあ。西洋の人から見れば遠い東洋の小さな島国の言語
など触れる機会がほとんどなく、珍しいのかも知れない。きっと
そうだ。

　荷物を置き港へ出てみた。たくさんの観光客がそぞろ歩き、
ヨットハーバーには豪華なヨットがいくつも係留されている。こ
の豊かさは何なのだろう。妻はそんなことなど気にせず、海岸
通りの中央を走る小型でおもちゃのような汽車に興味があるらし
く写真を撮っていた。乗っている観光客はみな笑顔で手を振っ
ていた。

「そろそろ帰ろうか」

「駅からホテルに来るとき、どうも遠回りした様な気がする。ホテル前を逆に行った方が駅への近道だと思う。明日の朝のこともあるので駅が見える所まで歩いて確認しておこう」

「また夜、食事に来よう」

「うん」

　ホテル前を通り過ぎて西に行き、次の通りを北に行くと凱旋門のある広場に出た。

「門がある。凱旋門かなあ。行ってみよう」

「パリにある凱旋門もこれくらい」

「パリのはもっと大きいと思うなあ」

　門の傍で女の子２人を連れた高校生に出会った。

"Where is Marseille Saint Charles Station ?"

　男の子は、駅の建物が見える所まで連れて行ってくれた。

"Over there."

"Thank you."

「ほら、あんなに近かった」

　男の子たちと手を振って別れ、もう少し駅に近づいてみることにした。

　暗くなって港の辺りに出て来た。夜の港の明かりがとてもきれいで、海は穏やかだった。

「いいねえこんな感じ」

「風が少し寒い」

「どこかいい店に入ろう」

「うん」

　レストランを数軒回ったが何処もにぎやかで満席、予約なしで入るのは難しかった。

「今日は土曜日だった」

「そうね」

「ホテルのレストランに帰ろう」

「ああ」

　ホテルのレストランの席は空いていた。赤いワインを飲みなが

ら軽い食事を注文した。

「アルプスの街から地中海沿いの街まで、今日もあわただしかった」

「スペイン、ポルトガルと、これからもあわただしい日が続くだろうなあ」

「同じ場所でゆっくりしたいね」

「でも今日の案内の人、不親切だった。ヨーロッパに来て多くの人に会ったが、皆、愛想良く対応してくれて、あんな人、1人もいなかった」

「たまたま、どこか気分が悪かったのかな」

　大きなグラスに半分注がれた赤い液体は残り少なくなり、私たちの気分は上々となっていた。

　アフリカからの風がイベリア半島の縊れを回ってマルセイユ港に吹き込み、ヨットの艫を上下させながら街のなだらかな坂を上り、アルプスの山々へと駆け登っていくのか、少しひんやりとして心地よい風が、私たちを窓際へと誘っていた。

　マルセイユ旧港に係留されている帆船レ・マルセイユの防舷帯横から顔を覗かせた2頭の白いイルカの呼び合う声が、すぐ近くで聞こえているマルセイユの夜だった。

　　ジュネーブ〜マルセイユ（約460km）

［注］

(1) TGV ／フランス国鉄が運行する高速鉄道の車両、運行形態、TGVは高速列車を意味するフランス語の頭文字。

(2) アヴィニヨン／フランス南東部、プロヴァンス地方の都市、ローヌ川沿いに位置、人口約8万9千人、童謡「アヴィニヨンの橋の上で」で知られているが、実際の橋幅は狭く、上で踊れるほど安全な橋ではない。ローヌ川の度重なる氾濫により橋は何度も崩落、修復費が財政を圧迫、17世紀には遂に修復を断念、22あった橋脚の内、現在は4橋脚のみ残っている。

(3) マルセイユ・サン・シャルル駅／マルセイユにある主要な鉄道駅、小高い丘の上に位置し、階段を下りて市の中心部へ向かう。かつては船舶との乗り継ぎのためアフリカや中東への旅行者に利用されていた。

⑷ バルセロナ／スペイン、カタルーニャ州の州都、バルセロナ県の県
　都、人口約160万2千人、マドリードに次いでスペイン第2位、国
　際的な観光都市であるとともに国際会議が世界で最も多く開催され
　る都市の1つであり、政治、文化、学術の面で大きな影響力を持っ
　ている。
⑸ イベリア半島／ヨーロッパの南西に位置する半島、古代ギリシャ人
　が半島の先住民をイベレスと呼んだことが名の由来であるが、もと
　とピレネー山脈の南側に広がる地域をイベリアと呼んでいた。一方、
　半島を属州としたローマ人は、この地をヒスパニアと呼称、スペイン
　は、イスパニアともエスパーニヤとも呼ばれていた。

第17話　コロンブスが愛したカタルーニャ

10月14日（日）　マルセイユ晴れ、バルセロナ晴れ

　6時過ぎにロビーに下りた。宿代を清算してくれたのは少し威厳のある初老の紳士で、とてもフロント係には見えなかった。フロントには誰もおらず、呼び鈴を押すとロビーのソファに腰かけ新聞を広げていた彼が立ち上がり、私たちの傍に来た。チェックアウトをお願いするとカウンターの中に入り清算してくれた。私は、この人がホテルのオーナーではなかろうかと直感した。昨日笑われた一旦は、この人の事業に対することにあるのかも。なんとなく感じたが、明け方の眠い時間帯のフロント係に職を得た、単なる一線をリタイアした老人かも知れず、的は9割がた外れているだろう。

　外はまだ薄暗かった。昨日確認した道を行き、凱旋門を横目で見てサンシャルル駅へと繋がる坂道を登って1時間10分前に待合室の椅子に腰かけた。掲示板にはまだ私たちの乗る列車の発車ホームは示されていなかった。

「朝ごはん買って来る」

「うん」

　パンを買って帰って来たときもまだホームが分からなかった。発車20分前にL番ホームが示され、リュックサックを背負って立ち上がりホームに向かった。通常、数字表記のプラットホームが多いが、アルファベットで表示されていた。表示される前からあの白い車体に臙脂のラインがある renfe[(1)] の AVE[(2)] だろうと思っていたが、そのとおりだった。

　ホームの入り口で切符のチェックがありバーコードを確認され、No.1 カーゴということで1番前の車両まで歩き乗車したが、座席番号17、18番はどこにも見当たらなかった。車両全体を一往復して確認したが見つからなかった。お客は女の子2人を連れた高校生か大学生ぐらいの若者がいるだけで他は誰もいなかった。駅員もいないし、仕方なく彼らに切符を見せて聞いて

みた。

"Excuse me. I can't find seat number."

"It's okay to sit anywhere."

"Well, is that so."

　彼が言ったとき、女の子の1人が彼の肩を叩こうとしたので、それはいい加減な答えだなと感じたが、誰も乗って来る気配はなかった。もう一度番号を確認しながら先頭まで来たが見つからない。これより先は起動車だろうと思いつつドアを開けてデッキを渡り起動車のドアを開けた。起動車両の後ろ半分が応接室のような部屋になっていて、窓側の壁を背にした向かい合わせのソファが8脚セットされていた。左側の前2脚が17、18番だった。

「えっ、こんなところに部屋があったんだ」

「これじゃあ外が見えない」

　窓は、ソファに腰かけて頭の上の方に小窓があるだけで、見えるのは前のソファに腰かけた人の顔だけになる。

「ファーストクラスと言ってもこれじゃあいやね」

「そうだな」

　若者の言った言葉を信じたわけではないが、前の車両に移りドアから4つ目、海が見えるかも知れない進行方向左側の席に陣取った。座る前に若者に声を掛けた。

"I'll sit here but is it okay?"

"No problem."

　また女の子が若者を叩こうとした。にこっと笑って見せた。

「大丈夫」

「来られたら立てばいいさ」

　幸いマルセイユからの乗客は少なく、ほとんどの席が空いたままで物静かなスタートであった。鉄道旅で窓から外が見えないのは致命的だ。人の席であっても当事者が乗って来るまではファーストクラスの券を持っている私にも座る権利があると思うことにした。

　次の駅で人の良さそうなおばあちゃんが私の方へ向かって歩

いて来た。この人の席かな。通路を隔てた隣席の通路寄りに座った。通路寄りの席に座っていた私とはすぐ近くとなり、にこっと笑って挨拶された。この席の人は乗って来ないまま AVE は駅を出て行った。次の駅も次の駅も乗って来なかった。駅に着くたびに感じていた不安な気持ちは、いつの間にかなくなっていた。

"Japanese?"

最初に声を掛けたのはおばあちゃんだった。

"Yes, I have been traveling in Europe for a month."

"For a month ! Wonderful Japanese number one."

"I'm going to Spain and Portugal. Luggage is that one rucksack."

"Oh! very very simple. Japanese are smart. Japanese samurai No 1."

日本びいきのおばあちゃんだな。話も盛り上がってきた。

"Are you from Spain?"

"Yeah, go back to Barcelona."

"Excuse me."

後ろ側から来た通路を通る人だった。通路を挟んだ 2 人の顔は、人が通れないほど近づいていた。

"Oh, I'm sorry."

顔と顔を離し、人を通したらまた徐々に近づいていた。

"My seat is the front wagon. but I'm sitting here because I can't see the outside."

"That is no good. You have to take this seat."

"How did you get this seat?"

"Wait a minute."

おばあちゃんはカバンの中からチケットを出した。

"Oh yeah, Lower ! Ask for a lower seat."

チケットを見せてもらったが、どこが Lower なのか一向に分からなかった。

"What does lower mean?"

"It's an old ship. Slave seat rowing oars. That thing"

そういえば、この席はガレー船[注3]でオールを漕ぐ奴隷たちの席に見えなくもない。

"Understand. I'd like a lower from now on."

"Yeah, that's good."

　席の持ち主が乗って来たのはバルセロナまで残り1時間、ペルピニャン[注4]という駅だった。最初に奥様が来て、私たちが座っているので怪訝そうにデッキに帰った後、ご主人が来て尋ねた。私と妻はサッと立ち上がり、リュックサックを下ろして礼を言い、前の車両に移動した。

　起動車両後部のワゴンには3組6名の方がものも言わずしんみりと座っていて私たちの席だけが空いていた。

"Until a while ago, I was sitting in another person's seat on the later wagon. Because the windows are high here and I can't see the outside. No good."

　途端、場の雰囲気が和やかになり、皆、私に同調、やがて隣同士が話し始めた。私たちの向かい合わせは同年配のオーストラリアから来た夫婦、私たちにキャンディーをくれてから話が始まり、私は例によって、ひと月間のユーロパスを持ってヨーロッパを廻っている話をすると、向こうはふた月間のパスを持って、バルセロナの2駅向こうの友だちの家に行き、飛行機の操縦を体験するそうだ。素晴らしい！ 上には上がいるものだ。お互いに写真の撮り合いをして「オーストラリアにもおいで」と言っているうちに AVE はバルセロナ・サンツ駅[注5]へと入って行った。

　スペイン第2の都市だけあってサンツ駅はとても大きな駅だった。オーストラリア夫妻など先に席を立った先頭車両の人たちに続いてホームに降りた。大勢の人だった。ホームに降りたところでおばあちゃんと会ったので、頭を下げて別れの挨拶をしているうちにオーストラリア夫婦は見えなくなった。たぶんローカル線の方へ行ったのであろう。押されるようにしてエスカレーターに乗り、上の階へ出た左横にツーイーストインフォメーションがあり、見回すとチケットオフィスも右側の方に見えた。

「明日の座席指定から先に買おう」

「うん」

　この時間、切符を求める人が少ないのか、オフィスでは待たずにカウンターに行くことができた。

"Seat reservation please."

"I would like two seats on the train to Madrid tomorrow morning."

"Lower please."

"Okay."

　係の女性は、打ち出されたチケット2枚をホッチキスでパンと止めて渡してくれた。切符を確かめたが、Lower かどうかは分からない。たぶん Lower だろう。

「8時25分発マドリード行きが取れたよ。次はあそこ、あそこでホテルの場所を聞こう」

"Excuse me, I'd like to go to this hotel."

　いつものように手帳に書かれたホテル名と住所を見せながら言った。

"This is one stop by train."

　女性は地図を指さしながら教えてくれた。

"Could you give me this map ?"

"This is last one. I'm sorry."

"Can I walk ?"

"It takes an hour to walk."

"Yes, thank you."

「地下鉄で行こうか」

「うん」

　改札の近くにある切符の自動販売機の前に立ったが、地下鉄の切符はどのように操作して買うのか一向に分からない。私は、インフォメーションで説明を受けたときから地下鉄でひと駅と勝手に考え、説明もよく呑み込まず、切符をどうして買おうか考えていた。実際にはローカル線で東へひと駅帰るだけだったので、切符を買わなくてもユーロパスで行くことができたはずだった。よく確認すれば分かったはずなのだけどスペインに入るころ

から、次のポルトガルに夜行で行って夜行でフランスに帰る行程と日数を考え、少し気がかりな面もあり、心ここにあらず状態だったような気がする。見知らぬところにいて、今、このときに全神経を集中しなければならないのに気持ちが緩んでいたとしか言いようがなかった。

「やっぱりホテルは歩いて行ける範囲にしなくては駄目だな」

"May I help you."

　私がまごついているので、見かねた男性が声を掛けてくれた。

"Ah, thank you."

"Where will you go."

"Here is"

　手帳を見せた。

"Do you want a one-day pass."

"That is fine."

　そういうシステムになっていたのか。行き先ごとに買うのではなかったから書かれていることが呑み込めなかったんだ。男性は切符2枚とお釣りを渡してくれた。地下鉄の切符を買ってくれたと思っていたが実際は普通の切符だった。

"Thank you very much."

"No problem."

　男性は先に改札へ入って行った。

「1日券ということは、明日の朝、切符を買わなくてもよいかも知れない」

「反対行きも乗れるの」

　妻も私の考えにはまっていた。

「大丈夫だろう。向こうの駅で聞いてみる」

　改札を抜け、インフォメーションで聞いたホームへ下りて行った。たまたま、電車が入るところだったのでその電車に乗り込んだが、その電車がどちらの方向へ向かうのか皆目分からなかった。私の頭の中では、中央駅から地下鉄で1駅ほど離れた町へ行く、ぐらいにしか思っていなかった。サンツ駅は全てのホームが地下に位置しており、そのあたりも私の勘違いを手助けして

いた。

　1駅目で降り、改札横の案内所で切符のことを聞こうとしたが、先客が長く話していた。その人もよその国から来た人のようだった。たぶん同じようなことを聞いているのだろう。あきらめて改札を出た傍の自動販売機の前に立ち、明日、もし切符がはじかれた場合、どのようにして買えるか確かめたが解答は得られなかった。エスカレーターで地上に出たとこにプラザ・デ・カタルーニャ(6)の広場があった。今考えればとても恐ろしく、ほとんどがあてずっぽだった。私たちは、何かに導かれるようにしてプラザ・デ・カタルーニャの広い歩道を歩いていた。

　何日も列車を乗り継いだ旅をしてきて全てが思い通りになっていた。日程もほぼ中間、中だるみというか、安易な気持ちが芽生え始め、慎重さが消え、いい加減な行動が目立ち始めていたが、このときはまだそのことに気が付いていなかったような気がする。

　広場を過ぎて少し行った道向こうにホテルのアルファベットが見えた。

「あれだろう」

「うん」

　通りを横切ってホテルに入り、チェックインを済ませて部屋に上がった。部屋の窓から路地裏を歩く人が見えた。ああこれがスペインなのだ。その路地裏のイメージが私の感じていたスペインと全く同じだった。

「街へ出ようか」

「行って来て、私、部屋で休んでいるから」

「どうして、もうバルセロナに来ることはないよ」

とは言ったものの、当の私も半分、夜まで休みたいような気もしていたが、街の雰囲気を感じに行かなくては何も心に残らず、何しに来たのか分からなくなってしまう。そんな意識が気持ちを奮い立たせたが、妻は黙ったままベッドに腰かけていた。オスロで寒気がするからといって外出を拒んで以来だった。何処の国の何処の街に行くかなど旅行の計画、行った街での行動、外出の

予定まで全て私が決め、妻は黙ってついて来ただけだった。疲れていても必ず一緒に外出した。だけど、今日は心に何か蟠りがあるのだろう。

「どうする」

妻はだるそうに腰を上げた。今日の列車で私がおばあちゃんと親しそうに話していたので母のことを思い出し、少し暗い気持ちになったのだろうか。

幼少の頃、仕事一筋で接触する機会が少なかったこの人が、どうして私の母親なのだろう……。考えても仕方のないことだった。親子という事実は誰にも変えようがなかった。

私たちは行く当てもなく部屋を出て行った。バルセロナはカタルーニャ州の州都、カタルーニャ語ではバルサローナと言い、スペイン語とは少し違うカタルーニャ語を話す人もいるらしい。国際的な観光都市である。ホテルの玄関前の通りを港の方へ、海とマリーナ、コロンブスの像を見に行こうかとも思ったが、なんとなく気になった部屋の窓下に見えた路地裏を歩き続けた。アパートや小さな店、行き交う人とすれ違いながら街の雰囲気に触れつつ、デパートにも入ってみた後、一旦ホテルに帰り、暗くなってパエリアを食べに出た。スペインに入ったらまずパエリアを食べようと思っていたのと、なんだかんだで今日も昼食を食べずじまいだった。心の隅で美味しいパエリアをいっぱい食べるからそれまで我慢しようと思っていたような気がする。

夜の路地裏の人通りは、これほどの街にしては多くなかった。ただ、バルだけは満席のような感じだった。通りにテーブル席がある、Ｔ字路の一角を占めた割と大きなレストランに入った。通りのテーブル席にお客が１人も座っておらず、店の中にもお客はいなかった。明かりは薄暗く、店の広さだけが目立っていた。

「大丈夫」

「大丈夫だろう。こんなもんじゃあないかな」

"Welcome."

若いウェイトレスがメニューを持って注文を伺いに来た。日本の居酒屋で出されるような２枚織の大きなメニューを開いてテー

ブルに置いてくれたが、どれがパエリアなのか分からない。ウェイトレスは、最初の挨拶はしたものの外国人の扱いに慣れていないのか、ものも言わず立っているだけ、愛想があまり好くなさそうに見えた。

"I want to eat paella."

　希望を口にすると彼女は少し前かがみになりパエリアの書かれている部分を 2 か所、指で示し微笑んだ。彼女が最初に示した方を指さした。メニューを畳んで帰りかけたとき、

"Cerveza por favor."

　セルベージャ ポルファボール（ビールをください）若い頃、スペイン語圏に行って最初に覚えたスペイン語だった。指で 2 本という合図をした。帰りかけた彼女はまたメニューを開きビールの個所を示したので 1 番上に書かれた銘柄を指さした。彼女はパタッとメニューを畳むと厨房の方へ帰って行った。

　パエリアができるまでに長い時間がかかった。ご飯を炊くのだから予想はしていたが、先に持って来てくれたセルベージャはとっくになくなっていた。店の外が何となく騒がしいなと感じたとき、ドアがいきなり開いてガヤガヤ、私たちと同年配のような女性陣 6 名が入って来て近くのテーブルを占領した。静かなバルセロナの夜が途端に賑やかな夜へと変貌していった。

　黒い大きな丸い鉄板いっぱいに敷き詰められたパエリアが運ばれて来た。少し醤油色をしたパエリアだったが美味しく、こんなにたくさん食べられるかなと感じたが、スペインの白ワインとともにぺろりと食べてしまった。

　冷たい石畳の路地を覆うように霧が流れ、街角の薄明るい店に集まった女たちのおしゃべりは夜遅くまで途切れることなく続いていた。

　港を照らす明りがかすむ海面を夜霧が這う中、バルセロナ港コロンブスの足元まで入って来た 2 頭の白いイルカの鳴き合う声が、霧の彼方から聞こえてくるバルセロナの夜だった。

　マルセイユ〜バルセロナ（約 508km）

［注］

(1) renfe ／スペイン政府 100% 出資の鉄道、スペイン国鉄、15,000km の鉄道網を持ち、都市間交通、都市圏輸送、鉄道貨物輸送の役割を担う。

(2) AVE ／（アベ）スペイン国鉄が運行する高速鉄道システムの名称。

(3) ガレー船／主として櫂（オール）を漕いで進む軍艦、古代に出現、地形が複雑で風向きが安定しない地中海やバルト海では 19 世紀初頭まで使用された。正確にはガレー、この語だけで船であることを意味している。

(4) ペルピニャン／フランス南部、ピレネーオリアンタル県の県庁所在地、人口約 12 万人、フランス領カタルーニャの中心都市。

(5) サンツ駅／バルセロナのターミナル駅、駅名は周囲の地名に由来する。

(6) プラザ・デ・カタルーニャ／バルセロナのほぼ中央、旧市街と新市街の境界に位置し、グラシア通り、ランブラス通りなどの主要通りが交差する広場。

(7) カタルーニャ／スペイン北東部、地中海沿岸に位置する交通の要衝、独自の歴史、習慣、言語を持ち、人々は、カタルーニャ人として民族意識を有している。

(8) コロンブス／探検家、航海者、奴隷商人、定説ではイタリアのジェノヴァ出身。カナダ東部、ニューファンドランド島でバイキングが持ち込んだとされる鉄釘が発見される前までは、大航海時代においてキリスト教世界の白人として最初にアメリカ海域へ到達したとされていた。彼の功績により彼の子孫は、スペイン貴族の侯爵家として続いている。

(9) バル／ BAR をスペイン語ではバルと発音する。酒場、居酒屋、軽食喫茶などを指す。

第18話　グラン・ビア通り

10月15日（月）　バルセロナ晴れ、マドリード晴れ

　カタルーニャからサンツ駅まで移動しなればならず、スムーズに移動できないときのことを考えて発車の約2時間前にホテルを出た。街灯の灯かりに照らされたプラザ・デ・カタルーニャ広場の横を通り、昨日、出て来た地下への入り口を駅へと下りて行った。多少の不安を感じながら改札に切符を通し、はじかれることもなく改札が開いたのでほっとして地下ホームへと下りて行った。この時点においても地下鉄だと思っていたので、駅員、案内、さらに警備の人にまで、

"Which platform to go to station ?"

と聞いたが、皆、No.2と答えた。そんなはずはないだろう。昨日、サンツ駅から来たとき、2番ホームに着いた気がする。しかも、ホームを挟んでNo.1とNo.2では電車が逆方向に走っている。No.2は、なんとなく反対方向に行く気がする。ホーム中央の柱に掲示された行き先駅を示した時刻表を見てもよく分からない。これから向かうサンツ駅事態をよく理解していなかったので見ても分からないはずであった。皆、駅行きと言われてもよく分からなく、外国人なのでフランスン方面へ帰るのだろうと思っていたのかも知れない。たぶん、フランス方面からバルセロナ観光に来る人が多いのだろう。

　若い男性がホームに下りて来た。この人に聞いてみよう。大都会バルセロナには駅が多くあり、駅と言われても困るのではないだろうか。はっきり行き先を行った方が正確な答えが返るのではないだろうか。

"I'm sorry, I want to go to Madrid. Which platform should I take the train ?"

"I also go to Madrid. Let's go together."

"Thank you."

「あの人もマドリードへ行くらしい。一緒に連れて行ってくれる

177

そうだ」

「うん」

　やはり、No.1 ホームからの電車に乗りサンツ駅に着き、彼が連れて行ってくれた前方に大勢の人が列を作って並んでいた。AVE に乗るための手荷物検査だった。マルセイユでは検査なしで乗れたのに、同じ国内移動で大掛かりな検査、飛行機に乗るみたいだった。検査には時間がかかり、別の列に並んだ彼との間が開いてきた。私たちより 1 時間先発に乗る彼は焦っていた。

　"I'm going to take the 7:25 train, so goodbye."

　"Yes, thank you very much."

　やっと、手荷物検査が終わり次へ移動すると、またしても長蛇の列、乗車券と身分証チェックだった。何も分からず最後尾に並んだ。

「早く出て来てよかった。彼にも会えたし」

「ああ」

　もう彼の姿は見えなくなっていた。少しずつ進み、やっと女性検査官のいるゲートまで来た。

　"8:25 departure next time. Get out of the line."

「えっ！」

　シブシブ列外に出た。1 時間先発に乗車する人たちの検査だったが、既に 7 時 25 分は過ぎていた。検査が終わるまで発車しないのだろうか。こんなに厳しくチェックするのは、2004 年 3 月 11 日早朝、これから行くマドリード・アトーチャ駅(2)で大規模な爆弾テロ事件があった影響だろうか。

「7 時 25 分発は少し遅れるようだ」

「ああ」

　私は今頃になって少し緊張していたが、妻は朝早く起きて疲れていたのか生返事だった。

　7 時便の検査が終わるとすぐに 8 時便のチェックが始まった。何処で待機していたのか、あっという間に長蛇の列が出来上がった。急いで列に入り検査を待った。検査官にパスポートの写真と実際の顔をしっかりとチェックされ、かろうじてパスできたよ

うな感じだった。ホームに入ると AVE は既に入線していた。3
号車の 16A、16C が我々の席であったが、指定したとおり今回
は Lower で窓も広く、マドリードまでスペインの荒野を十分に
楽しめそうだった。子供の頃、映画館に行くと西部劇ばかり上
映している時代があったが、映画の舞台のような荒野が続き、
小さな集落が時折車窓をよぎる。食い入るように窓の外を見な
がら、頭の隅でマドリードに着いたら古都アランフェス宮殿⁽³⁾に行
く予定にしていたので、その行き方を思案していた。妻は目を閉
じて眠っているようだった。

　10 時 55 分、AVE は車窓から見てきたスペイン大地の荒々し
さなど何処にも見当たらない日本の新幹線ホームのような近代
的な建物の中に流れるように入っていった。ホームのすぐ横の
歩く歩道が緩やかな坂道となって人々を 2 階へと運んでいて、
車両から降り立った乗客の後ろについて歩く歩道へと足を踏み
入れた。
「近代的だなあ。これなら大きなスーツケースを引っ張っても大
丈夫だ」
　2 階に上がってからも皆の後をついて行き、通路が徐々に下っ
ていたのか、アトーチャ駅 1 階の中央広場というか玄関広場付
近に着き、そこまで行くのにかなりの距離があった。
「結構遠いなあ。相当大きな駅なんだ」
　実際は AVE 専用のホームから歩いて来たのであるが、郊外
へ出入りする列車は先のホームから出発するのだろうと思った。
　玄関広場の一角は巨大な南方の植物が繁茂した植物園のよう
になっており、その北東側に広いチケットオフィスがあった。リ
スボン⁽⁴⁾行き夜行列車の座席を求めに入って行くと、多くの人が
順番を待っていた。
「こんにちは」
　日本に行ったことがあるという年配の男性が声を掛けてきた。
「何処へ行きますか」
「明日の夜行でリスボンまで行きます」
　日本語を完璧に理解しているわけではないようで、分からな

いという振りをした。

"I will go to Lisbon by night."

理解したようであった。

"We want to go to Alan Fes."

携帯の翻訳アプリを駆使しながら列車の発車ホームなど丁寧に教えてくれた。

"It's a good place to be near, so please go."

"Thank you very much."

私の番号の呼び出しがあった。

"Then, good bye."

窓口に向かった。

"Seat reservation please."

"I'd like two night train seats for Lisbon tomorrow night."

「個室のベッドにしようか」

「4人部屋でしょう。他の人と一緒の部屋に寝るのは嫌、普通の座席でいい」

「寝れないよ」

「いい」

　次の日のリスボン行き夜行列車の2等座席をお願いした。切符を渡されるとき、窓口の女性から何か注意事項のようなことを言われたが分からなかった。女性は2枚の切符をホッチキスでパチンと止め、切符の表、端に青ボールペンで文字を記入して渡してくれた。切符を受け取っても何と書かれているか分からなかったが、気にも留めずアランフェス行き列車のホームへと急いだ。このときは、アランフェスに上手く行けるかどうかが気がかりだった。

　マドリード郊外に向かう山手線のような電車に乗っている乗客はまばらだった。地図で見るとすぐ近くのように思えたが、そんなに近くはなかった。

「ほんとうにアランフェスに行くかなあ。マドリードで昼食がとれなかったからアランフェスで食べよう」

「ああ」

　終着駅アランフェスから王宮までは駅近くの住宅地を抜け、大きな木が立ち並ぶ広い並木道を長いこと歩かなければならなかった。途中に食事をする店などなく、背中のリュックサックをいつもより重く感じながらとぼとぼ歩いていたら門もなく、いつの間にか王宮の前広場へと迷い込んでいた。
「わあ、広い！」
　観光客もほとんど見当たらず、時折、警備員と出会うだけで、私たちだけの王宮のように隅から隅まで見て回った。マドリード郊外にこんな広大な宮殿が突然あるなんて考えられない。その素晴らしさに感動し、何処からともなくアランフェス協奏曲の旋律が耳に流れるのを聞きながら歩きまわっていたら、台地にもかかわらず水の流れがあり、しばらく、水が流れる様子を見ていた後、長い通路を伴った建物を通り抜け、並木道の先にある駅へと向かった。
　アトーチャ駅は総レンガ造りのような赤茶けた巨大な駅で、玄関前のレンガ塀のある坂道を登って行き、広く幾つもの通りがループになっている大きな交差点へ出た。アトーチャは周囲より土地が一段低くなった一帯が駅となっていた。交通量の激しいループ交差点を人の並みと一緒にプラド通り[6]へと渡った。その通りの先が今夜のホテルのある方向だった。プラド通りは双方向の広い通りが並木を挟んで左右２本走っており、ループ交差点を渡った右側の広い歩道を歩いていた。歩道の右側は広大な森、マドリード王立植物園[7]となっていた。このまま行ってホテルに着けるという確信がなく、スマートフォンを取り出しては宿泊先紹介サイトで示された地図を確認していた。多分、この道を上がって行って大丈夫だと思うが。
　そのとき、こちらの方へ颯爽と下りて来るジーンズ姿がよく似合う若い女性と目が合った。
"Excuse me. Please tell me how to get to this hotel."
　手帳を見せて話しかけた。彼女は後ろポケットからスマートフォンを取り出して手帳を見ながら片手で操作した。
"All right. Here it is."

私の手から手帳を取り上げると、数枚めくって白紙ページを出した。

"Do you have a pen."

　ボールペンを渡した。

"Que estas haciendo.（何しているの）"

　アトーチャ駅の方へ先に行っていた両親と思われる人が2人戻って来た。1人で歩いていると思って声を掛けたが、両親が先を歩いていたのだった。

"I'm sorry."

"Te estoy enseñando el camino, Espera un minuto.（道を教えているのよ、ちょっと待って）"

　お母さんの方が手帳を覗き込んだ。お父さんは傍に立って時計を覗き込んでいた。申し訳ない気持ちになって、もういいですと言いたかったが良い言葉が浮かばなかった。

　彼女はボールペンで道を描く際、通常の人は上から下へ線を描くが、ペンを突き刺すように下から上へと描き、なんとなく粋な感じだった。

"Go straight up this road 1200 yards and go left at the intersection."

"Then go to the right at the intersection 300 yards away, and about 200 yards to the right."

"Thank you, thank you very much. My name is Masanori. May I ask for your name ?"

"I'm Rosite. don't forget."

　彼女は、そう告げながら手をふり、振り返り、両親の後を追うようにしてアトーチャ駅の方へ下りて行った。私は上げた手を下ろすのも忘れ、その後姿が人並みに消えるまで見送っていた。

　ホテルのあるというグラン・ビア通り[8]は道行く人の多い繁華街、種々の店が立ち並びホテルは見つからず、行ったり来たりして探したが分からない。

「こんなに来たら行き過ぎだろう。裏通りかなあ」

　来た道を引き返し、次の角を左に曲がって裏通りへと入った。

行ってみたいようなお店やレストランが軒を並べていた。

「分からないなあ。もう一度聞こうか」

「うん」

　数人で歩いている神父さんたちに手帳を示して声を掛けると、神父さんもスマートフォンを出して調べてくれた。

　"We are from Brazil."

　"I have been to Brazil a long time ago."

　１人の神父さんが調べている間、他の神父さんとブラジルの都市名をいくつか言って雑談をした。

　"Maybe it's on Granvia Street."

　"Thank you very much."

　再びグラン・ビア通りに出た角の鞄店の前で若い男性に尋ねた。

　"I know, follow me."

　ホテルの前まで連れて行ってくれた。

「あっ、ここ、何度も通って見たはずだけど、なぜ分からなかったのだろう」

　"Thank you very much."

　男性はにっこり笑って、少し坂になったグラン・ビア通りを北西へ登って行った。

　黒色ガラスのドアを開けてホテルへ入った。

　"Excuse me, I'm Katsuragi. I have a reservation tonight."

　"Hello, please have orange juice."

　"Thank you."

　これは絶品、オレンジの濃厚さが口いっぱいに広がり、喉の奥までしみ込んだ。

「美味しいねえ。疲れが取れる」

「うん」

　さすがスペインはオレンジの国、ジュースを飲みながら受付を済ませ、部屋へと上がって行った。

「明日は、夜行なので久しぶりに朝、ゆっくりできるよ」

「うん」

「夜、10時前に出発なので１日中マドリード見学ができる。なんか、夜行の方が時間を有効に使えるなあ」

「ゆっくりしたらスペイン料理、食べに出ようか。昼も食べてないし」

「うん」

　オレンジジュースが眠気を吹き飛ばしたのか、寝床が見つかって安心したのか、なんとなく元気を取り戻していた。

　グラン・ビア通りは暗くなっても人通りが絶えなかった。ホテルを探しているとき、見つけた洒落た感じのレストランに早く行きたかったが、妻は、バッグを中心とした革製品店のショーウィンドウの前から離れようとしない。

「気に入ったのがある？　中に入ろうか」

「ああ」

　何か気になっているのだろうが、店内に入る気もなさそうだ。

「どうする……。じゃあ行くよ」

　通りからガラス越しにレストラン内の一部分が見えている。席も開いているようだ。重い木製扉を押して中に入ると少し賑やかな感じだった。若いボーイが隅の方のテーブル席に案内してくれた。

「開いてて良かった」

　椅子に腰かけてくつろぐと足の疲れが取れて行くような感じがした。レストランの中央には楕円形のカウンター席があり、そちらはほぼ満席のようで、皆、楽しそうに食べている。

　"I'm sorry, this restaurant is a yakitori restaurant and serves Japanese yakitori-based dishes."

　少し歳の入った支配人のような男性だった。

「えっ、やきとり屋」

　"Yes, Yakitoriya. There is a good Spanish restaurant nearby. Shall I introduce you ?"

　"Please."

　"Please come over here."

　ウィンドパーカーを脱いでゆっくりしたところだったのに慌て

て立ち上がり支配人について行った。親切にも入口扉を開けて外に出て指さして教えてくれた。

　そのレストランは同じ並びの4、5軒向こうだったが、玄関扉に明かりが点いていたのですぐ分かった。

"Thank you very much. I will go to the restaurant over there."

　支配人は振り返って扉の中に消えて行き、私たちは薄暗い裏通りの少し坂になった石畳を登って行った。

「親切だなあ。私たちが日本人と分かったんだろう。お客を1組逃したようなものだ」

「うん」

　そのレストランの入り口は石段を数段上がった上にやはり木製の扉があった。静かだった。扉と扉を照らす明りしか見えない。扉の先には誰もいないような気がした。そっと扉を引いた。

"Welcome."

　奥に長いレストランで、玄関広間と奥2つ部屋が連なっていて、ほぼ満席のような感じだった。

"I haven't made a reservation."

"It's okay, follow me please."

　若い女性が案内してくれた。

「やっぱりパエリアにしようか」

「うん」

　隣の席の女性は誰かを待っているような感じだった。それとなく見渡すと外国人は私たちだけのような感じだった。1つ空いた席に夫婦連れがやって来た。隣の席にも待っていた男性が入って来た。私のワインが無くなりかけた頃、女性がパエリア鍋を持って席にやって来た。わっと笑みがこぼれるような鮮やかな黄色、美味しそうな魚介類の焼けた香りが漂った。

"Is this finish okay?"

"All right"

　パエリア鍋がそのままテーブルに置かれるのかと思ったが持って行かれた。しばらくして、白い奇麗な器に盛られたパエ

リアが運ばれて来た。

　"Please."

　"Give me another glass of wine."

　マドリードの台地を吹き抜ける風の気配をレストランの閉ざされた空間の中から感じつつ、人々の楽しそうな会話やパエリアの香ばしい香りが漂う居心地の好さをゆったりと味わっているうちに、グラン・ビア裏通りの夜は静かに更けていった。

　バレアレス諸島付近で遊んでいた2頭の白いイルカが、アルボラン海⁽⁹⁾に向けて泳ぎだそうと呼び合う声が、南東の風に乗ってメセタ・セントラル⁽¹¹⁾に細く鳴り渡るマドリードの夜だった。

　バルセロナ～マドリード～アランフェス～マドリード（約724km）

［注］

(1) マドリード／スペインの首都、標高655m、人口約316万5千人、EU内においてパリに次ぐ規模の大都市、紋章はクマとイチゴノキ、スペイン中央メセタ地帯のマンサナーレス川沿いに広がる。アメリカのシンクタンクが2017年に発表した総合的な世界都市ランキングにおいて、世界15位の都市と評価された。

(2) アトーチャ駅／マドリード中心部南にあるレンフェ（スペイン国鉄）の運営する鉄道駅、マドリード最大の駅。

(3) アランフェス宮殿／マドリードから南へ約60km、海抜約489mの高原にある広大な宮殿と庭園、スペインのハプスブルグ家時代から王宮として使用された歴史のある宮殿。

(4) リスボン／ポルトガルの首都、同国最大の都市、人口約54万7千人、市域の面積に対し人口が多く人口密度が高い。ポルトガル人口の27%、約303万5千人が都市圏に暮らしている。ヨーロッパで最も西に位置する都市、唯一大西洋岸にある首都であり、テージョ川の河畔に位置している。

(5) アランフェス協奏曲／ホアキン・ロドリゴが1939年に作曲したギター協奏曲、この曲の第2楽章、哀愁をたたえた美しい旋律が広く知られている。

(6) プラド通り／マドリードの主要な大通りの1つ、南北方向に走り、街の中心軸の南端を形成。

(7) マドリード王立植物園／マドリードにある植物園、プラド大通りの東

側、面積 8ha、スペイン最大の標本館があり、100万点以上の標本を所有している。

(8) グラン・ビア通り／スペインのブロードウェイと呼ばれることもあり、市内で最も重要なショッピングエリアの1つ、大規模なホテルや映画館などがある。

(9) バレアレス諸島／スペイン東部沖の地中海に浮かぶ諸島、最も大きいマヨルカ島は、眺めの良い海岸線、北部にあるトラムンタナ山脈で知られている。

(10) アルボラン海／地中海西部の海域、東西に長く、北にイベリア半島、南にアフリカ大陸が位置する。東は地中海の主要部、西はジブラルタル海峡へと繋がる。

(11) メセタ・セントラル／イベリア半島中央に位置する広大な乾燥高原。

第19話　チャマルティン

10月16日（火）　マドリード晴れ、リスボン往路晴れ

　ホテルの1階ロビー奥、1段下がったところのラウンジに朝食が用意されていた。席に付くと背の高い美しい女性がオレンジジュースを注いでくれた。飲み干すとすぐに注ぎに来てくれ、もういらないというまで続いた。オレンジジュースは飲み放題のサービスのようであった。ヨーロッパはオレンジが豊富なようで、人々は駅の売店などいたる所で搾りたてを気軽に楽しんでいる。メニューの中味を理解していたわけではないが、注文した朝食メニューで彼女が運んでくれた四角い箱に入ったパンは、種類の違った小さなパンが5つ、全て甘い菓子パンだった。私は、噛めば噛むほど味わいのある麦と酵母菌のにおいがプンプンする固いパンが好みであったが、このパンは酸味の強いオレンジジュースと相性が良かった。

「美味しいね」

「うん」

「オレンジジュースが最高だね」

　彼女と目が合った。にっこり微笑んでオレンジジュースを持って来てくれ、半分以上無くなりかけたコップに注いでくれた。よく飲むお客だとあきれられていたのかも知れない。

　列車が出るまで1日、マドリード市内を見学することにしていたが、行きたい場所があるわけではなく、ホテルから駅方向とは反対の坂道を登って行った。建築物の上部に造作された彫刻など見上げながら当てもなく歩いているとクマとイチゴノキの広場に出た。

「面白いね」

「クマと楢の木なら分かるが、なぜイチゴノキなのだろう」

　妻は写真を撮り始めた。多くの人が広場を右へ、左へ、縦へ、横へと通り抜けていた。

「なんとなく活気があるね。次へ行こうか」

「うん」

　坂の街マドリード、なるべく路地から路地へと歩き、街の様子、建物の様子、人々の生活の様子を見て歩いていると、いつの間にか建物の下が通路となった高い門をくぐって、荘厳な建築物で周囲が取り囲まれた広大な中庭のようなマヨール広場⁽²⁾に迷い込んでいた。

「わあ素晴らしい」

　格調高い建築物の赤い壁に並んだ無数の窓、中央のフェリペ3世⁽³⁾の騎馬像、ここも多くの人々が行き交っている。この広場を目指して来たわけではなく、街の様子や人々の動きで、この路地の向こうに何かありそうな気がしてやって来ただけだった。しばらく広場の中を散策した後、土産物店を覗きながら人々の流れに乗り、広場から履き出されるようにして建物の下が刳り貫かれた門を抜け坂道を下りて行った。歩いていると右の方に教会の塔のような建物が見えたので交差点を右に折れてそちらへ向かったが、塔のすぐ傍までは行けず通り過ぎてしまった。

　なんとなく前方が開けているような気がして向かっていると広い通りに出て、通りの向かい側にビスティージャス庭園⁽⁴⁾が見えた。辺り一帯は広々としており、道を横切って庭園に入った。庭園から赤いレンガと赤瓦で赤茶けた街の一部が見渡せ、真下に広い道が走っている谷の向こうにアルムデナ大聖堂⁽⁵⁾が見えた。

「あっちへ行ってみよう」

「うん」

　谷底の道と立体交差した橋を渡り、大聖堂の前を通り王宮広場まで来た。王宮は鉄格子の奥にあり入ることはできず、格子の鉄棒に頭を擦り付けて見るしかなかった。しばらく見ていたが、この広々としたマドリードの高台にあって、頭を挟まれている気分がなんとなく気に入らず、鉄棒を持っている手を放して振り返り、アルメリア広場⁽⁶⁾を横切ってアルムデナ聖堂の裏側になるのであろうか、ギリシャ建築のような高い円柱形の柱が上下12本並んだ大理石の白い建築物へと歩み寄って行った。妻はまだ鉄棒とほう擦りをしていた。柱の前の広い緩やかな石段を1

歩1歩登り、腰かけ、スペイン大地のさわやかな風に乗った乾いた空気を胸いっぱい吸ってみた。

　ああ、ここはスペインマドリード、よくここまで来れたものだ。これから何処へ行くのだろう。広い台地の上の巨大な白亜の建築物、王宮は首都マドリードを君臨している建物のように見え、少し感傷的な気分になっていた。妻が名残惜しそうに鉄棒から頬を離してこちらを振り向いたので、腰を上げ階段を下りアルメリア広場の中央まで迎えに行きつつ通りの方へ右斜めに広場を横切って歩いた。妻も同じように左斜めに広場を横切って歩いた。互いの距離は広場と通りの接点を頂点として徐々に近づき、通りに出て左に曲がり、王宮東側の側面に並行して歩いて行った。

　前方に人だかりが見える。近寄って見ると王宮の壁を背にして黒い馬と白馬が肩を並べて立ち、黒い制服の騎馬警官がヘルメットをかぶって騎乗していた。その勇ましい姿が白亜の壁によく映え、皆が写真に収めていた。王宮と騎馬警官、なんとなく形になっている。馬たちが時々足踏みする姿をしばらく眺めていた。

「行こうか」

「ああ」

　妻は騎馬警官から目を離さなかったが私は歩き出した。既に正午近くになっていて、駅から遠く離れた所に居るような気がしていた。歩いて来たのでそんなに遠くには来ていないはずだったが、なぜか遠い丘の上にいるような気がしてならなかった。丘を吹き超える風が私をせかしていた。

　若い頃からの性分で、遠く離れた位置に集合場所が決まれば、早めにその近くに行っていなければ落ち着かなかった。集合時間ぎりぎりで到着することなど耐えられず、夜行列車が発車するまでに時間は十分にあったが、早めに駅の射程距離内に行っておきたかった。歩き出してはいたが、駅がどちらの方向なのか分からなく、インターネットを起動、ナビの誘導に沿って駅へと歩き出した。

「どこ行くの」

　妻が後ろから声を掛けた。

「駅の方へ行こう」

　私がどんどん歩き出したので、妻は物も言わず離れたところをついて歩き出した。谷下の通りを歩き、左に曲がって長い坂道を登り広い交差点に出た。額に汗がにじむのも気にせずひたすら足を動かし、途中、青空市場のような大勢の人が集まった場所があり、人を交わしながら歩き続けたが、そう簡単にアトーチャへ着かなかった。ナビどおり行って大丈夫だろうか。ひょっとして駅から離れているのではないだろうか。一抹の不安があった。こんなことがあるから早めに行動しなければならないんだ。振り返ると、妻ははるか離れたところをついて来ていた。何か蟠りがあるのだろう。

　もうだいぶ歩いた。重いリュックサックを赤いレンガ塀にもたせて休み、妻が来るのを待った……。なんとなく気に入らない様子で妻が近づいて来た。

「駅はまだかなあ、遠いなあ」

「見えているじゃあないの」

　振り向くとリュックサックを乗せた塀の向こう下にアトーチャ駅のかまぼこ型屋根が見えていた。なんだか、大きな丘陵地を真っすぐ登って下りたのではなく、側面を大回りして来たような感覚だった。

「ああ、よかった。昼ごはん食べてアルカラ門(7)の辺りに行ってみようか」

「うん」

　アルカラ門は、昨日、アトーチャ駅からプラド通りを来てホテルの方へ曲がる際、後ろの方の坂の上に見えていた。なんとなく気になっていた。あの辺りなら駅の位置も分かっていて射程距離だった。

　アルカラ門付近の街を１時間ほど散策してアトーチャ駅の方へ下りて来た。左に曲がったところに海軍記念館があり、看板に書かれたスペイン語の下に日本語で海軍記念館と書かれてい

た。入口の所でうろうろしたが結局入らず先に行った。プラド
美術館も入らずに周囲を回って建物を見て、ベンチのようなレン
ガの台に腰かけたり、近くの教会などを巡りながら景色を眺め
時を過ごした。

　植物園の入り口まで来た。日本語で植物園と書いてある。日
本人観光客が多いというわけでもないだろうが、わざわざ漢字
で書くのには何かわけがあるのだろうか。なんとなく日本びい
き、スペインの人々の笑顔が浮かんでくるようだった。
「植物園の中を通り抜けて駅に行こうか」
「うん」
　植物園の中は真っすぐ伸びたいくつかの遊歩道があって、大
小様々な木が鬱蒼と茂っていた。入り口からそのまま続く歩道
を人々の後に従ってそぞろ通り抜け、まもなく反対側だなと思っ
ていたら木々の間、少し高くなったところに鉄格子のフェンスが
見えた。このままでは出られないな。園の周囲をめぐる遊歩道に
沿って左回りに歩くと右に伸びる道に差し掛かった。
「このまま外に出ようか」
「うん」
　フェンスもなくそのまま外に出られそうであった。左に管理棟
があって、向こうに門らしき出口が見えた。そのまま歩いて出よ
うとしたとき、管理棟から男性が出て来た。
　"You can't get out of here."
「えっ」
　その門から出入りしている人は誰も見えず、仕方なく周囲をめ
ぐる遊歩道まで引き返した。
「門があるのになぜ出られないの」
「管理用の門でここからは出入りさせないのだろう。色々な所か
ら人が出入りすると収拾がつかないので出入りできる門を１つに
しているのかな。このまま周囲を回って元の入り口まで引き返す
か。遠回りになってしまったな」
「そうね」
　周囲をめぐっていると、園の東側サイドに南洋植物の温室や

展示室、花壇や歩道もきれいに整備されたところに出て、この辺りが園のメイン広場といった感じになっていた。温室と展示室をゆっくり見て回り外に出た。

「あのまま出て行ったら何も見られなかったなあ」

「ベンチに座ろうか」

「ああ」

　マドリードの午後の日差しが木々に遮られ、風に揺れる木の葉が影となって遊歩道に映し出されているのをものも言わずじっと見ていた。妻もじっと木の葉の影を見ている。母のことを考えているのだろうか。ゆっくりとした時間が、異国に居る寂しさを感じさせるように流れていった。

「夜、出発するというのは寂しいねえ」

　妻がポツリと言った。

「朝早く、慌ただしく出発するのが性に合っているのかも」

「そろそろ行こうか」

　時間はまだ十分あったが、駅に行って大勢の人の流れを見ていた方が旅行者らしく、気分がまぎれるだろうと思った。立ち上がり、入り口の方へと歩く遊歩道で高校生くらいの女の子たちと一緒になりそのまま入口の門を出た。後はフェンスの外側、プラド通りの歩道をアトーチャ駅に向かって下りて行くだけだった。

　駅に着いたのは出発の約3時間位前だった。南洋植物がいっぱいの大きな花壇横、石のベンチに座って出発の時間を待った。少しの間座っていたが、夜行列車の出発ホームが気になってホームだけでも確認しておき、その後ゆっくり食事にしようと考え、立ち上がって確認に向かった。昨日、バルセロナから到着したAVE専用ホームと同様にアトーチャ駅中央部から連絡通路を少し行った辺りにリスボン行き夜行列車の出発ホームがあるだろうと考えていた。連絡通路を探したが見当たらず、インフォメーションの女性に聞いた。

　"Over there."

　向こうは改札の先で切符がないと入れない。改札を抜けないと連絡通路に行けないのだろうか。昨日は改札を通らず歩いて

来たような気がする。電光掲示板には時間が早いのか、私たちの列車はまだ表示されていなかった。

「改札の向こうに行ってみようか」

「うん」

　改札の駅員にユーロパスとチケットを見せて出発ホームへの行き方を聞いた。駅員は、ユーロパスの代わりとなる切符２枚を切符販売機から出して渡してくれ、後から思うと、

　"Chamartín.(チャマルティン)[(9)],1,2"

と言ったのだろうが何と言ったか分からず、改札を抜けて連絡通路を捜してプラットホームがある駅構内に入った。下の方に1から13番線までのホームが櫛の歯のように並び、鉄道模型のような列車が出たり入ったり、ホームを行き交う人の波が小さく見えていた。

「改札から近いのでこれらのホームではないだろう」

　各ホームに下りられる連絡橋がホームと直角、向こう端までＨ型に渡してある。

「向こう側かも知れない」

　橋を渡って向こう端まで来たとき、13番線から上がって来た２人連れの女性に聞いたが、分からないという振りをされた。そのまま連絡通路があるはずだと思った方向に出て行くと、改札を入ったコンコースの逆サイドに出た。

「おかしいなあ。連絡通路なんかない」

　再度、駅構内にもどり、連絡橋を引き返し3、4番ホームの上まで来たとき、構内で仕事をしているらしい３人のアフリカ系男性が話し合っていて、その１人と目が合い、チケットを見せて聞いた。

　"Excuse me. Please tell me the departure platform of this train."

　３人顔を突き合わせて切符を見ていたが、突然、

　"Chamartín.(チャマルティーン)"

と駅構内中に響き渡るような、3人そろって一斉に発した大きな声だった。私は、とんでもない間違いをしているような胸騒ぎが

心をよぎり、ハッとした。

"Night trains leave from Chamartín station. It's the third station on the train from Platforms 1 and 2."

　1人の男性が言った。

　えっ、アトーチャから出るのではないのか。やはり間違っていた。ゆっくり食事なんかしていられない。

　連絡橋から1、2番ホームに下り、電光掲示板で行き先を確認、入って来た電車に飛び乗った。あんなに早くからアトーチャ駅周辺に来て待っていたのに、何をしていたんだろう。ちゃんとここに書いてあるじゃあないか。

　チケットの端に青ボールペンでChamartín（チャマルティン）と書いてあった。昨日、チケットを購入したとき、間違えないようにと、チケットオフィスの女性が書いてくれていたのだった。そのチケットを見せるだけで皆が行き先を教えてくれた。私たちのヨーロッパ鉄道旅は、ヨーロッパの人々のかけがえのない親切の上に成り立っていた。電車に揺れながら私は、熱いものが止めどもなく込み上げデッキに落ちるのもかまわず、青いインクが滲んで見えるチケットをじっと見ていた。

　チャマルティン駅はアトーチャほどではないが大きな駅で、待合ホールの何列か並んだ椅子に腰かけると上の方に電光掲示板があった。私たちが乗る列車の発車時刻と行き先が掲示されていた。

「この駅だ。間違いない」

　何度もチケットと掲示板を確かめた。ボールペンの青いインクで書かれた文字が、待合ホールの薄明りに浮き出して見えていた。

「夜行で食べるパンと飲み物を買いに行ってくる」

「うん」

　切なさが込み上げてくるのを抑え、パンと飲み物を買って椅子に戻った。

「今夜はこれで我慢して」

「ホームが出たよ」

「行こう」

　夜行列車は白いボディーに臙脂のライン、一見 AVE に見えるトレンホテル 332 号⁽¹⁰⁾、ルシタニア号だった。棚にリュックサックを乗せ、席に腰を下ろしてパンを食べた。食べ終わると、間違いなく列車に乗れた安心感からなのか睡魔がやってきて、いつの間にか眠っていた……。　気が付くと列車は走っていた。

　窓からマドリード最後の街の明かりを見ようと思っていたが、少し腰を浮かし窓際で眠っている妻の向こうに手を伸ばし、カーテンをそっと開けて見ても暗闇しか見えなかった。やがて、列車内の明かりも落とされ常夜灯だけになった。それから、座り心地が悪いのか、なかなか眠れなかったがいつしか眠っていた。

　眠りが浅かったのか気が付くと列車は止まっていた。長いこと止まったままのような気がする。フランスの方から来た列車と連結すると聞いたが、ここがその駅だろうか。朦朧とした頭でそんなことを考えながら……、ゴト、ゴト、列車が動き出したようだ。また、浅い眠りについた。妻も眠れないようだった。

　暗いジブラルタル海峡を東から西へ、潮の流れに逆らって抜けようとしている 2 頭の白いイルカが、抜きつ、抜かれつ、水から飛び跳ね泳ぐ水音が、列車の振動の合間にかすかに聞こえるルシタニアの夜だった。

　リスボン往路。

［注］
(1) クマとイチゴノキの広場／プエルタ・デル・ソル（太陽の門）15 世紀、マドリードを取り巻く城壁の 1 つだった。スペイン国道の起点となっている場所、広場の北側にクマとイチゴノキの像が建つ。
(2) マヨール広場／広場に面して 237 か所のバルコニーを持つ 3 階建ての建築物に取り囲まれている。毎週日曜日の朝、小切手や古銭の市が開かれ、12 月の 1 か月間、伝統的なクリスマスの市が開かれる。
(3) フェリペ 3 世／スペイン、ナポリ、シチリア、ポルトガルの王、フェリペ 2 世と最後の妻である神聖ローマ皇帝マクシミリアン 2 世の娘アナとの間に生まれた末子。
(4) ビスティージャス庭園／アルムデナ大聖堂の南、低地を走るセゴビ

ア通りに架かった橋を渡った先にある庭園。

(5) アルムデナ大聖堂／アルムデナの聖母に捧げるカトリックの大聖堂。

(6) アルメリア広場／王宮の前にある広場、南側のアルムデナ大聖堂との間にあり、高台でマドリードの街が一望できる。

(7) アルカラ門／独立広場にある新古典主義の門、かつてはフェリペ 4 世の城壁門。

(8) プラド美術館／歴代スペイン王家のコレクションを中心に幅広いヨーロッパの絵画を展示している世界有数の美術館。

(9) チャマルティン駅／マドリード市内の北部、チャマルティン区にある鉄道駅、マドリードからイベリア半島北西部のサラマンカ・イルン方面へ向かう幹線の起点となっている。

(10) トレンホテル／スペイン及びその周辺諸国で運行されている長距離夜行列車の名称、スペインの主要都市間を結ぶ列車とスペインからポルトガル、フランス、スイス、イタリアへの国際列車がある。

第20話　雨上がりのサイゼリア

10月17日（水）　リスボア晴れ

　ギー……ガクン。ブレーキの鳴き声が聞こえなくなるとすぐ、列車が止まる衝撃が座席から身体に伝わった。何処の駅だろう。旅客扱いをするのだろうか。半分寝ぼけながら手を伸ばしカーテンの端を摘んだが外はまだ暗い。どこまで来たのだろう。手を放して、またウトウトしたようだった。

　車内の電気が点けられて気が付き、カーテンの隙間が白くなっていた。車内アナウンスがあり、まもなくリスボンに到着するようだった。2等の座席は少し寝苦しかったが、それでも長い時間を過ごすことができた。スペインとポルトガルの間には1時間の時差があり、私の時計は既に8時を回っていたが1時間遅らせ、列車は7時30分定刻、終着、サンタ・アポローニャ駅[^(1)]のプラットホームに沿ってゆっくりと入り込んで行った。入り込むという表現が適切であるような細長い駅で、ホーム先端で線路がなくなっていた。列車から降りた人々が前方の出口に向かって出て行った後はプラットホームを行き交う人もほとんどいない静かな駅だった。急ぐこともなく洗面所を探し、顔を洗って出口に向かった。私たちの車両は後ろの方だったのでホームをしばらく歩き、出口に向かう途中、個室のある車両を外から窓越しに見ると、女性がベッドのシーツを取り換えているのが見えた。
「あっ、2人部屋がある。帰りはあれにしよう」
「うん」
　正面出口のホールもそんなに広くはなく、出口の反対側に出口の方を向いてチケットオフィスというか窓口があった。明日の夜行列車の個室、2人部屋を予約した。

　"Seat reservation please."
　"I would like a private room on the night train to Hendaye tomorrow."
　"Please reserve a private room for two people."

　係の女性からシャワー、バスルームと聞かれたのでプリーズ
と答えて予約完了、待っていると、チケットのような、文書の
ような A4 のペーパー 2 枚とレシートが打ち出され、女性がペー
パーの左上をホッチキスでパチンと留めて渡してくれた。来たと
きの約 7.4 倍の料金だった。

　駅前はそんなに広くはないがタイルが敷き詰めてあり、玄関
前に出て駅を見上げると、突き出た軒の先端にリスボア、サン
タ・アポロニアと読めるアルファベット 1 文字ずつ造作された
看板が掲げられていた。リスボンではなくてリスボアなのだろう
か。リスボンのアルファベット最後の文字は A だった。A と N
の中間の発音をするのだろうか。町の方へ振り返ると遠くが見
渡せた。車が猛スピードで行き交っている広い道が左に見え、
その向こうは港の岸壁があるらしく豪華客船が 2 隻連なって接
岸していた。旧道だろうか、駅前からそのまま伸びる道の山寄
の歩道に足をかけ、駅を背にして歩きだした。タイルが敷き詰
められた歩道は狭く、傾き、道に沿った右側の建物も何となく
古く、この先にあるだろう古都リスボアの古い町並みを連想さ
せた。

　しばらく行くと道の中央をトラムの線路が走り、そのままタイ
ルが敷き詰められた線路道へと入って行った。明け方雨が降っ
たらしく、波打ったタイルのへこんだ部分とタイルの目地が濡れ
ていた。空気がとても奇麗なのはヨーロッパの西端、リスボアの
環境の良さでもあろうが雨上がりのせいもあるだろう。タイルを
撫でる風も幾分湿っている。

　向こうが少し広くなっているようだ。左側に公園のような広場
でもあるのだろうか……。逆三角形の公園の頂点に出た。公園
の左へ行く線路と別れ、右側に並ぶ家々の前、公園の右サイド
の少し狭い道を行くことにした。このまま行くと公園の先にポッ
カリと開いた、家と家との間の狭い路地に入るように見えた。し
かし、それにもまして前方少し左上にピンク色をした何かが見
える……。

「わあ、きれい」

「ほんと。素晴らしい」

　それは、公園の中央やや向こう、枝をいっぱいに広げ、木全体覆い隠すようにピンク色の花を満開に咲かせたサイゼリアの大木だった。雨上がりで一層艶やか、この世のものとは思えない美しさだった。ヨーロッパの最西端の街にやっとの思いでたどり着いて、このような花木に出会うなんて。しばらくの間立ちすくんでいた……。

　薄汚れたタイルの道、古い建物、初めての街に来た喜びは消えかけ、なんとなく不安な気持ちでトボトボ歩いて来てこの鮮やかなピンク色、私たちの前途を明るくしてくれているような気がした。写真に撮っておきたかったが2人ともスマートフォンの電池をすべて使い切り、スイッチを押しても反応しない、画面表示できない状態だった。早くどこかで充電したかったがそれもままならなかった。サイゼリアの花と離れるのは心苦しかったが、この光景を目に焼き付け、明日、また見ようと公園の角から路地へと入って行った。

　古い路地へ入ると、壁にポルトガルタイル(2)が貼られた建物があった。しばらく進んだ街角の歩道にベンチがあり、高校生ぐらいの男の子3人がおしゃべりをしていた。

"Excuse me."

"Please tell me how to get to this hotel."

　いつものように手帳に書かれたホテル名と住所を見せながら聞いた。右端の背が高い男の子がスマートフォンを出して検索、場所を教えてくれたが言葉が聞き取れず、彼のスマートフォンを覗き込みながらおおよその方角を見て、このまま路地を行っても大丈夫だろうと確認した。

"Thank you very much."

　鍵型になった路地を抜け最初の交差点で曲がろうかと思ったが、2つ先の人通りの多い交差点が見えていたので、そこまで行って曲がることにした。その交差点は歩行者専用の広い道だった。左を見ると高い凱旋門の股先に像が見え、その先は海のようだった。海とは逆の山の方へ向かって歩き、土産物店を覗き

込み、通りに出したテーブルで朝のカフェを楽しむ人を見ながら抜けていくと、中央に噴水と塔のあるドン・ペードロⅣ広場に出た。⁽³⁾

「あっ、噴水がある。行ってみよう」

「奇麗だなあ、この噴水彫刻、イタリアでも見たが、こういうのがヨーロッパの噴水なんだ」

　水を見ながら少し休んだ後、通りから広場に出た辺りへ移動した。

「もう、この周りだろうが分からないなあ。やっぱり聞くしかないか」

　付近を通行していた中年の女性に尋ねたが、手帳を少しの間見ただけで、言葉が分からないのか、分からないという振りをされた。あの人なら分かるかなと思われるような中年男性が歩いて来た。

"Excuse me. Would you tell me the way to this hotel."

"It's the upper one. You should climb the slope. There is also an elevator."

"Thank you very much."

　男性と別れ、指さして教えてくれた坂道を登って行った。

「エレベーターがある。と言っていたが高いビルでもないのに何処にエレベーターがあるのだろう」

　坂道はつづら折りになっていて、登るにつれて折り返す道の距離は短くなっていたが、大きなリュックサックを担いでの山登りのようでつらいものがあった。目的地が分かっていないのが原因なのかも知れない。坂から坂へ折れ曲がる踊り場が少し広くなっていた。坂だけど人通りが多く、道を外して踊り場の奥へ入り、街を望みながら少し休むことにした。

「結構、きついなあ。少し休もう」

「うん」

　私たちと同じ世代の夫婦が同じように街を眺めていた。

"Excuse me. Do you know this hotel."

　夫の方が手帳を取ってしっかり見ていたが、どうも分からな

いようだった。

"We are tourists and don't know the geography of this area."

"Yes,…… thank you."

「どうされました」

いきなり、私の耳に懐かしい日本語が流れてきた。はっと振り向くと少し華奢な感じがする美しい女性が私たちの方を見ていた。ローマ以来、久しぶりの日本の方だった。不思議な安心感が身体の中に満ちてくるのを感じた。旅も長くなって日本への郷愁が知らず知らずのうちに満ちてきているのかも知れない。

「このホテルへの行き方を訪ねていたのです」

彼女は、覗き込んだ手帳から目を離すと、

「今、丁度そのホテルに行くところです。一緒に行きましょう」

「ありがとうございます」

最初に道を尋ねた夫婦も安心したようで、

"Then we go down."

"Thank you very much."

坂道はまだまだ続き、彼女の後を追うようにして坂を登って行った。彼女は、この街に20年住んでいて、時折、観光ガイドをしているそうだ。ガイドを頼んだ日本人家族が同じホテルに宿泊しているので迎えに行くところだった。何という偶然、幸運なのだろう。私の瞼の裏にピンク色でいっぱいに彩られたサイゼリアの花が映っていた。かの花木が私たちを彼女に引き合わせたような気がしてならなかった。

ホテルは坂の途中の交差点の角にあった。まだ早いのでチェックインはできず受付だけすませ、カウンターの反対側、壁際の椅子に座り、壁下にあったコンセットからスマートフォンを充電させてもらった。スマホ人間という年齢ではないが、スマートフォンが反応し始めると、なんとなく安心できるのはなぜなのだろう。妻は、すぐ日本へのメールを始め、私は、ガイドを頼んだ家族の準備ができるのを待っていた彼女としばらく話した。

「今日は、リスボンから南へ約60マイルほど行った、夕日の絶

景ポイントの岬などをガイドします。帰ってくるのは夜になると
思います」

「いいですねえ。何時か行ってみたいなあ」

　若い女性がロビーに下りて来た。ガイドを頼んだ家族はその
女性と両親の 3 人家族だった。女性は音楽家、ウィーンで公演
があった帰り、リスボンで両親と待ち合わせ、旅行をするのだ
そうだ。私が、列車でヨーロッパを周遊している話をすると、

「それは素敵、今夜、是非、お話を聞かせてください」

「かまいませんよ、待っています」

　ご両親が下りて来られ、4 人は玄関前に迎えに来ていたワゴ
ン車に乗って出発した。私は、彼女たちを見送り、壁際に戻り
ながらなぜか一抹の寂しさを感じた。

「今夜、会えるかなあ」

「ああ」

　妻は、メールが終わり自分の携帯の充電をやめ、私のスマー
トフォンを充電コンセットに繋ぎ換えていた。30% 程度充電が
できたところで街に出てみることにした。

　"Excuse me. Please keep this rucksack."

　"Yes."

　受付係の女性がカウンターから出て来て、リュックサックを 2
つ軽く持ち上げ階段の裏の方へ持って行った。何とたくましい。

　玄関を出て右下の方に広場があって、その先の路地を左に
入った所に展望の効く場所があることをここへ登って来る途中
彼女から聞いていた。まず、そこへ行ってみることにした。坂を
下りて広場の噴水の横を斜めに横切り、路地に入って行くと胸
の高さほどの壁があった。

「わあ、素晴らしい」

　リスボアの赤一色の甍、並んだ家々の屋並みがまぶしく目に
飛び込んで来た。

「ああ、こんな光景、遠い昔どこかで見たことがある」

　新築する家の瓦を選ぶ際、あまりにも選択肢の多い日本では
必然、好みの形と色になってしまう。ここでは、この色のこの瓦

しか生産されないのだろうか。でも人々はそれで良しとし、古来、受け継がれてきた形や色、調和を大切にする心を繋いでいく正当性を持っているようだ。そのことが、風土に合った美しい景観や町並みを生み出すのだろう。

　私たちが気持ちよく展望している先に渡り桟橋のようなブリッジがあり、入口に料金所があった。

"What is that."

"It's an elevator."

　横にいた男性が教えてくれた。下の街との間を上下できるエレベーターってあれのことか。

　展望場所を後にしてホテル前に戻り、石畳の坂道の両サイド、直立した白い壁の建物が軒を並べるように隙間なく上へと連続して建てられている通り、波打って滑りそうなタイル張りの歩道を足を滑らせないよう気を付けながら登って行った。

「こんな家並みがいかにもポルトガルと言った感じだなあ」

「ああ」

　登りきったところに教会が見え、しばらく行くと右側が開け、リスボアの街が一望できる広場があった。

「リスボアってすごく起伏にとんでいるんだ」

「我々のいる上の街から眼下に広がる下の街を望むとすごく美しく見える」

「向こうに野外カフェがある。何か食べようか」

「うん」

　忙しく飛び回っているボーイが運んで来てくれたパンとサラダの盛り合わせのような軽食を食べながらリスボアの市街地図を見ていた。

「エストレラ大聖堂(4)辺りまで行ってみようか」

「ああ」

「この辺りまで行って帰れば、いい時間になるだろう」

　少し残ったオレンジジュースを飲み干して立ち上がった。坂道は展望広場から先も続いていた。緩やかになった通りの左向こうに小さな公園があり、枝を屋根のように大きく円形に広げた

木の下にベンチがあった。そこから道は下り坂となり、公園を抜け、下の街へと下りて行った。

「静かで趣のある街だなあ。向こうの高い所に大きな建物が見える。行ってみよう」

　回り込むように坂道を登り、石畳が敷き詰められた建物正面の広場まで上がって来た。白亜の巨大建築物、正面階段を上がった玄関前に衛兵が警備している。下の方に向かっても白い石段が続いている。広い石段の真ん中を下の通りまで下りてみた。石段の両サイドに大きなライオンの彫刻が座した国会議事堂だった。

「わあ素晴らしい」

　石段下から見上げた建物全体の姿に威厳があった。しばらく見ていて、また真ん中を登り、上り詰めた左サイドの四角い石に座っていた妻の写真を撮った。背景に赤い甍の屋並が広がっていた。

「ああ、こんな光景、遠い昔どこかで見たような気がする」

「さっきも同じことを言ったよ」

　議事堂の前広場を通り抜けたら右上に伸びる坂道があり、通りの中心をおもちゃのように小ぶりな市内電車が苦しそうにゆっくりと登って行った。私たちも電車について議事堂横の塀沿いを登って行った。

　上り詰めた電車道の向かい側にエストレラ大聖堂が見えた。ここから引き返そうかと思ったが、右側に広がる森のようなエストレラ公園へ入ってみることにした。背の高い木々で鬱蒼とした園内を何人かの人々がそぞろ散策していて、その人たちの後ろをゆっくりと歩いた。マドリードの植物園も同じような感じだった。この辺りの山は森のような山が少なく、どちらかというとゴツゴツとした山が多い。人々は木々で鬱蒼とした森のような処に安らぎを感じているのかも知れない。

　少し開けて明るくなった場所に満開のサイゼリアの木があった。今朝、駅から来る途中の枝をいっぱいに広げた大木のサイゼリアとは少し見劣りがした。木の大きさや花の開き具合だけで

そう感じたのではなく、そのときの私たちの気持ちが、そのように感じさせたのかも知れない。公園を抜ける柔らかい風を感じながら今朝の感動を思い描いていた。

　来た道と同じ道をもう一度、景色を楽しみながら帰って行き、ホテルに下りる坂道に敷き詰められた石に足を取られないよう下りながら、建物と石畳が織り成す調和した空間に自分が居る現実を噛みしめていた。

「ああ、こんなところにいつか来たいと思っていた」

　家々の屋並を撫でた大西洋の風が、私の帽子を少し浮かしながら吹きあがっていった。

　フロントで部屋の鍵を受け取ったとき、朝ロビーで「お話が聞きたい」と言った音楽家の女性家族のことを思ったが、彼女たちはまだ帰っていないようだった。

"I carried the rucksack to the room."

"Thank you."

　部屋の窓から噴水のある石畳の広場が見下ろせた。

「いい部屋だなあ」

「うん」

「準備ができたら食べに出ようか。せっかくだからシーフードがいいなあ」

「うん」

　フロントに下りて行くと受付係が女性から男性に変わっていた。

"Is there a seafood restaurant nearby ?"

　カウンターから出てきた男性が、私を玄関の外まで導き出して下の方にあるお店を指さした。

"Obrigada.（オブリガード／ありがとう）"

　なんとなく昔おぼえた言葉を使ってみた。

　店は噴水のある広場の西側にあった。重い木の扉をそっと押して中を覗くと、賑やかな話し声が耳に入ってきた。調理人のような恰好をした大柄な男性が私たちに気付き、入り口まで来て、窓際の席に誘導してくれた。窓の外は誰もいなくなった夕暮れ迫る広場、噴水だけが寂しく水を噴き出していた。

「こんな雰囲気で食事ができるのはいい気分だなあ」

「うん」

　先ほどの男性がメニューを持ってやって来た。ビールは注文できたが、料理はメニューを見てもどれがどれだか分からない。

「海老を注文しようか」

「うん」

"I'd like lobster."

"Yes."

　色々確認しているような質問が帰ってきたようだったが、分からないという振りをしたら男性が手招きをしたのでついて行くと、調理場近くの広い流し台に大小様々な海老が蠢いていた。男性が大きな海老を掴んで見せたり、小さな海老を掴んで見せたりしたので、どの大きさの海老にするかを聞いているのだと思い、中位な大きさの海老を指さした。彼は、そのサイズの海老2匹をさっと掴んでボールに移した。海老はボールの中でカシャカシャと動いていた。彼は、海老を見せながらいくつかの言葉を発して再度確認した。喋っている単語の中にグリルドと聞こえたので調理方法を確認しているのだと思い、

"Grilled please."

"Okay."

　妻の待っている席に戻って、暮れなずむ窓の景色を見ながらポルトガルのビールをゆっくりと味わっていると、やがて、大きな木製プレートの上に乗せられ、ボールに盛りつけされた野菜、オリーブオイル、中心から2つに分けられ、こんがりと焼け、いい香りのする海老が運ばれて来た。

「今日もよく歩いたなあ」

「うん」

　ナイフとフォークを使って、しっくはっくしながら海老の殻と身を離す作業に夢中となっている間に窓の景色はいつの間にか暗い闇の空間へと変わり、窓ガラス1枚隔てた外は店内の明かりや賑やかさとは異なり、漏れた明かりが通る人もいない広場の石畳をほのかに灯していた。

テージョ川の河口、ベレンの塔までやって来た2頭の白いイルカの、水没した石垣のすぐ傍で戯れながら鳴く声が、下の町までおいでと私を呼んでいるリスボアの夜だった。

マドリード〜リスボン（約624km）

[注]
(1) サンタ・アポローニャ駅／リスボンで最も古いターミナル駅、1965年5月1日開業。
(2) ポルトガルタイル／ポルトガル、スペインで生産される典型的な上薬をかけて焼かれたタイル、ポルトガルではアズレージョと言い、5世紀もの間生産され続けている。
(3) ドン・ペードロⅣ広場／通常ペドロ4世広場の名前が広く知られ、中世からの歴史を持ち、かつては民衆の反乱や祝祭、闘牛などが行われた。
(4) エストレラ大聖堂／待望の男児誕生が叶った女王マリア1世によって建設、大きなドームを持ちリスボン西部の丘の上に建ち、遠方からもよく見える。
(5) テージョ川／イベリア半島中央を西に向かって流れ、大西洋に注ぐ河川、全長は半島最長、流域面積は半島第2位。
(6) ベレンの塔／ジェロニモス修道院とベレンの塔との構成資産として世界遺産に登録、16世紀、マヌエル1世によってヴァスコ・ダ・ガマの世界一周偉業を記念して建設、テージョ川の船の出入りを監視する目的で造られた要塞。

第21話 リスボアの夕日

10月18日(木) リスボア晴れ

　今夕からの行動を考えるとしばらくの間ホテルでの朝食はとれないかも知れない。私は、ホテルでの朝食を楽しみにしていて、時間になるとまもなくレストランへ下りて行った。
「早めに来るとやはり空いているなあ」
「ああ」
　食事を始めてしばらくした頃、日本人と思われる老夫婦が入って来られ近くの席に付かれた。音楽家のご両親だろうと思われたが、席まで行って挨拶するのは少しはばかられた。彼女も入って来るかなと思ったが両親だけで食事を始められた。彼女は準備にまだ時間がかかるのだろう。
　食事が終わって部屋に帰り、彼女から連絡があるかとも思われたが、準備出来次第出発することにした。今日の夜行列車は21時25分発だったので急ぐ必要はなかったが、テージョ川の河口まで行き大西洋を見たかったし、付近にある遺跡も見学したかった。そこまで歩いて行くには遠く、何らかの交通機関を使う必要があった。少し気持ちがせいていたのだろう。
　噴水のある広場へ下りると人だかりができていて皆、東側の建物中央に開いた入り口から下の方を覗いていた。近寄って覗くと、四角いトンネルのような開口部を通した下の方に石を敷き詰めた広場が見え、数人の衛兵が朝の交代式を行っていた。厳格な挙手動作が人々の関心を惹いていたのである。
　交代式も終わり、坂道を下りて下の街の通りまで来たとき、土産物屋が目についた。
「ポルトガルまで来たので何か土産になるものを買って帰ろうか」
「うん」
　私たちには店に入る前から土産物用にデザインされたポルトガルタイルが目に入っていた。あれならリュックサックの隅に入るし、壊れないし、記念にもなる。

「タイルがいいんじゃあないかなあ」

「うん」

　中に入ってタイルの絵柄を選びながら買って帰る枚数を確認していた。

「これ、いちユーロ、これ、ごユーロ」

　イントネーションになんとなく愛嬌のある店の主の日本語だった。主人は私たちが店にいる間中、その言葉をしゃべり続けた。

「私たちが日本人だと分かっているんだ」

「そうね」

「大きなリュックサックを背負って、普通の観光客とは違う変な格好をしているのに」

「だから日本人だと感じるのかも知れないな」

「そう」

　こんな小さな土産物屋の主人が日本語で商売言葉をしゃべるのだから日本人観光客が多いのだろう。しかし、あまり出会わないのは私たちが観光ルートとかけ離れた場所をさ迷っているからだろうか。小さなタイルと言っても結構な枚数を買ったのでそれなりにリュックサックの場所を取り、重くもなった。

　店を出て海側に少し行った路上に男性が２人蹲っている。何か作業をしているようで、近づくと石畳を補修していた。ハンマーで叩いて石の角を取り、大きさを修正、石が剥がれている場所に新しい石を敷き詰めている。

「ああ、大変だなあ」

「うん」

「この辺りだけでも広い面積の修正箇所があるのに。こうした地道な作業の継続で街の景観を維持しているのだろう」

　我々だったら石畳が壊れた道はセメンを打つか、舗装にしてしまうかも知れない。戦いに敗れ、世界の劣等国になってから、より安価な方法、より容易な方法が正義だと思っているのではないだろうか。数百年前建築された建物を上手に使い、噴水や彫刻を大切にし、石の道を地道に修理して街全体の景観を守ろうとしている人々、どこにそのエネルギーが隠されているのだろ

うか。

　そのまま通りを海に向かって歩き、市内電車がテージョ川と並行に走っている通りとの交差点を右に曲がった。テージョ川の河口まで市内電車で行こうと思っていた。西行きの電車の停留所があり、掲示してあった時刻表らしきものを見たが、どの電車が何処へ行くのかさっぱり分からない。適当な電車に乗って途中で右に曲がり山の方へ向かうことは十分考えられる。

「聞くしかないな」

　丁度そこへ、背広姿の紳士が 2 人通りかかった。

"Excuse me. Which train can I get to the mouth of the Tagus River ?"

"You can't go by city train. There is a station near the river and you can get there by train."

"Follow this street to the river and turn right to see the station."

"Thank you very much."

"Good by."

　彼らは、軽く手を挙げて行ってしまった。

「川の方に駅があるらしい。行ってみよう」

「うん」

　通りを抜けると、先が見えないほど長い回廊のある大きな建物に出た。回廊の外はとてつもなく広いコメルシオ広場(1)で、その先がテージョ川のようだった。回廊を出て広場の西サイドを川の方へ向かった。川に沿って通りがあり、車が走っている手前の歩道を右へ向かってどんどん歩いて行くと向こうに駅らしい建物が見えた。この辺りは川畔の散歩コースなのか多くの人が行き交っている。

　カイス・ド・ソドレ駅(2)は終着駅というか始発駅だった。ゆえに、昨日の朝、到着したサンタ・アポロニア駅との間に線路はなかった。改札の左端にいた駅員にユーロパスを見せて改札を通してもらうと、始発駅特有のフォークの先のようなホームが並んでいた。右端のホームに停車していた、間もなく発車しようとし

ている電車に走り、最も手前の車両に飛び乗った。改札に近い
車両だったせいか混んでいて、重いリュックサックでよろけそう
になった妻を支え、つり革を持たせた。

「4つ目の駅で降りよう」

　4つ目の駅を少し後戻りした川の傍にベレンの塔があり、塔か
ら川と海の堺まではもう少し距離があったが、そこまで行けば
大西洋が見えるだろう。

　史跡が集まっている3つ目の駅で多くの人が降りたがそのま
ま乗り過ごし、降りる人の少ない次の駅で降りた。駅付近から
は海は見えず、線路と並行する通りの歩道を戻り、ベレンの塔
のある広場を塔に向かって行くと広い海が見えた。海と言って
も河口で遠くに対岸が見え、その右側に大西洋が見えていた。
ここは大河の河口、真水と海水が混じり合い、水面は小さな波
が打ち寄せるだけで穏やかだった。じっと心を研ぎ澄ませて大
西洋の広大さ、海潮音を思ってみた……。それは、ゴーという
音となって、さらに広大な宇宙へと響き渡っているのだろう。

　3つ目の駅付近まで川に沿って戻って来ると、大航海時代の
航海者たちをモチーフにした発見のモニュメント(3)が、テージョ川
に向かって乗り上げるように建っているのが見えた。近づいて
見ると船首の形をした巨大なモニュメントで、両舷に大洋の向
こうに漕ぎ出そうとする強い意志を持った航海者、宗教家、船
乗りたちの像が表情豊かに舳先を向いて並んでいる。それは、
静から動へ移る船乗りたちの瞬間の姿であった。

　15世紀以降数世紀、日本にまで来たこの国の人たちが果たし
てきた役割は計り知れないものがあるだろう。ときとして風と波
とうねりが荒れ狂う海、難破する危険を十分知りながら風が頼
りの木造帆船で漕ぎ出して行った強い使命感は、石をハンマー
でひとつずつ割りながら道に敷き詰めていく人々の中に脈々と受
け継がれているのではないだろうか。

　テージョ川から離れ、通りの下に掘られた地下道を抜けて山
の方へ行き、ヴァスコ・ダ・ガマのインド航路発見(4)を記念して
建設されたというジェロニモス修道院あたりを散策して3つ目の

駅へ戻り、始発駅カイス・ド・ソドレ駅に帰った。ユーロパスで
自動検札を抜けることができず、駅員もいないのでうろうろして
いると、改札から離れた所にいる駅員を見つけ、声を上げて呼
び、改札まで来てもらった。パスを見せ、右端の改札を開けて
もらい、ようやっと外に出ることができた。ユーロパスは長距離
列車には非常に便利であるが、ローカル線に乗るときはひと工
夫が必要であった。

　コメルシオ広場まで戻り、凱旋門をくぐって右へ登って行き、
リスボン大聖堂(5)、サン・ジョルジェ城(6)まで行ってみることにし
た。夜行列車の発車駅、サンタ・アポローニャには暗くなる前
に行こうと思っていたので時間はまだ十分にあった。少々きつい
坂を 1 歩 1 歩登って行くと、リスボン大聖堂が覆いかぶさるよう
に迫り、聖堂下の空き地で土産物を商う露天商が数軒見え、一
番下手の露天商が日本人女性のような気がした。彼女に近づい
て行った。彼女は台の上に銀製の指輪や腕輪、ネックレスや
ブローチを並べていた。ひょっとしてあの人ではないだろうか。

　数十年前の独身のとき、私は、関東地区に転勤するのが嬉し
かった。子供の頃から思いをよせていた人が関東の会社に勤め
ていた。もしかしたら会えるかも知れない。そんな思いに期待し
ながら関東での生活が始まって数か月が過ぎた頃、思い切って
友だち経由で連絡を取ってもらい横浜の港で逢えることになっ
た。天にも昇るような気持ちだった。逢っていた時間はそんなに
長くはなかったが、それから 3 日に一度電話をかけ、長話をす
るようになった。電話を掛けるときのなんとなく落ち着かない、
せつない気持ちが今でも胸の奥深くに残っている。

　正月も近くなった頃、部屋で 1 人、カップ酒の蓋を開けようと
したとき電話が鳴った。慌ててテーブルの上に少し零してしまっ
たが、そのままにして電話に出ると、今まで一度も電話を掛け
てきたことのないその人の声がした。明日の夜行で益田に帰り、
年明け早々ヨーロッパで事業を始める会社の先輩を追ってヨー
ロッパへ行く、今日、会社も辞めて来たという電話だった。

　夕方の横浜駅、若い番号のホームは相当混んでいたが、夜行

列車が停車する古い番号のホームに人影はなく、その人だけが
ぽつんと立っていた。顔を会わせても頭を下げただけで何をど
う喋ってよいか、列車はまだかな、という振りをしたり、なんと
なく気取っていた。アナウンスがあり、列車がホームの端に入り
始めたとき、私たちの別れを悲しむかのように白い小さな雪が舞
い始めた。
「ヨーロッパはもう寒いのではないですか」
「大丈夫よ、南の方だから」
　話したのはそれだけだった。私は、遠ざかる列車に向かって
手を振り続けていた……。もう、列車は見えていなかった。途
端、横浜駅の雑踏が耳についた……。あのとき、あの人は、静
から動へ移ろうとしていたのだろう。
　露天の台に手が届くところまで来ていた。彼女と目が合い、
ほんの僅かな間見つめ合った。
「こんにちは」
　彼女は、私から目を離して露天台に落とし、銀製品を並べ替
えるなどの整理を始め、私の方を見ようとはしない。彼女は一
言も喋らなかった。
「私たちより一回りは若いんじゃあない」
　後ろまで来ていた妻が私にだけ聞こえる声で言った。妻の言っ
たとおり彼女は、私より12、3歳ぐらい若く見えた。私と同年配
なら私たちと同じような月日を感じさせる顔をしているだろう。
こちらを見ていない彼女に軽く頭を下げて振り返り、聖堂の横
で登っている妻の後を追った。
　アルプスを越えた頃から東洋系の女性に注意を払っていた。
万が一逢えるかもという淡い期待が、今回の旅行を思い立った
大きな要因だったのかも知れない。路面電車が私の肩を擦する
ようにして喘ぎあえぎ追い越して行った……。
　大聖堂先の九十九折りを左に折れ上がり、電車道と分かれて
登って行くとレンガを焼く窯跡なのか瓦を焼く窯跡なのか、周囲
の土を削り取った跡、窯が崩れた跡のような場所があり、そこを
道下に見ながら登って行くと徐々に人通りが増え、サン・ジョル

ジェ城の入り口までやって来た。多くの人が入城の券を買う列
を作っていた。

「お金がいるみたい」

　今まで観光地の景色を無料で見て来たこともあったのか、入
城するだけの価値があっただろうに、時間が掛かることに対し、
なんとなくおっくうになり、登って来る人を避けながら坂道を下
りてしまった。昨日の朝、雨上がりの中で見た満開のサイゼリア
をもう一度、早く見たいという気持ちが先を急がせていたのかも
知れない。

　登って来る市内電車の後ろを回って、九十九折から聖堂横の
歩道に渡り、大聖堂の前まで来たとき、いくつかの露天商の中
に彼女の露店がないことに気が付いた。私たちが去った後、す
ぐに畳んでしまったのだろう。彼女にとって私たちは会いたくな
かった部類の人間だったのだろうか。私が気にも留めないで通
り過ぎていれば何ともなかっただろうに……。申し訳ない気持ち
になりながら露天があった前の歩道を下りて行った。

　古い石畳の路地にある海鮮レストランのショーウィンドウに取
れたての魚介類が並べてある。

「この店に入ろうか」

　もう昼は随分と過ぎており、どちらかというと夕方に近い時間
だった。妻は首を横に振った。なんとなく敷居が高そうにも見え
たのでそのまま石畳をそぞろ歩いた。その路地を抜けた右側に
広がる公園にサイゼリアの木があるはずだった。走るようにして
路地を抜けて見ればいいのに、そぞろ歩いて行った……。

　路地を抜け、建物の陰から出た途端、花弁を幾何か地面に散
らせたサイゼリアの木が見えた。

「ああ、もう盛りが過ぎてしまっている」

　私も妻も、昨日の朝見た光景と見比べながらしばらく、サイゼ
リアの木と対面していた。

「昨日が最高だったなあ」

「うん」

　それでも見飽き足らず、サイゼリアがよく見える公園横の小さ

215

な食堂に入った。どうでも、もう口に何か入れないと我慢ができないところまできていた。何か分からないが早くできそうな値段の安いメニューをそれぞれ注文すると、妻の肩越しに見えるサイゼリアの木から花弁がまた１つ散った。

「ああ、花が散っている」

「ああ」

　妻は振り向こうとはしなかった。出来上がった料理は、妻が、イワシの丸焼き、私が、鳥の串焼きだった。

「日本と一緒ね」

　妻がぽつんと言った。

　建物の陰がサイゼリアの根元まで届き、陰から出た部分が対照的に光り輝き始めた頃、店を後にしてサンタ・アポローニャ駅に向かった。私は、リスボアを後にするのが何となく寂しかった。屋根に国旗が建っている白い建物の前広場に腰かけると丁度良い高さの石の塀があり、何組かの市民が腰かけていた。

「ああ、いい感じ」

　私が腰かけると妻も腰かけて、何時になく重いリュックサックを下し道行く人々を見た。私と妻はものも言わずじっと人の動きを追っていた。午後の日差しの中でゆっくりとした時間が流れ、早々と店じまいした露天商の女性の身の上をぼんやりと思っていた。

「夜、出発するというのは寂しいね」

　妻がポツリと言った。

　サンタ・アポローニャの駅前に着いたときは日が暮れるまでにまだ少し時間があり、近くの丘にドーム型屋根をしたサンタ・エングラシア教会のドームの部分が見えていた。[(7)]

「あそこへ行ってみようか」

　返事も聞かず石畳の路地の狭い歩道を登り始め、その先で左に大きく曲がるとき後ろを確認した。妻は少し離れてついて来ていた。しばらく登ると五差路となり、どの道を登ってよいか少し思案、ドーム屋根は家々の陰で見えていなかった。ああ、この辺りは古い街なのだ。だから、サンタ・アポロニア駅はここで終

点となったのだろうか。おおよその感覚で選んだ路地は先細りと
なり、人にも会わず少し不安だったが、そのまま登って行った。
　青く美しいポルトガルタイル壁の家から誰かが私たちを見て
いるような感覚を覚えつつ路地を抜けると、突然、目の前の高く
なった丘の上に白亜の教会が現れた。道を間違えたせいで教会
の後ろ側に上がってしまったが、一望するリスボアの街に夕日
が沈もうとしていた。赤1色で統一された甍の波が海のように
キラキラと光っている。ああ、こんな光景、遠い昔どこかで見た
ような気がする……。
　ふと気が付くと妻がいなかった。教会の周囲は回れるように
なっていて、敷き詰められた石の感触を感じながら回り込むと、
こちら側が正面だった。正面玄関の先に円形にカーブした幅広
の石段があり、その向こう側の隅に妻が腰かけ、その先隣りに
老婆が腰かけていた。近づくと、妻は老婆の右手を膝の上に乗
せ、そっと撫でていた。老婆は撫でられていることなど分かっ
ていないようなうつろな目でリスボアの甍の先に沈む夕日の方を
見ていた。
　妻は、手を撫でながら遠い、遠い昔、保育園に母が迎えに来
てくれたときのことを思い出していた。
　やっとまともに歩き出した年頃だったが、母が迎えに来ること
などなかった。その日、山奥の小学校に赴任していた母は、学
校の行事で午前中に仕事を終了し帰って来ていた。
「実加ちゃん。お母さんが迎えに来たよ」
　急いで保育園の外に出たら、そこに母が立っていた。ぶつか
るようにして走り、母に高く抱き上げられた。
「実加、いい子にしていた」
「実加ちゃん。よかったねえ。はい、カバン」
　母に手を引かれながら保育園の長い石段を下りて益田川の土
手に出た。曼殊沙華の赤い花が土手一面に咲いて、ものすごい
数の赤とんぼが舞っていた……。
　腰のところからふわっと広がったスカートをはいた女性が、石
段の中段からこちらの様子をうかがっていた。まもなく日が暮れ

るので老婆を迎えに来たのだろう。1段、1段、老婆の方へ近づいて来た。

　"máe（マェイ／おかあさん）"

　妻は、手を老婆の膝の上に戻した。妻に向かってにっこりほほ笑んだ女性が、その手をそっと握って引き寄せ、老婆を立たせて促し、ゆっくり、ゆっくり石段を下りて行った。妻も一緒に立ち上がり、下りて行く老婆を心配そうに見送りながら母のことを思った。

　今頃、母はどうしているだろう。ちゃんと施設に通っているだろうか。幼少の子供と同程度の意識しかなく、日々、武子さんの手を煩わせているのだろう。妻の頬を伝う雫がリスボアの夕日に、ほんの一時、光ったように見えた。

　暗くなりかけた頃、坂を下りてサンタ・アポローニャ駅の待合室に入った。待合室は通路の一部が区切られたところでそれほど広くなく、数人が列車を待っていた。夜行列車の発車時刻まで2時間以上待たなければならなかった。売店があったが店じまいしかけていて夕食になるようなものは見つからなかった。

「まだ時間があるから食べに行こうか」

「ううん。列車の中でゆっくり食べたほうがいい」

　素直な返事が返ってきた。

「発車の時間が遅いので食堂車はやっていないだろう。何か買って来るよ」

　駅横の通りに食料品店があり、サンドウィッチやビールも置いていた。あまり早く買っても温もると思い、何時まで開いているかと尋ねると、24時頃まで開いている。ということなので、一旦、待合室に帰ることにした。

「買わなかったの」

「ビールが温もるのでもう少ししてから買いに行くよ」

　そのまま椅子に座り、ウトウトし始めた……。ハッと気が付くと20時半を回っていた。妻もリュックサックにもたれて目を瞑っていたので少し肩をゆすった。

「食べ物を買って来る」

「気を付けてね」

　走るように駅を出て食料品店に向かった。店は開いており、ビールと食べ物を物色して待合室に帰ると、妻は、リュックサックを 2 つ揃えて立っていた。

「何かアナウンスがあった。行くよ」

　急いでリュックサックを担ぎホームに向かった。

　夜行列車は既に昨日と同じホームに入線しており、車内を移動する車掌の姿が見えた。急いで乗車し部屋番号を探して、寝台列車特有の車体側面に沿った狭い通路を昨日降りた辺りよりずいぶん前の方というか、駅の一番奥まった出入り口、リスボアの街寄りに移動した。

「11 と 15、この部屋だ」

　2 人用の個室、ベッドは畳んであり、ソファが 2 脚ぽつんと並んでいた。リュックサックを下して腰かけてすぐ、車掌が検札に来て行ってしまった。

「ベッドにしてもらえば良かったね」

「そうだなあ、今度来たら言うよ」

　シャワー、トイレの他にスリッパや櫛などの化粧用品一式入ったポシェットまで用意されていて、トレンホテルと呼ばれているだけあった。

"Shall I bet."

　車掌が伺いに来た。

"Please."

　壁に組み込まれていたベッドを倒し、上下 2 段ベッドが出来上がった。妻がシャワーを浴びている間、上側のベッドに横になった。快適、快適、そのまま深い眠りに落ちてゆく……。

　ガクンと僅かな振動が伝わり列車が発車したようだった。テージョ川がもたらした天然の良港リスボア、15 世紀、船乗りたちは風に向かって港から海へ出た。今、私はその風に追われるようにしてリスボアから東に向かっている。

　リベリア半島の北端、エスタカ・デ・バレス岬(8)をまわり、荒れるビスケー湾(9)に入ろうとしている 2 頭の白いイルカの呼び合う声

が、イベリアの台地を越える風に乗ってリスボン特急を追っているような、そんな気のする夜だった。

　リスボン復路。

[注]
(1) コメルシオ広場／貿易広場という意味、1755 年リスボン地震で崩壊したリベイラ宮殿があった場所で、元の名テレイロ・ド・パソ（宮殿広場）が有名。
(2) カイス・ド・ソドレ駅／ポルトガル鉄道カスカイス線とリスボンメトロ緑線の乗換駅。
(3) 発見のモニュメント／テージョ河岸にある大航海時代を記念した記念碑、高さ 52m、コンクリート製、キャラベル船の船首曲線に似せてある。
(4) ヴァスコ・ダ・ガマ／航海者、探検家、熟練した航海術と外交手腕でヨーロッパからアフリカ南岸を経てインドへ航海した最初のヨーロッパ人。
(5) リスボン大聖堂／リスボン市内で最も古い教会、建設は 1147 年から始まり、幾度も手を加えられ、幾度もの地震を凌いできた。今日の姿は、異なる建築様式の混合されている。
(6) サン・ジョルジェ城／リスボン中央部の高台にそびえ、最初の要塞化は紀元前 2 世紀頃らしい。
(7) サンタ・エングラシア教会／ 17 世紀創立の教会、20 世紀に入ってから国立のパンテオン（名士合祀殿）となり、ポルトガルの著名な人物が葬られている。
(8) エスタカ・デ・バレス岬／北大西洋とビスケー湾の境界にある岬、スペインの最北端。
(9) ビスケー湾／北大西洋の一部でイベリア半島の北岸からフランス西岸に面する湾。

第22話　ロゼワイン

10月19日（金）　アンダイエ晴れ、ボルドー晴れ

　天井が意外に近い。ここは何処だろう。そうだリスボン特急(1)だ。列車の走る心地よい振動が身体を揺さぶっている。私は、スペイン国鉄の国際夜行列車トレンホテル、ルシタニアや南急行、シュド・エクスプレスのことをかつての映画の名からリスボン特急と勝手に呼んでいた。シャワーに行こう。梯子を下りると妻は気持ちよさそうに眠っていた。こんなことならリスボンに来るときも個室にすればよかった。

　シャワー室は狭いが列車の揺れさえなければ水圧も強く快適、さっぱりして、また上のベッドに横になったが、今度は列車の揺れが気になってなかなか眠れない。モンサンミシェル(3)に行きたい、と言った妻の希望をどう叶えるか、どのようにして行けるのか考えていると寝付けなかったが、いつしか眠ってしまい、ふと気が付くと窓の外が明るいようだった。食堂車か売店があるだろう。朝食を買いに行ってみよう。ベッドからはい出し梯子を下りると、妻の目は開いていた。

「何か食べ物を買って来るよ。欲しいものがあるか」

「何でもいいよ」

　何両か前の方へ行ったところに食堂車はあったが調理場は締まって誰もいない。その先のテーブルが並んだスペースにも誰もいない。テーブルの向こうに誰かいるような気がして行くと小さな売店があり、係の人が座り込んで商品をチェックしていた。まだ開店前のようであったが声を掛けると立ち上がり、にっこり微笑んでサンドウィッチとオレンジジュースを売ってくれた。国境を越えたフランス側の町、アンダイエ(4)に着くのは昼前で、まだ十分スペインの車窓を楽しむ時間があった。

　リスボン特急は11時33分定刻、少し疲れた車体を引きずりながら国境の町アンダイエ駅にたどり着いた。アンダイエ駅は乗り継ぎで、その日の内にボルドー(5)まで行くつもりなのに2時間

近くの待ち時間があった。この駅でボルドーまでの座席指定を買わねばならずチケットオフィスを探した。エントランスホールは広くなかったが事務所らしきものは見当たらなかった。売店の横に通路があったので、妻をベンチで待たせて奥へ入ってみると、そこに小さなオフィスがあった。

"Seat reservation please."

"I want to go to Bordeaux by the next train."

"I'd like two seats on the train to Bordeaux."

係の女性はテキパキと作業をこなし素早く指定券を打ち出してくれた。ボルドーに着くのは夕刻になる。明日はモンサンミシェルまで行く予定であり、少し距離があり強行軍なので明朝のボルドー発は早い時間となるだろう。ボルドーの駅でチケットを買う余裕があるだろうか。しかも、モンサンミシェルまでは何度か乗り換えをしなくてはならない。この人に相談した方がいいのじゃあないだろうか。

"Excuse me. I'd like to go to Mont Saint Michel tomorrow."

"Okay."

ボルドー発、明朝７時８分、３回乗り継ぎ、モンサンミシェル着12時55分の計画で１枚のチケットに２便ずつ印刷された２枚のチケットを打ち出してくれた。

"Please be careful as you do not have time to change train. The last is the bus."

"Thank you. Thank you very much."

最初に発券されたボルドー行きを合わせて３枚のチケット、妻の分も合わせると６枚のチケットを持って売店の横まで出て来た。妻が心配そうな顔でこちらを見ていた。そのまま売店に入り昼食用のパンとジュースを買って妻の横に腰かけた。

「モンサンミシェルまでのチケットが買えたよ」

「ほんとう」

「せっかく来たのだからパンを食べたら駅の前の方まで出てみようか」

「いいよ」

　駅前の通りからアンダイエの町の雰囲気を感じて見た。
「なんか、いい感じ。フランスの田舎町、故郷に帰って来たような気がするなあ」
「そうねえ」
　駅に帰ってみると改札の先、こちらから見える 1 番ホームにフランス国鉄の TGV が入るところだった。
「あれだろうか」
「まもなく時間だからあれでしょう」
　掲示板に発車ホーム番号は示されていないが他に列車は見えなかった。
「もう、発車時間になるのにおかしいねえ」
　人がホームに入りだしたので私たちもホームに入り、列車の扉が開くのを待ったが一向に開く気配がない。皆、心配そうな顔をしていた。
　構内放送があった。何と言っているかさっぱり分からない。フランス語なので、それもそのはずなのだけど、たとえ英語だとしてもこういうときが一番困る。放送など機械音は対面でないので相手の表情が読み取れずほとんど聞き取れない。こういうときは人に聞くしかない。他の人たちは TGV の先頭の方に向かってホームを歩きだした。ホームに居た駅員を捕まえた。
　"Excuse me. I'd like to go to Bordeaux, is this TGV okay ?"
　"This TGV has broken down, so it stops at this station. Follow other people."
　皆、TGV の先頭車両よりもさらに先に向かって行くので少し心配になったがついて行った。遠くから新たな TGV がホームに入って来るのが見え、皆が立ち止まったホームに停車した。準備中なのかすぐには乗車させてくれず、ほんとうにこの TGV でいいのだろうか。少し心配になり隣にいた初老のご夫婦にチケットを見せて聞いた。
　"Excuse me. I'd like to go to Bordeaux, is this TGV okay ?"
　"Okay, My wife goes. You can go with my wife."
　ご主人は他にも色々教えてくれたが半分フランス語が混じっ

たような英語だった。奥さんが自分のチケットを見せてくれ、私たちのチケットと一緒だったので間違いないと確信した。ドアが開き乗車開始となり、皆、ドアの前に並んで次々と乗り込み始めた。

　ご夫婦の後ろについて乗車した。ご夫婦とも乗車したので2人とも行くのかと思ったが、ご主人は、奥さんを席まで案内し、私たちの席も教えてくれた後、ホームに降りて行った。何と優しいご主人なのだろう。私たちの席はたまたま奥さんの後ろの席だったので、奥さんは振り向いて微笑んでくれた後、窓外のご主人の方を見ていた。

「いいご夫婦ね」

「向こうもそう思ったかな」

　TGVが動き始め、ご主人が後ろへ遠ざかりだした。奥さんも私たちもしっかり手を振った。奥さんは窓に頭をこすりつけて、いつまでもご主人を見ようとしていた。

「どのくらい行っているのだろう」

「分からないなあ。少し長くなるのかなあ」

　ボルドーに近づくにつれ一面のブドウ畑が車窓に広がるだろうと想像していたが、そんなことはなかった。ただ、普通のフランスの平野が何処までも続くだけだった。TGVはブドウ畑を車窓に映さないまま15時58分、ボルドー・サンジャン駅[6]に入って行った。

　サンジャン駅は、アトーチャ駅、サンツ駅にも匹敵する巨大な駅で、古い建物と新しい蒲鉾型のシェルター屋根が混在したような駅だった。到着すると奥さんは振り向いて、行くよ、というような目配せをして出口に向かったので後追いかけるようにしてついて行き、駅の出口までやって来た。ホテル名と住所が書いてある手帳を見せ、

"Do you know how to get to this hotel ?"

　奥さんは、分からない、というようなふりをした。

"Suivez-moi."（ついて来て）

　ついて行くとタクシー乗り場だった。

224

"Aller en taxi..（タクシーで行って）"

"Thank you very much."

　奥さんは、さっさとタクシーに乗って行ってしまった。私たちは、タクシーが遠ざかるまで手を振った。

「どうする。歩いて行ってもいいよ」

「明日の朝も早いので街や人と触れる機会が少ないなあ。歩いて行こうかあ」

　もう一度駅構内に入り、インフォメーショでホテルの場所を聞き地図をもらった。

「歩いて 45 分ぐらいだって」

「そう」

　街を東西に貫くマルヌ通りに向かって歩き出したが、ボルドーは想像以上に大都会であり、うまくたどり着けるか心配になった。日はまだ高かったが、既に 17 時近くになっていた。駅を右に見てしばらく歩き、徐々に左にカーブ、西へ伸びる長い一直線のマルヌ通りとなった。

　曲がらずに真っすぐ行くとガロンヌ川[(7)]に行き当たるはずだった。このガロンヌ川が少し下流でドルドーニュ川[(8)]と合流、ジロンド川[(9)]となりビスケー湾へとそそぐ左岸一体、街の北西部が大平原で、土壌はガロンヌ川がもたらした砂利、水はけがよく熱を吸収しやすく、ブドウ栽培に適しているらしい。ゆえに、ジロンド川の河口左岸に沿ってワイナリーが点在しているそうだ。行って、広大なブドウ畑を見てみたいが、もう行く時間がない。この次来られるかなあ、アンダイエからボルドーへの沿線にブドウ畑がなかったはずだった。

　マルヌ通りを長く歩き、右に取ってアルブレ通りに入ったはずだが、どうも違うような気がする。1 つ手前の通りを曲がってしまったのか、やはり迷ってしまった。こういうときは通りがかった人に聞くしかないな、すれ違ったとき目が合った中年の女性に聞いた。

"Excuse me. Do you know how to get to this hotel ?"

　手帳を見せたが、女性は、私の言っていることが分からない

様子だった。

"Thank you."

　女性に頭を下げさらに直進して行くと、商店街のような狭い通りに出た。今度は中年男性に聞いた。

"Excuse me. Do you know how to get to this hotel ?"

"I have heard of it, maybe the other side."

"Thank you."

　商店街を抜け、向こうサイドの通りへ出た。やはり、１つ手前の通りで曲がったのだ。方角的にはそんな感じになる。

「もう、近くに来ているのじゃあないかなあ」

「ああ」

　妻は疲れ切ったような顔をしていた。日は沈んでしまい夜を目前にした明るさになっていた。先ほどより広い通りに出たが、見渡してもホテルらしい建物は見えなかった。

「こっちへ行ってみよう」

　大きなビルの下を行き、その先に石段があった。妻は徐々に遅れ、私は途方に暮れかかっていた。ああ、前にもこんなことがあったなあ。

　石段の下まで来たとき、上から１人の中年男性が下りて来た。背が高く丸刈り、細い金縁の丸眼鏡をかけ、スーツをかっこよく着こなしている。ああこの人、フランス映画の俳優さんに似ている。

"Excuse me. Do you know how to get to this hotel ?"

"I know, Follow me."

　ああ、よかった。

　私たちが来た道を逆戻りし、ビルの下を通り、しばらく行って大きな通りを渡り、渡ったところで左へ少し下りになった歩道を下りて行った。彼は、妻の歩くスピードを気遣って時々振り返り、ゆっくり歩いてくれた。ホテルが見える所まで来て立ち止まり、

"That hotel."

"Thank you very much. From here on, it's okay."

　しかし、彼はホテルの玄関まで誘導してくれた。

"Thank you. Thank you very much."

　言いながら私は、目頭が熱くなってくるのを彼に気取られないよう頭をしばらく下げていた。少し落ち着いて頭を上げたとき、背の高い彼の後ろ姿が少し離れた所に見えた。彼が振り向いたので思い切り手を振った。妻も一緒になって振っていた。なんか、ずっと昔からの知り合いだったような気がし、このまま別れてしまうのが辛く、夕闇が迫る坂道の上へと行く彼の後姿が見えなくなるまで見送っていた。

　私の前にチェックインした体格のいい男性が日本人のような気がした。ワインの買い付けにでも来ているのだろうか、と勝手に想像してチェックを済ませエレベーターに乗ろうとしたとき、閉まりそうなドアをその男性が中から開けてくれた。

「ありがとうございます」

「日本の方ですか」

「そうです。今、ヨーロッパを鉄道で廻っています」

「いいですね」

　そこまで話したら、私たちの階を知らせるベルが鳴った。

「それでは」

「楽しんでください」

　もっと話を聞きたかったが、エレベーターの中では挨拶程度しかできない。また会ったら聞いてみよう。しかし、会わずじまいとなってしまった。部屋はロビーの上あたりで、暗くなったボルドーの街がよく見えた。

「せっかくのボルドーだからワインでも飲みに出ようか」

「ロゼが飲みたい」

　ホテルからそんなに遠くない小さい家族的なレストラン入った。店のご主人が給仕をして奥さんが料理人だった。食事が運ばれたときロゼを注文した。当然、ボルドー産のロゼが出されるはずなのに、あえて言わなくてもいいのに、

"I would like a rose wine from Bordeaux."

と言ってしまい、少し気恥しく思った。

"Is it a bottle ?"

「ボトルにする」

「1本は、飲めないのじゃあない」

"Two glasses of wine please."

"Yes."

　ご主人は行かれ、

「ロゼだけど本場物だから甘くないと思うよ」

「でも美味しいんじゃあない」

　ご主人は、グラス2つと未開封のボトルを持って来て、私に銘柄を確認させ、私のグラスに一口注いでくれた。一瞬、私の言い方が悪く、ボトルを注文したと聞き取ったのではないかと心配した。

"Very good."

　ご主人は、それぞれのグラスに注いだ後、ボトルを持って行ってしまった。

　やはり甘くはなかった。ロゼの何とも言えない香りとリスボアの夕焼け空を思い出す淡い朱の色、妻は、飲むほどに上機嫌になってきた。

　食事が終わりチェックをお願いすると、ご主人がやって来た。

"Did you enjoy yourself."

"It was very delicious and great time."

"It was good."

　ご主人は、料金を受け取るとワイングラスだけを残し、皿やフォークなど食事に必要だった物は全て片付けた後、先ほどのボトルを持って来て、

"This is a service."

　それぞれのグラスになみなみと注いでくれた。

"Thank you. Thank you very much."

　じっくりと時間をかけて味わい、生涯忘れることのできないワインとなってしまったが、ご主人がボトルを見せてくれた間に銘柄を確認する読解力がないのが悲しかった。ほんの少しの時間しか滞在しないボルドー、私に感動を2回も与えてくれた。飲

み終わって席を立ち、忙しく他のお客に給仕しているご主人に
向かって頭を下げ、店を出ていこうとしたとき、ご主人が気付か
れてこちらを向かれた。もう一度頭を下げ、手を振って店を後
にした。

　少し火照った身体をボルドーのブドウ畑を越えた優しい風が
誘い、私たちをホテルとは反対方向へ歩かせ、美術館の鉄格子
の門まで連れて来て振り返らせた。

　ガロンヌ川をワイナリーの近くまで入り込んだ 2 頭の白いイル
カの呼ぶ声が、ビスケー湾から川を遡る風になり、私をブドウ
畑に誘っているような、そんな気のするボルドーの夜だった。

　リスボア〜ボルドー（約 1,153km）

［注］

(1) リスボン特急／1972 年制作のフランス・イタリアのフィルム・ノワール
　　（犯罪映画）、アラン・ドロン主演、フランスのフィルム・ノワール
　　の巨匠ジャン＝ピエール・メルヴィルの最後の監督作品。

(2) シュド・エクスプレス／パリとイベリア半島を結ぶ国際列車の名称、
　　1887 年 10 月、国際寝台車会社によって夜行列車として運行開始、
　　当初、パリからマドリードへは毎日運行、リスボンへは隔日運行、方
　　向に応じてアンダイエかイルンでリスボン、ポルト又はマドリード方
　　面の列車と接続していた。

(3) モンサンミシェル／フランス西海岸、サン・マロ湾上に浮かぶ小島、
　　及びその上に聳える修道院、カトリックの巡礼地の 1 つであり「西洋
　　の驚異」と称され、1979 年「モン＝サン＝ミシェルとその湾」として
　　ユネスコの世界遺産に登録され、1994 年 10 月ラムサール条約登録
　　地となった。

(4) アンダイエ／フランスで最も南西に位置、スペイン国境を流れるビダ
　　ソア川右岸の街、左岸はスペイン領イルン。

(5) ボルドー／フランス南西部の中心的な都市、人口約 23 万 9 千人、ガ
　　ロンヌ川に面した港町で、市街地は川の湾曲部に沿って三日月形に
　　形成され河口に近く、月の港と呼ばれている。ボルドーワインの産地
　　として世界的に有名。

(6) サンジャン駅／ボルドーを中心とした地域圏最大のターミナル駅、パ
　　リ、オステルリッツ駅から 583,844km ポストに位置し、TGV で 2 時
　　間程度の距離。

(7) ガロンヌ川／スペインのカタルーニャ州北西部に発し、フランス南西部を流れる長さ647kmの川、ボルドーでドルドーニュ川と合流、ジロンド川となる。

(8) ドルドーニュ川／フランス南西部を約500km流れ、美しい渓谷が広がり、世界でも珍しい海嘯の起きる川として知られている。

(9) ジロンド川／地理学上は三角江であり、川と湾、あるいは入江との中間的な水域、幅が3kmから11kmあり、大型船が航行できる。

第23話　ポントルソン

**10月20日（土）　ボルドー晴れ、レンヌ晴れ、モンサンミシェ
ル晴れ、ポントルソン晴れ**

　チェックアウトを済ませロビーでタクシーを待っていた。外は
まだ暗かった。やがて来たタクシーは、昨日、私たちがフランス
の映画俳優のような方に案内されて街からホテルへ下って来た
道の方に向いて停まってはおらず、逆方向を向いて止まってい
て、乗り込むとそのまま出発した。昨日、長い時間かかってホテ
ルに着いたので駅までは遠いというイメージであったが、私たち
が駅から来た道とは違う道をほぼ直線的に走り案外早く駅に着
いた。
　早い時間だったけれど、駅には多くの人が列車を待って賑わっ
ていた。発車ホームを確認するために見上げた電光掲示板の先
に見える天井は、通常の天井の高さまで大理石の丸い柱が立
ち、その上に二条城の天井のような格天井が乗っかって、こと
のほか高く、フランス南西部中心都市の駅らしい威厳が感じら
れた。電光掲示板には7時4分発と私たちが乗車する8分発が
同時に表示され、ホームに出て待っていると2本の列車が同時
に入って来た。私たちの車両は12号車であり、ホームを少し移
動して乗車、向かい合わせの席の中央にテーブルが備え付けて
あり、折り畳んだボードを起こすことによりテーブル面が倍の広
さとなった。さっそく朝食にとり掛かった。ボルドー発の列車は
TGVで快適だが、これから始まる3回の乗り継ぎが全てスムー
ズにいくかどうか心配だった。ドイツでは列車が故障し予定の
列車に乗り継げず苦労した。しかし、そのハプニングがアンナ
との出会いに繋がるという良い面もあったのだが、今日、乗り継
ぎに要する時間は3度とも短くセットされており、ひと問題起こ
りそうな気がした。モンサンミシェルまでスムーズに移動できる
ことを祈るだけであった。
　サン・ピエール・デ・コール駅での乗り継ぎでホームに降り(1)

た。そのまま乗っていれば次はパリ(2)だった。ホームのモニターに映し出された乗り継ぎ列車の発車ホームを確認、スムーズに移動を完了した。入って来たのは車体の大きな青い2両編成の列車 IC13030 だった。乗車すると2両とも通路に多くの人が立っていて満員状態だった。中間のデッキから見て先頭車両の方が少しはましかなと思い、そちらの車両の方に入って行った。大きな荷物を背負っているので大変申し訳ないと思いながら人をかき分け通路を移動、幾分空いているかなと感じた、ほとんど先端付近に近い位置で立ち止まり、次の乗り継ぎ駅まで立つことにした。

　しかし、本当にこの列車だろうか。ホームのモニターで確認したので間違いないと思うが心配になってきた。チケットを取り出し、そばの席に腰かけている若い女性に見せ、行き先と列車番号を確認してもらい、この列車で間違いないか教えてもらった。

"This train is fine."

"Thank you very much."

　すると女性は、妹だろうか、窓側の席に座っている小学生くらいの少女を抱きかかえて膝の上に座らせ、妻に少女の席を譲ってくれた。

"Please sit on this seat."

"Thank you very much."

　状況を察した妻は何も言わず手を横に振った。

"Please sit down."

「せっかくだから座らせてもらったら」

　妻はリュックサックを膝にのせて少女が座っていた席に座らせてもらった。私たちの切符がファーストクラスになっていたので気を使ったのだろうか。女性に切符を確認してもらったことを少し後悔した。それにしてもこの混雑、ファーストクラスなんて名ばかりのような気がした。しばらくすると女性は少女だけ席に残し、自分は先端のドア横、壁に背中をもたせ床に座った。女性の前、先端に向かった席に腰かけているのは彼女たちの母親

のようだった。一部始終を見ていた少女の前の席に腰かけていた初老の男性が、まもなく降りるからと言って私に席を譲ってくれたので、私たちは満員列車でありながら座ったまま次の乗り継ぎ駅、ル・マン(3)まで移動した。何と優しい人々なのだろう。

　ル・マンでの降車は乗ったときと同じ前車両と後車両の間からだった。降りるとき、何気なく見た後方車両の入り口に、乗る際見落としたファーストクラスの表示があった。あっ、こちらの車両がファーストクラスだったのか、彼女たちに悪いことをした。見た感じは同じような車両だった。どこが違うのだろう。あまり変わらない気がした。なのに人々はいくらかの上乗せ料金を払ってまでファーストクラスを指定するのだろうか、そこには私の知らない世界があるのかも知れない。

　ル・マンからレンヌまでは TGV で、私たちの席は 12 号車の(4)最後列、窓際の向かい合わせ 54、55 だった。この駅でもスムーズに乗車することができ、通路を後列まで歩いて向かい合わせの 4 席を見ると、前側の窓際席に大柄の男性、後ろ側の通路寄り席に若い女性が座っていた。他の席は満席、開いているのは前側の通路寄りと後ろ側の窓より 2 席だけ、席の番号も間違いない。おかしいなあ。窓際の前と後が指定された席のはずなのだが、私たちの席の片方に男性が座っている。号車を間違えたかな。出入り口のあるデッキまで引き返し号車番号を確認、間違いないなあ。丁度、デッキ付近にいた中年の女性車掌が、私たちが、席が分からないで迷っているのだろうと思ったのか、

　"Show me your ticket."

　チケットを渡すと、

　"Follow me."

と彼女は先ほど確認した席の方へ歩き出し、その後をついて行った。私は、座る席を間違えている男性が彼女から注意されると思っていたが、女性車掌はそんなことは気にせず、開いている対角線の席を指で示した。

　"This seat and this seat."

　えっ、何、それ！　座れればいいのよ。席の番号が少し違う

ぐらい気にしない、気にしない、といった感じだった。何といい加減というか、おおらかというか、あっけに取られてしまった。車掌に席を示された以上座るしかなく、妻は窓際の後ろ側、自分の席、私は通路寄りの前側、人の席に座った。

　座ってはじめて、向かい合わせとなった若い女性がとても美しい人だと気が付いた。席を間違ってもらって得をしたような気になっていると、彼女と目が合いにっこりと微笑まれ、冷静を装うとしたがどぎまぎし、年甲斐もなく顔が赤くなったような気がした。そのことが悟られないようにレンヌに着くまでの50分間、彼女と目を合わせないようにしていた。横に座っている男性も彼女と向かい合うのが耐えられず、窓際の席に移動したのだろうか、そうかも知れない。

　目を合わせないようにしていたが彼女のことが気になってしょうがなく、チラッ、チラッと見ては様子をうかがっていると、列車は少し遅れているようだったが、あっという間にレンヌに着いてしまった。レンヌからはバスに乗り換えることになっていたが、どのようにして乗り換えるかも分らず、その方法を考えなければならなかったのに、そんなことは上の空、列車が止まってはっと気が付いた。私が、彼女の様子が気になっていることを彼女も気付いていたらしく、席を立ちあがるとき声を掛けてくれた。

　"Where are you going."

　"We go to Mont Saint Michel."

　ウェストバッグからチケットを取り出して彼女に見せた。聡明な彼女はチケットを見るとすぐに時計を見た。

　"Follow me in no time."

　車両の出入り口は1か所しかなく、しかも一番後ろの席、長い通路を他のお客を押すようにして進む彼女の後に従った。彼女は入口近くにある荷物置き場から大きなキャリーバッグを取り出し、列車を降りると他のお客の横をすり抜けるようにして速足となった。私たちは必死で彼女を追いかけた。エスカレーターで改札のある上の階に上がった。彼女もバス乗り場が何処

234

なのか分かっていなかったらしく駅員に尋ね、改札を出たホールを斜めに突っ切った。その先の狭いエスカレーターで地上に下りるとき、キャリーバッグがエスカレーターに上手く載せられなく、私が引き取って抱え上げエスカレーターを下りた。エスカレーターを下りるほんの少しの時間で彼女と話ができた。

　彼女から "Here" "Over there" と示されながら付いて行くうちに彼女に対する違和感も取れ、自然に話ができる親近感が湧いていた。

"I used to work in Singapore."

"Is that so. It's great."

　どおりで英語が聞きやすいと思った。

"I've been at my parents' house for a while."

"Is it near here."

"Yes. Near Renne."

　地上の歩道に下りると20mぐらい向こうにバスが見えていた。

"Thank you very much. I'm Masanori. We can do it aleady."

"I'm Marianne. I'll go to the bus stop."

"Thank you. Thank you very much."

"You don't have to worry."

　彼女は、私がバスのステップに足を掛けるのを待って、エスカレーターの方へとキャリーバッグを引きながら去って行った。私は、運転手が私の渡したチケットを返そうとしているのも気付かず、去って行くマリアンヌの後姿をずっと見送っていた。

　バスは、ほぼ満席だったが最後尾の席に座ることができた。バスが発車し駅を離れようとするとき、後ろの窓からエスカレーターの辺りをじっと見ていたが、マリアンヌの姿を見つけることはできなかった。彼女から声を掛けられなかったら、たぶん、このバスに乗ることができなかっただろう。バスはビルの立ち並ぶレンヌの広い通りを離れ、草木が生い茂る一本道に入り、スピードを上げて走っていた。道より少し高くなった台地に生えている草が風に揺れている感覚で海に近づいていることが感じられたが、揺れる草木をボーっと見ながら、マリアンヌが帰って行く両

親の家はどの辺りだろうと思っていた。

　1時間ほどした13時近く、バスは、車がほとんど通らない広い通りに四角く抉られたバス停留所の四角の中に停車した。右の方に芝生の広場が広がっていて、その向こうに大きな白い体育館のような建物が見えていたが、モンサンミシェルは何処にも見えなかった。何処に行ってよいのかも分からず、とりあえず芝生の中の小道を通って体育館に向かった。その建物がインフォメーションセンターだった。中に入ると広々とした空間の中央付近、左隅にカウンターがあり、女性が2人、来訪者に案内をしていた。私は、モンサンミシェルへの行き方とレンヌまでの帰り便を聞くために順番を待った。

　モンサンミシェルへの行き方はすぐ分かった。バス停とは反対側の入り口から出たところの一本道を海の方へ行けばよいということだったが、レンヌへの帰り便は午前10時5分のみ、午後は、私たちが乗って来たバスの帰り便だけだった。

"Well, there are so many tourists, but only two bus services."

"Yes. I'm sorry."

"Do you know the train time from Pontorson ?"

"I don't know. I think it's only once in the afternoon."

"I know, thank you very much."

"I'm sorry."

　彼女が悪いわけではなかった。明日はパリまで行くつもりなので午前中の早い時間に出発したかった。その思いが顔に現れていたのだろう。女性は恐縮しているようだった。

"I'm staying in Pontorson tonight and going to Paris tomorrow. Please tell me how to get to Pontorson and Rennes."

"Yes."

　女性は、パンフレットとポントルソン、モンサンミシェル間のバスの時刻表を渡してくれ、まずパンフレットに描かれた地図でレンヌ行きのバス停とポントルソン行きのバス停を示し、

236

"Since tomorrow is Sunday, there are few bus services, so get on the 10:05 bound for Rennes, you have to take Pontorson at 8:20."

"It arrives at 8:33, so please wait here for 1 hour and 32 minutes and board for Rennes."

"pardon."

"You will have to wait for about an hour and a half."

"Yes. Thank you very much."

カウンターを離れようとしたとき、

"Please wait."

女性は、葉書サイズのパンフレット裏面、白紙部分にパソコンを見ながら、ポントルソンからパリに至る乗り換えとその時刻表を書いて渡してくれた。

"Please take this."

"Thank you, Thank you very much."

そのメモを見て、仕事とは言え頭が下がる思いだった。気持ちを少し苛立たせた自分が恥ずかしくなり、頭を深々と下げて妻の待っている所へ行った。

「明日の朝食もホテルでとれそうにないな。とりあえず、モンサンミシェルへ行こう」

インフォメーションセンター内の広い空間を通り抜けた隅の出口を出ると、言われたとおり長い１本道があった。

「あっちじゃない。皆、向こうに行っている」

「そうだな」

しばらく歩いたが、一向に見えてこない。

「だいぶ遠いんじゃあない」

「そうだなあ。何か見えるような気がするけど。点のように」

やがて、海と陸を分ける土手が見え、その上にモンサンミシェルが見えてきたが、道はまだまだ長く続いていた。

土手に上がり、左に行き、バスが通る舗装道路に出た。そこから見るモンサンミシェルへの道はまるで海の中道、左へ弓なりにカーブし、中道の先端、三角錐の島に築かれたモンサンミシェ

ルが見えた。
「まだ、だいぶ遠いな」
　道路わきの歩道を少し急ぎ足となって歩き出した。今は、海
上に杭をたくさん打ち、その上に渡された長い橋によって足を
濡らさず歩いて行けるが、昔は海の中、足を濡らしながら行っ
たのだろう。遠浅の海は潮が沖まで引いていて、今だったら海
を行っても行けそうだった。1887年にモンサンミッシェルと対
岸を結ぶ陸橋が造られたらしいが、潮の流れをせき止め、大量
の土砂が堆積したため撤去、2014年、橋脚のあるこのパセレル
橋が完成したらしい。
　近づくにつれ岩盤の島と一体となった巨大な修道院、見方に
よっては要塞のような建物が目前に迫って来た。狭い門を通過
し、路地に並んだ土産物店を横目で見ながら上へ上へと石段を
登って行った。修道院というよりは城といった感じだった。昔、
イギリスとの百年戦争でも活躍したらしく、できた当初は島の上
に建つ小さな教会だったらしいが、巨大化するとともに要塞化
したのかも知れない。最上階まで登ってバルコニーのような石
が敷き詰められた広場に出ると遠くが見渡せた。海の中を歩い
ている人たちが点のように見え、水平線の向こうにイギリスが見
えそうな気がしたが、霞んでいて水平線近くは何も見えなかっ
た。風が心地よい。果てしなく続く海岸線の先のシェルブール
のその先、海峡を渡ったところ、この旅の最終目的地イギリスの
方から吹いて来るのだろうか。私は海の先に思いを馳せていた。
　土産物屋の路地まで下りて来た。
「パンでも食べようか。昼も食べていなかったし」
「混んでいるみたいだし、大丈夫」
「2人が座るぐらいの席は空いているよ」
　既に15時を回っていた。ホットドックを2本とオレンジジュー
スを注文して、客と客との間、少し開いた席に腰かけた。
「疲れたなあ」
「ずっと歩きどうしだった」
「帰りもずっと中道を歩かなければならないなあ」

　ホットドックは温めるだけですぐ出来上がった。食べ終わって門を出てモンサンミシェルを見上げる広場に出ると広場の先、橋まですぐの所にバスが向こう向きに止まっていた。
「ポントルソンと書いてある。あのバスに乗ろう」
　２人とも走り出し、乗ると同時にバスが発車した。
「グッドタイミングだったな」
「中道を歩かずにすんだね」
　バスは中道を抜けると直線的に進んだ。歩くと遠い中道も少しの時間で通り抜け、道に面して少し建物のある場所まで来て止まり、何人かがその停留所で下りた。インフォメーションセンターを見ようと探したが、バスの小さな窓からは見つけることができなかった。その後、建物の少ない草原のような場所を真っすぐに進み、やがて、家の立ち並んだ円形交差点が粋なポントルソンのメインストリートに入って来て、何番目かの交差点を左に回り駅前のバス停に着いた。列車の発車時刻とレンヌまで時間がどれくらいなのか駅員に聞くため、降りるとすぐ駅に向かったが駅の入り口は閉ざされており、線路の方へ回り込んで見たが入れないようにフェンスがあった。
「駅には誰もいないようだな」
「列車が来るときだけ開けるんじゃあない」
「そうだなあ、これじゃあ聞くこともできない。ホテルに行こう」
　メインストリートに出てモンサンミシェルとは反対方向に向かった。空はどんよりとして夕暮れ近くだったがまだ明るかった。
　ホテルのフロントに若い女性がいた。ローマのように家族経営のホテルだろうか、オーナーの娘さんのような気がした。
　"The station was closed. When will it open ?"
　"In the afternoon, it will open until the train arrives and departs."
　"I want to go to Renne, but how long does it take ?"
　"It take a long time. The bus from the information center is good."
　"Thank you very much."

フロントが見下ろせる直角に曲がった木製階段を上がり、板張り廊下の軋む音を聞きながら奥の部屋に入った。
「だいぶ田舎だな。インフォメーションの女性が教えてくれたとおり帰るしかないなあ」
「洗濯物が貯まってきた。次はパリだし、この町にコインランドリーがないかなあ」
「フロントで聞いて来る」
　廊下を軋ませ、階段を軋ませてフロントに下りて行った。フロントには誰もいなかったが、フロントの中に蹲って探し物をしている人の陰が階段から見えていた。
　"Excuse me."
　カウンターの下から先ほどの娘さんがすっくと立ち上がった。
　"Do you have coin laundry."
　"We have. You go east for 10 minutes, you will find a circle intersection. Turn left and go for 20 minutes, you will find coin laundry in the supermarket parking."
　"Thank you very much."
　妻が日本から持って来た大判の風呂敷に洗濯物を一抱えほど包んで円形交差点を左に行った。しかし、徐々に街から離れるような感じだった。
「この道違うんじゃあない。このまま行ってもマーケットなんかありそうもないよ」
「そうだなあ」
　そろそろ薄暗くなるので小さな子供たちを急かして家に入ろうとしているお母さんを見つけて走り寄り、
　"Excuse me. Is there a coin laundry nearby ?"
　"What, what did you say ?"
　お母さんはコインランドリーがよく分からないようだった。私は、妻が持っている風呂敷から洗濯物を少し出して聞いた。
　"Wash, wash. coin laundry."
　"There is no coin laundry."
　"Is there a supermarket nearbyt ?"

"There is no supermarket near here."

丁度そのとき、家の中からご主人のような男性が出て来た。

"Connaissez-vous une laverie automatiquet？（あなた、コインランドリー知っている）"

"C'est dans le centre commercial."（ショッピングセンターの所にあるよ）

"Tu as compris！."（分かった！）

"Turn right on the streets of the town and turn right at the next intersection to find the market."

"Thank you very much."

町の通りに戻り、来た道を引き返し次の交差点を右へ入って行った。

「この道ならマーケットがありそうね」

向こうにスーパーマーケットのような建物が見えて来た。三角屋根の下に LiDL [6] と書かれた看板が掛けてある。

「あそこじゃあないか」

駐車場を一回りしてマーケットの出入り口の前で立ち止まり、駐車場を見渡した。コインランドリーはなかった。

買い物を済ませた女性が店から出て来た。

"Excuse me. Is there a coin laundry here？"

"Not here. It's the entrance to the supermarket over there."

"Please tell me how to get there."

"Hmmm, come here."

乗用車が止めてある所へ連れて行かれ、

"In the car."

一寸、大丈夫かなと思ったが、女性の顔を見て親切な気持ちを感じ取った。

"Thank you."

しかし、発車しないで止まったままだった。やがて、ご主人らしい男性が帰って来て助手席に乗り込むと２人で何か会話した後発車した。車は町の通りに戻って、円形交差点を右に曲がり、さらにホテル寄りの円形交差点を右に曲がった。

「なんだ、もっと近くの交差点だった。あそこだったら10分以内に行くよ」
「私たちの歩きが早いのよ」
「そうだなあ」
　車がコインランドリーの横に停車した。
"Thank you. Thank you very much."
"You are welcome. Goodbye!"
"Goodbye !!」
　互いに手を振りながら車が発車、去って行く車に向かって深く頭を下げた。
　ヨーロッパのコインランドリーの操作はミュンヘンで少し慣れていたが、壁に記された文字が理解できないだけに難解だった。しかも、ミュンヘンではおばさんがいたが、ここは誰もいない。洗濯機そのものを操作するのではなく、汚れ物を入れると、壁に取り付けられた遠隔操作版にコインを入れて操作する。
「洗剤を入れるのかなあ」
「入れなくていいんじゃあない」
　うまく洗濯機が回り始めた。洗濯は時間がかかる。洗濯に30分、乾燥機に移して1時間、私は2時間近くここで待つことを覚悟した。ここにはマーケットの他にガソリンスタンドやピザレストランまである。少し出てこようかとも考えたが、誰かが残っていないと心配だった。
　そこへ痩せた中年男性が入って来た。男性の洗濯物は乾燥が終わったままにしてあった。彼は、乾燥機から洗濯物を1枚ずつ取り出してテーブルの上で丁寧に畳み、大きなバッグに収納し始めたので、全ての洗濯物をバッグに収納するまでかなりの時間を要した。私も妻も言葉を交わさず、じっとそれを見ていた。独身なのだろうか。
　彼が帰ってからは来店する人もなく、乾燥機の回転するドラムを見る以外に見るものが無くなった。外は暗く静かだった。ただ、回転するドラムの音だけが聞こえていた。やがて回転が止まり、乾いた洗濯物を抱えて暗い夜道を町の通りへと帰って行っ

た。町までは思ったより遠かったような気がする。

　ホテルのフロントには相変わらず娘さんがいた。

"I'm back now."

"Do you know."

"I know, thank you very much."

　道を間違えたことは言わなかった。

"Is there a seafood restaurant nearby."

"Now go west and you will find it to the left of the next intersection."

"Thank you very much."

　洗濯物を整理しシャワーを浴びた後、レストランに向かった。私はワインを飲みながらムール貝を食べている気持ちにすっかりなっていた。しかし、レストランは暗く、クローズだった。

「あっ、閉まっている」

「定休日なのかも」

「そんなばかな。今日は土曜日だよ……。残念」

　近くにあったイタリアンレストランに入ることにした。朝からホットドック1個しか食べてないのでお腹はペコペコだったが、好きなピザを前にしても気分は今ひとつだった。

「ホテルのバーでスコッチでも飲もうか」

「いいよ」

　フロントの向かい側が小さなバーになっていた。娘さんが作ってくれたロックを舐めながら、

「今日は色んなことがあった」

「疲れたねえ」

「明日はすんなりパリに行けるかなあ」

　スコッチも残り少なくなり、氷の解ける音が古い木製の天井や床、階段の手すり格子に沁み込んでゆく深閑な空気の流れを感じながら睡魔が瞼を閉じさせ、私をその空間の中へと誘い始めていた。

　潮が満ちるとともにモンサンミシェルの崖下まで近づこうとしている2頭の白いイルカの慎重に呼び合う声が、中道から海岸

に沿って流れる風に乗ってポントルソンの沼地を漂い聞こえてくるポントルソンの夜だった。

　ボルドー〜モンサンミシェル（約 592km）

　モンサンミシェル〜ポントルソン（約 9.4km）

［注］

(1) サン・ピエール・デ・コール駅／フランス国鉄の主要な駅、近くの都市トゥールに頭端式の駅があり、パリのモンパルナス駅からやって来る TGV がボルドーなどトゥール以遠に向かう場合、トゥール駅で折り返し運転せず、通過式の当駅経由で直通している。

(2) パリ／フランスの首都、人口約 214 万 8 千人、フランス最大の都市であり、同国の政治、経済、文化などの中心地、ロンドンとともに欧州を代表する世界都市、ルーブル美術館を含む 1 区を中心として時計回りに 20 の行政区が並んでいる。

(3) ル・マン／フランス西部に位置する都市、人口約 14 万 3 千人、伝統的にメーヌ地方の首都とされてきた。カトリック教会のル・マン司教座がおかれている。ル・マン 24 時間レースなどモータースポーツの開催地として知られている。

(4) レンヌ／フランス西部に位置する都市、人口約 21 万 6 千人、ブルターニュ地域圏の首府、モンサンミッシェル観光の起点となる街として日本からも多くの観光客が訪れる。

(5) ポントルソン／モンサンミッシェルから 9km、モンサンミシェル湾の真ん中に位置する町、人口約 4 千人、同湾に流れる 3 つの川の内、クエノン川が町を流れる。南側に 10km 以上の沼地が広がり、4,800ha 以上の干拓地がある。

(6) LiDL ／リドルは、世界中約 8,000 店舗を展開するドイツのディスカウントスーパーマーケットチェーン。

第24話　チャタレイ

　7時だというのにまだ暗かった。外は一面の霧、白色街路灯
に照らされた明かりの中を横方向に流れる霧の粒子をしばらく見
ていた。部屋はホテルの後ろ側で広い空き地と倉庫のような建
物が視界を遮る霧中空間の向こうにぼんやり見えていた。英仏
海峡ではしばしば霧が発生するらしいが、海峡の町ポントルソ
ンは濃霧の夜明けを迎えようとしていた。
「もうそろそろ起きないと8時20分には間に合わないよ」
「うーん」
　妻が起き出して準備を始めた。
「この霧では濡れるかも知れないな。ウィンドパーカーを準備し
て」
「うん」
　ロビーに下りて行った。フロントは娘さんではなくお父さんの
ような人だった。朝食を準備しているのかパンが焼ける香ばし
しいかおりがした。
「ああ、食べて行きたいなあ」
「仕方ないよ」
　お母さんのような人が食堂の入口から顔を出して送ってくれ
た。奥に娘さんもいるようだった。
　チェックアウトを済ませ外に出ると霧は少し晴れていたが、
小粒の水滴がウィンドパーカーをすぐに湿らせた。ホテルの反
対側の歩道に渡って駅に向かって進むとパン屋さんがあり、こ
こでもいいかおりがした。思わずドアを押し開けて中に入った。
ドアを開けるとかおりは一層鼻を擽った。丁度そこへ店の女主
人なのか女性が、一抱えほどある大きなパンを乗せたトレイを
抱えて奥から出て来た。その美味しそうなパンくださいと言い
たかったが、小さなパンを2種類、2つずつ買って店を後にした。

「やっぱりフランスね。こんな時間なのにもう焼き立てのパンが並んでいる。何時ごろから起きているのかね」

「それがパン職人というものだろう」

　霧は少し晴れたと言っても夜は開けておらず、数十ｍ先は霧に包まれて何も見えていなかった。

　駅前の広場入口の左隅に屋根付きのバス停があった。霧も上から降ってくるのだろうかその中に入ると幾分濡れないような気がした。買ってきたパンを取り出して齧った。

「うーん、この麦と酵母の匂い。何とも言えない」

　日本のそれとは少し違うような気がする。冷たいベンチには座らず、立ったままパン２個の朝食を済ませた。バスが来るまでまだ２０分近くあった。霧で薄っすらとしか見えない駅舎、私は、広場の奥の右側、駅舎の前にもう１か所、看板だけのバス停があるのを知っていた。どちらのバス停がモンサンミシェル行のバス停だろうか。たぶん向こうのような気がする。汽車から降りて来てバスに乗る人は駅舎の前のバス停に来るだろう。こちらのバス停で待っていても拾ってくれるだろうが、バスは、まず向こうのバス停からスタートするのではなかろうか。

　広場を横切って奥のバス停に移動し、体を動かしながら霧の冷たさを凌いでいると、線路と並行した、私たちが来た通りの１つ線路側の裏通りから広場の方にやって来る２人連れを霧の中にボーとした形となって見つけた。真っすぐこちらに向かって近づいて来る。少し甲高い女性の声がした。たぶん同じバスに乗るのだろう。霧の中から現れたのは、２人とも２０歳前後と思われるアジア系の女性だった。日本人だと思った。

「モンサンミシェルに行かれるのですか」

"Well, well, we are Taiwanese."

"I'm sorry, Would you like to go to Mont Saint Michel."

"Yes, We went yesterday."

"Would you like to go today."

"We want to enjoy again."

"We went yesterday. It was wonderful. Today we take a

bus to Rennes and a train to Paris. We are traveling by train around Europe with the Euro pass."

彼女たちは、私の話にすごく興味を示した。

"Expensive？"

"It's expensive."

彼女たちがふーん、と関心を示したとき、バスがやって来て私たちから乗り込んだ。お客はこの4人だけだった。バスは昨日来た道とは異なり、少し海よりの道をモンサンミシェルへ向かってほぼ直線的に走っていた。私は、もうそろそろ降りなければと思いつつも、いくつか建物が集合した場所にバス停があったのに降車の合図を送ることができず、そのまま通過してしまった。

「さっきのバス停じゃあなかったの」

「そうかも知れない」

「やっぱりそうよ」

バスはモンサンミシェルへ向かう海の中道に差し掛かろうとしていた。

結局、モンサンミシェル下の終点まで行って停車、上空は霧が晴れて群青の空、海面近くは霧の海となっていた。そんな中でモンサンミシェルは、霧の上に黒い影となってその優美な形を浮かび上がらせていた。

"Wow wonderful. Can you take a picture？"

バスの中では彼女たちと離れて座り会話がなかったが降りると再び会話が始まり、霧の海から突き出た世界遺産をバックに2人一緒になった写真を撮り合い、最後に彼女たちが持っていた長い棒の先に付けたスマートフォンで4人一緒の写真を撮った。4人は同じ霧の中にいた。

"Well then. goodbye."

"Goodbye then."

互いに手を振り合い、しばらく歩いて振り向き、彼女たちも振り向き、また手を振り合い、彼女たちはモンサンミシェル、私たちは海の中道へと別れて行った。

私は、まもなく荘厳な光景が始まる予感がした。前方左の海岸線の先、地平線からまさに太陽が昇ろうとしていた……。太陽が地平線から一筋の光を差し出したとき、振り返ると、その光の先は一点となってモンサンミシェルに突き刺さっていた。
「わあ、すごい！」
　霧の中に神々しく浮かび上がったモンサンミシェル、神の存在を感じさせずにはいられなかった。昔、海の中の岩山だったとき、人々はそこに神々の存在を感じたとしても不思議ではない光景、大自然のスペクトラムが創り出す光と陰、その光の中に小さな修道院を建造し、神としてあがめたのは必然的な成り行きだったとしてもけっしておかしくなかった。
　中道を帰りながら何度も何度も振り返ってモンサンミシェルを見、写真を撮った。当初、霧の中に浮かぶ重厚な城だったが、時間が経つにつれ徐々に赤みを帯び、とうとう城の壁面が威厳を示すかのような黄金の輝きとなり、やがて、時間とともに岩山の壁面色となっていった。それは、ほんのひとときのことであった。私の見たあの輝きは何だったのだろう。バス停を間違えて終点まで行ったから得られた体験として止め置くには、あまりにも菩薩の後光に近い光だった。
　インフォメーションセンターに帰り着いた。
「とりあえずバス停に行って、もう一度時間を確認しよう」
「うん」
　バス停で中年のアジア系女性が１人、バスを待っていたので少し頭を下げ発車時間を確認した。レンヌ行きのバスの発車までまだ１時間近くあった。
「やはり時間どおり」
「うん」
　私たちの会話を聞いて女性が話しかけてきた。
「日本の方ですか」
「そうです」
「やっぱり、旅行ですか」
「ヨーロッパ１周、鉄道旅をしています」

248

「そう、素敵、1週間前、東京から来て、パリで3か月ほど踊り
の勉強をして帰るの。休日なのでバスでここへ来てみたの」
「じゃあ、これから帰られるのですか」
「パリからの直行便を予約して来たの。今夜は泊って帰るのは
明日よ。バス停を確認に来たの」
「私たちはレンヌまでバスで行って、今日中にパリまで行きます」
「切符持っている？」
「いいえ、持っていません」
「ここのバス、予約がないと乗れないはずよ」
「えっ」
「頼めば乗せてくれるかも知れないけど」
「多分満席ではないと思うので、お願いしてみます」
「そう、頑張って」
　女性は言いたいことだけ言って、行ってしまった。少し心配
になってきた。
「大丈夫？」
「大丈夫だよ。たぶん乗れるよ」
　少し離れた芝生の中でしゃべっていた若い3人組の女性たち
がバス停にやって来た。レンヌ行きのバスに乗るような雰囲気
だった。
　"Where have you been from."
　"I'm from Colombia."
　"Everyone from Colombia？"
　"All are Colombians. We came from Colombia a week ago
as she is studying abroad in Paris."
　"I have been to Cartagena, Colombia."
　"We are also from Cartagena."
　"There will be a beautiful of an Indian woman on the hill."
　"I don't know."
　"Indian Caterina."
　留学している子が言った。
　"That's right, nostalgic old town and beautiful sea."

"France is also wonderful, I'm glad I came."

"Do you go to Renne by bus？"

"Yes, Then take the train to Paris and the tow will fly back to Colombia tonight."

"I see, do you have a bus ticket？"

"Yes, I bought it on the internet."

3人とも切符を出して見せてくれた。

"I only have this."

ユーロパスを見せた。

"Can I get on the bus with a Euro pass？"

"I don't know."

"If we can't get on, I'll ask the driver to get it for money, so can you ask the driver too？"

"Understand."

素直な返事だった。

「乗れない」

と言われた場合、一緒にお願いしてもらえるよう、彼女たちに頼んだ。このバス停で待っているのは5人だけなので、たぶん大丈夫だろう。

　バスが着き乗客が降りた後、彼女たちが乗り込み、3人とも中間付近の席に付いたのを横目で見ながら乗り込み、ダメだろうと思いながら運転手にユーロパスを見せた。案の定、手を横に振られた。

"You can't board without a reservation."

　留学している子が、私のすぐ傍までやって来た。

"I haven't made a reservation, but I will pay for it, so Please let me board."

"Okay. It's 30 euros for two people."

　彼女に大丈夫という合図を送った。断られたら援護してくれる気でいたのだろう。彼女は友の待つ席へと帰って行った。久しぶりにカルタヘナ[1]の人々の気質に触れたような気がした。私は嬉しかった。

　バスはブルターニュ地方(2)の中心都市レンヌのビルが立ち並ぶ広い道を抜け、駅のバスターミナルへと帰って来た。私は、ブルターニュ地方の碧い海のようなマリアンヌの瞳を思い出し、彼女が大きなキャリーバッグを引きながら帰って行った狭いエスカレーターを上がってターミナルへとやって来た。時刻は 11 時 30 分になろうとしていた。チケットオフィスの場所はすぐに見つかったが、今日は日曜日で正午から業務開始となっていた。
「えっ」
　パリに遅くなって着くのは危険だと思っていたので 12 時 9 分発の TGV に乗るつもりでいた。発車までの 9 分間で座席指定を求め、階下のホームに走り、TGV に乗り込むのはとても無理だ。
「どうしよう」
　妻は心配そうに私の顔を見ていた。
「次の便は 2 時過ぎで着くのは 4 時を回ってしまう。何とか乗れないかなあ……。お茶でも飲もうか」
　近くでカルタヘナの 3 人が立ち話をしていた。
"What time can you get on the train？"
"It is a train departing at 12:09."
"That's light. I can't make a reservation because the office isn't open."
　3 人とも心配そうな顔をして私を見ていた。
"I'm sorry to worry. Goodbye."
"Goodbye."
　彼女たちの一斉に発した声が雑踏の中を駆け、嘗て耳にしたことのある声の響きとなって、南米コロンビアの郷愁をよみがえらせた。
"Please give me coffee, orange juice and this bread."
　ターミナル内のパン屋の前に並べられたテーブルの 1 つに腰かけ、昼食のパンを半分にして 2 人で齧った。
「乗車券はあるので車掌が開いている席を売ってくれるかも知れないし、満席でも頼めば乗せてもらえるかも知れない」

「そう」

「頼むだけ頼んでみよう。ダメだったら次の便にしよう」

　腹が決まったのでなんとなく落ち着いた気分になり、好きなコーヒーとパンの組み合わせをゆっくりと味わった……。

「よし、行こう」

　エスカレーターでプラットホームへと下りて TGV が入ってくるのを待った。やがて、TGV がヨーロッパの他の車両より一回り大きい車体を音もなくホームに滑り込ませて来た。ドアが開き、車掌がホームに降り、引き続き大勢の客が降車した。私は乗車する客を交わしながら車掌に近づきユーロルパスを見せて、

"Please take two people to Paris. The ticket office was closed until 12:00 and I couldn't make a reservation. Please."

　なぜその車掌に頼んだか分からなかったが、なんとなく上級者のような気がしてその人に近づいたのだった。

"All right. Sit over there."

"Thank you. Thank you very much."

　車両に出入りするドアサイド、前、後両壁には、埋め込まれた 30cm 角のシートがそれぞれ 1 脚ずつあり、普段は壁と一体になっているが引き倒すことにより壁と直角な椅子となり、腰かけられるようになっていた。

　私たちはそのシートを倒し、リュックサックを傍に置き、互いが向き合うような格好で腰かけた。デッキに立つものとばかり思っていたので意外であった。座り心地は快適とまで行かなくとも立つことを思えば十分快適であった。

「なんだ。こんな椅子があるのか」

　たぶん各車両の出入り口にあるのだろう。どんなときにこの椅子を使うのか、乗務員は乗務員で居場所があるだろうし、非常時、定員以上の人を乗せなければならない事態を想定、少しでも多くの人が座れるように配慮したとしか考えられない。ヨーロッパ的思考の奥深さを感じさせるものだった。

　TGV が発車して 30 分ぐらい経った頃、乗車を許可してくれた車掌が女性車掌とともに私たちの近くを通りかかった。

"Please reserve your seat the next time you board the TGV."

"understand."

　彼はトレインマネジャー⁽³⁾だった。申し訳ないという気持ちが一瞬よぎったが、デッキを通り抜ける人も私たちの方を気にしている様子もなく、パリへ向かっている興味の方が先に立ち、当然のような顔をして車窓を眺めていた。

　大都会パリが多くの人々を誘引して呑み込むように、TGV は私たちを抱えたままパリ・モンパルナス⁽⁴⁾駅の奥へと入って行った。地下鉄の切符売り場まで来たが、どのようにして乗り、何処で降りたら良いのかさっぱり分からない。やっぱり聞くしかない。大きなリュックサックを背負って派手なウィンドパーカー、いかにも旅行者という感じで、通り行く人がそれとなく気を使ってくれているような気がした。

"Excuse me."

　大勢の人が通り過ぎる中で軽く声を掛けたつもりだったが、2 人の男性が立ち止まってくれた。

"I want to go to the Champs Elysees, where should I get off？"

　中年の紳士の方が詳しく説明を開始したので、もう 1 人の男性は一言、声を掛けて行ってしまった。何と言われたか思い出せない。

"There are three stations in the center of the Champs Elysees. Go on line 4. Change to line 1 at Chatley station, the fist station is Champs Elysees, the second is Roosevelt, and the last is George V."

　紳士は私の持っていた手帳を取り、路線図を詳しく書いて渡してくれた。

"Thank you. Thank you very much."

　紳士と別れライン 4 まで来た。チャタレイって何番目の駅だろう。正確にはシャトレ⁽⁵⁾と発音されたのであろうが、私はチャタレイと聞き取っていた。車内放送を聞き取る力はないので駅名の

アルファベットを記憶し、6番目に停車する駅であることを路線図で確認、何とか無事に乗りかえシャンゼリゼ駅⁽⁶⁾に着き、地上に出てキョロキョロ周りを見渡した。

「これがシャンゼリゼ通り？　大きいなあ」

　遠くに凱旋門が見えていた。この距離であの大きさだから近くに行けば相当な大きさだろう。

「人が多いね」

　私たちは、この美しい街を大きなリュックサックを背負い、お上りさんのように凱旋門へと向かって歩いた。恥ずかしいなど言っておられない。道行く人もそんな私たちに気を留める人など1人もいなかった。

　凱旋門が目前に迫った交差点で通りの右側から左側へ渡り、左に1区画入った上り坂の途中に目指すホテルがあった。チェックインのとき、フロントにセーヌ川クルーズのパンフレット⁽⁷⁾置いてあることに気が付いた。まだ3時前だった。部屋に入ってリュックサックを肩から下した。

「セーヌ川クルーズに行こうか。川からだけど多くの建築物が見えるかも知れない。エッフェル塔は確実に見える。川の傍だから」

「今からでも大丈夫？」

「そんなに遠くないから大丈夫だろう」

　身軽になってフロントに下りて行った。

"I would like to go to the Seine."

　フロント係の男性は折り畳んだ小さな地図を広げ、セーヌ川までの行き方やシャンゼリゼ通り、ルーブル美術館などの場所をマーカーペンで記入してくれた。

"I have a cruise ticket."

"Please two tickets."

"Enjoy."

　ホテルを出てシャンゼリゼ通りとは逆方向に坂道を登って行き、上り詰めたところの広い通りを左へ下りて行った。広大なヨーロッパ大地は、その全てが平ではなく至る処で大きく波打っ

ていた。その波底を大河が流れているのだろう。

　セーヌ河畔に出ると川向こうにエッフェル塔⁽⁸⁾が見えた。橋を渡り、塔を見上げるところまで行き、船着き場へと下りた。クルーズ船は何隻もあり、この券がどれなのか分からないが、とにかく並んでいる人の後ろに付いた。何人か前の人が乗船時のチェックで違うと言われたので気が気ではなかったが、スムーズに乗船、開いている席に付いた。天井がガラス張りになっていて周囲の景色が広範囲に見渡せた。

　大河セーヌの水はゆったりと流れ、船が川下に向かったのか川上に向かったのか分からないまま、荘厳な建築物が織りなす中洲の右側を抜け、しばらく進んで反転し、中洲の右側、先ほどの反対側を通過、元の船着き場を通り過ぎ、しばらく進んで反転、出発した船着き場に達着、思っていたより長い時間のクルーズだった。やはり、セーヌ河畔には伝統的な建築物が立ち並び、それらをすべて見て回ったような気がして非常に満足だった。

　コンコルド広場⁽⁹⁾まで歩き、シャンゼリゼ通りを凱旋門に向かってそぞろ歩いて通り抜け、緑にライトアップされた凱旋門を見上げていると、少し冷やっとする大陸の風が身体を冷やし始めた。心の深いところからとてつもない郷愁が止めどもなく湧いてくる。

「遠くまで来たなあ」

「そうねえ、まだ後10日以上あるよ」

「美味しいものでも食べて帰ろうか」

「うん」

　ホテルには帰らず、ホテルの前の坂道を登って上の通りに出た。セーヌ川に下りるとき、道の反対側になんとなく感じの良いレストランがあるのを見ていた。ホテルからそんなに遠くないし、迷わずその店へと向かった。

　思ったとおりの静かな店で、シャンゼリゼ通りから少し離れることで観光客の姿は見えなかった。パリに来て人の多さに驚いたのはともかく、人の流れに沿って、あるいは逆らって歩いて来てこの洒落た椅子に座り、ほっと安らぎを感じた。何も分からな

く注文した料理が並べられ、葡萄酒を口に含んだ頃には、あれ
ほど強く感じた郷愁はこの丘を渡る風とともに吹き去っていた。
「美味しいねえ、これなに」
「魚じゃあないかなあ。さっき、セーヌ川で取れる魚とか何とか
言っていたような気がする」
「レマン湖の魚も食べたし、ヨーロッパの淡水魚、こんなに美
味しいのかねえ」
「ソースが上手いんじゃあないかな」
「明日はルーブル美術館(10)に行くとして、明後日はアムステルダム(11)
に行こうか」
「いいよ」
「イギリスに渡ったらユーロパスも使えなくなるし、まだ少し早
い気がする。5日前ぐらいでいいんじゃあないかな」
　11月4日、ヒースロー空港から日本に向けて飛び立つ計画で
あり、イギリスで5泊するとして10月30日、パリかブリュッセ
ル(12)からユーロスター(13)でロンドンに渡ろうと考えていた。20日前
ハンブルクを立つとき、オランダの方へ先に行こうかとも考えた
が、私の描いたヨーロッパ1周が、どのくらい日数を要するか計
算できなかったので、ハンブルクから右回りで回って、パリに予
定より早く着いた場合、オランダやその向こうまで足を延ばすこ
とにしていた。親切なヨーロッパの人々に支えられて意外と早く
回って来られたので1週間ほど余裕ができた。とりあえず明後
日はアムステルダムへ行こう。
「少し酔ってきたかな。そろそろ帰ろうか」
　いくぶん風が冷たくなったのか、誰も通る人のいなくなった店
の前の歩道を若い2人連れが寒そうにしてセーヌ河のほうへ下
りて行った。ホテルへの坂を登りながら、アムステルダムだけで
は日数が余る、その後、キール運河(14)とローレライ(15)を見てくれば丁
度よい日数になるのではないかなと考えた。思い当たるのは子
供の頃習った地名ばかりだった。振り返ると妻は少し離れたとこ
ろをついて来ていた。
　ホテルに帰ると早速、明後日からの行動計画を考えた。明後

日、23 日アムステルダム、24 日キール運河経由ハンブルク、ローレライは列車で行くとしても 25、26 日と 2 日見ないと、27 日にパリに帰って来たとしてもまだ 2 日余裕がある。それは道々考えるとしてローレライへはどうして行こう……。列車の時刻表、川を渡る船便など、考えたがいい方法が思い浮かばない……。そうだ、ライン川下りのツアーがあるのではないだろうか。早速、ネットで検索……。あった。この方法が最適だ。すぐに申し込んだが、こちらのメールアドレスをパソコンのアドレスで送信してしまった。しまった。これでは向こうからの連絡が家のパソコンに行って私に届かない。仕方がない。料金が二重に請求されるが、携帯のアドレスにして再度申し込んだ。ツアーが 1 日かかるとして前日には行っておかなければならない。25、26 日、フランクフルトで宿泊、27 日、パリへ帰って来よう。間違えて 2 回申し込んでしまった理由と 1 回目の申し込みをキャンセルしてほしい旨をツアーの企画会社にメールした。夜もだいぶ更けてきた。妻は寝息を立てていた。

　夜遅くまで賑わっているシャンゼリゼから 1 区画入った裏通りは物音ひとつ聞こえず、人も通らない暗い坂道を凱旋門の淡い緑灯に誘われるかのように一条の風が吹き抜けるだけだった。

　セーヌ川河口ノルマンディー橋の辺りまで来た 2 頭の白いイルカの、もう少し上流に上ろうかと鳴き合うかすかな声が、大地の起伏を舐める北西の風に乗ってパリまで届いているシャンゼリゼの夜だった。

　　ポントルソン〜モンサンミシェル〜レンヌ（79.4km）

　　レンヌ〜パリ（約 349.7km）

［注］

(1) カルタヘナ／南米コロンビアのカリブ海に面した港町、人口約 89 万5 千人、1985 年に「港、要塞、歴史的建造物群」が、ユネスコの世界遺産に登録されている。国内きっての観光地。

(2) ブルターニュ地方／フランス北西部に突き出た半島を中心とした 5つの県からなる地域圏、北はイギリス海峡、西はケルト海と大西洋、南はビスケー湾と接している。

(3) トレインマネジャー／列車の車掌長。

(4) モンパルナス駅／パリ市の南モンパルナス地区にあるターミナル駅、主にフランス西部、南西部方面行き列車の始発駅。

(5) シャトレ／パリの地下鉄駅、1900 年開業、以前砦のあったシャトレ広場にちなんで命名された。2 つの部分が長い通路で繋がった構造となっている。

(6) シャンゼリゼ駅／シャンゼリゼ＝クレマンソー駅、パリメトロの駅、駅名は東西に走るシャンゼリゼ通りと駅のあるクレマンソー広場からとられている。

(7) セーヌ川／全長 780km、フランス第 2 の長さ、流域は、ほぼ全体がフランス内でパリを流れ、何度も大きく蛇行した中下流部の流れが特徴。

(8) エッフェル塔／パリの象徴的な名所となっている塔、1884 年、パリで開催された万国博覧会の目玉として建設、塔の名前は設計及び建設者のギュスターヴ・エッフェルに由来する。

(9) コンコルド広場／セーヌ川北岸の中心部界隈に位置し、シャンゼリゼ通りの南東端、東に向かうとパリ行政区上 1 区になる。

(10) ルーブル美術館／フランスの国立美術館、世界最大級の美術館、収蔵品 38 万点以上。先史時代から 19 世紀までの美術品約 38,000 点が、総面積 60,600㎡の展示場に公開、毎年 800 万人を超える入場者がある。

(11) アムステルダム／オランダの首都、オランダ最大の都市、人口約 82 万人、商業や観光が盛んなヨーロッパ屈指の世界都市、地名は「アムステル川のダム（堤防）」、元々は小さな漁村だったが、13 世紀、アムステル川の河口にダムを築き、街が築かれた。

(12) ブリュッセル／ベルギーの首都、人口約 116 万 3 千人、域内に憲法上の首都ブリュッセル市があるが、実際には首都圏地域全体で首都機能を果たしている。名称は、沼、湿地、家という単語から来ている。フランス語とオランダ語の公式な 2 言語地域であり、街中にある看板、標識、駅名などは、2 か国語表示が義務付けられている。欧州委員会など多くの国際機関がある。

(13) ユーロスター／英仏海峡トンネルを通りイギリスとヨーロッパ大陸を結ぶ国際列車、最高速度 300km ／ h、ロンドンとフランスのリール、パリ及びベルギーのブリュッセル間で運行、2018 年 4 月 4 日からブリュッセル経由オランダのアムステルダムまでの直通運転が開始された。

(14) キール運河／ユトランド半島の根元を横断する北海とバルト海をつ

なぐ運河、正式名は、北海バルト海運河、全長98km、幅102m、水深11m、北海とバルト海の間に高度差は少ないが、潮の干満対応のため閘門が運河の両端にある。

(15)ローレライ／ライン川流域の町ザンクト・ゴアールスハウゼン近くにある130mの岩山、その岩にいる精霊の伝承、伝承をもとにしたハインリヒ・ハイネの詩でも知られる。

(16)ライン川／スイスアルプスを水源とし、ドイツ国内を流れオランダから北海に注ぐ全長1,233kmの大河、698kmはドイツ国内を流れ、ドイツにとっては重要な河川、その流域を主軸の1つとしてドイツ史は展開していった。古くから沿岸地域の交通の大動脈であり、現在もその大きな役割りを果たしている。

(17)ノルマンディー橋／セーヌ川河口に架かる斜張橋、長さ2,143・21m、主塔間の距離856m、建設には7年の歳月を要し、1995年1月20日開通、主塔間の距離は、上海の楊浦大橋を254m上回り世界最長であったが、1999年日本の多々羅大橋に34m差で破れた。

第25話　パリ・ノード

10月22日（月）　パリ晴れ

　誰もいない階段をフロントよりさらに下の食堂へと下りて行った。狭く細長い食堂にはテーブルと椅子が数組並べられ、中年の女性が1人で食事をとっていた。時折発せられるフォーク、ナイフが皿と触れ合う音、コップをテーブルに置く音以外何も聞こえなかった。私たちもほとんど会話しないまま簡単な朝食を済ませ、部屋に上がり出発の準備をした。

「はじめ、ノード（Paris-Nord パリ北駅、フランス語ではパリ・ノールと発音するらしいが、アルファベットの綴りをそのまま英語読みしていた(1)）に行って、明日の座席を取ってからルーブル美術館に行こうか」

「いいよ」

　今夜もこのホテルに宿泊する予定であり、荷物を部屋に残したまま身軽になってホテルを出てシャンゼリゼ通りの方へ下りて行った。通りに出て右へ行った所に地下鉄ジョージⅤ駅(2)への下り口があった。昨日もモンパルナス駅から来て地下鉄に少し慣れたから、ノードにも地下鉄で行けるだろう。路線図を見ているとチャタレイでBもしくはDラインに乗り換えれば行けることが読み取れた。今朝は販売係の人から切符を買ったけど、自動販売機での買い方さえマスターすれば完璧だな。

「チャタレイからDラインで行こうか」

「うん」

　パリ・ノード駅のエントランスホールには多くの人が行き交っており、案の定チケットオフィスにも長い列ができていた。仕方ないなあ。ヨーロッパの中でもパリは特に人が多いような気がする。それだけ花の都パリには世界中の人を引き寄せる吸引力があるのだろう。やっと私の番が来た。

"Seat reservation please."

"I want to go to Amsterdam by train tomorrow."

"This is an office for today's tickets, so please go to office on the second floor."

"Yes."

カウンターを離れて妻の所に行った。

「どうしたの」

「ここは当日券のみで明日以降の便は2階のオフィスで扱っているそうだ。長い列に並んで時間を損した」

列に並ぶ前に確かめるべきだった。まさかチケットオフィスが2か所あるとは思わなかった。確かめようにも並んでいる人の中には外国の人も多く、彼らもよく分かっていないのかオフィスの案内係との話が長く続いていた。前にも同じようなことがあった。基本どおり、話が終わるのを待ってオフィスの人に確かめるようにしよう。

2階に駆け上がると言われたようにチケットオフィスがあった。こちらは列ができるほどの込み合いではなかったが、それでも何人かの人が並んでいたので近くにいたオフィスの男性に明日の座席指定券が買いたい旨を述べ、そこに並ぶように指示された。すぐ自分の番になった。

"Seat reservation Please."

"I want to go to Amsterdam by train tomorrow."

"full."

係の女性は申し訳なさそうな顔をして小さく一言答えた。次の便もその次の便も満席だった。要するに明日の便はすべて満席だった。

"I see."

イギリスに渡る前にパリからもう少し移動しようと決めた私には、1日でも無駄にする時間はなかった。

「どうする」

「仕方ないから、もう1日パリにいたら」

「ホテル代も高いし、そんなことはしたくない」

その間も色々調べていた女性が、

"There is up to Brussels. Do you want it?"

"Please."

　私が指定した朝一番の便だったし、アムステルダムへはブリュッセルを経由するので、ブリュッセルから先、別の便に乗り換えて行けるだろうと思った一方、たぶん、ブリュッセル行は、ブリュッセルで切り離されるだろう。切り離される前にアムステルダム行きの車両に移動し、後はデッキで立っていよう。と恐ろしいことも心に浮かんでいた。

"If someone cancel Amsterdam, I will hold it down. Is it okay？"

"Please."

"Please give me a phone number."

　女性はメモ用紙を差し出した。しかし、私は女性が言った言葉の半分しか聞き取れず、よく分からないまま返事して電話番号を書いた。電話番号を書けと言うのだから何かあったら知らせるという意味だろう。たぶん、キャンセルが出たら押さえるということだろうと勝手に考えた。番号を書きながら、もし電話が掛かってきたらどうしよう、電話を通しての英語が聞き取れるだろうか、分からないまま生返事したことを悔やんでいた。

　ブリュッセル行の座席指定券を発券してもらって地下鉄駅へと下りて行った。帰りは来たときの逆で、ラインＤからチャタレイでライン１に乗り換え、ルーブル美術館近くの駅で降り、美術館の正面口へと回った。

「何！　あれ」

　予想はしていたが、温室のようなガラス張り四角錘型屋根の下にあるゲートから２本の長蛇、長い、長い列ができていた。列が２本あるのは入り口が２つあるからだろうと簡単に考えていたが列の長さが倍以上違う。なぜだろう。すんなり短いほうに並べばいいのだろうか。

「俺が長いほうへ並ぶから短いほうへ並んで」

「２人一緒に短いほうへ並んだらいいんじゃない」

「間違って並んでいたら別の列の最後尾に行かなくてはならないだろう」

「そうね」

「２列ある意味が分かってから移動すれば、少しは前に進んでいるだろう」

　入口の辺りは九十九折りになっている。最後尾は四角垂の建物を回り込んでいてここからでは見えない。列を撫でるように回り込んで行った。周囲は中世の宮殿のような美術館の建物がコの字型に取り囲んでいて、その建物を見るだけで中に展示してある数々の崇高な美術品を感じ、なんとなくわくわくした。

　入口が見える辺りまで進んだとき、妻がやって来て私の前に入った。私の後ろには長い列ができていた。

「日本人の添乗員さんが通りかかったので聞いたら、こっちが当日券だって」

「向こうは前売り券売り場か、どおりで短いはずだ」

　入り口でチェックを受けて長いエスカレーターを下りたロビーに入場券の販売機がいくつか並んでいた。あれだけ並んでいた人を全て呑み込み、私たちの到着前に入場していた人を含めると、途方もない数の人がエスカレーターを下りたことになり、館内は雑踏の中にいるようなざわめきに包まれていた。特に名画の前は大勢の人が立ち止まって鑑賞していて、人の頭越しにやっと名画の片隅が見える。といった具合で、私が想像し気持ちを高ぶらせた最高位の名画を揃える美術館の格調の高さとは程遠いものであった。それでも、せっかく遥々来たのだから階を変えることで何層にもなった広大な展示室に配置された名画、名彫刻の数々を人が多いことなど気にせず、少しでも良い角度から観賞しようと一展、一展、見て歩き、歩いて行くにつれ感動した。名画や名彫刻は人の多さなど気にさせない魅力的な輝きを放っていた。

　長い時間がかかってやっと出口に誘導された。出口に向かう広い通路の両サイドは有名ブランドを扱う店が軒を連ね、帰る人を誘っている。ああ、どこか病んでいる。やはり、ここはパリの一大観光地なのだということを私に知らせていた。

　美術館を出ると、ここ何処、というような通りに出た。左に行

き、建物を回り込んでやっと正面の広々とした公園に出た。パリの日差しは既に傾いていたが、多くの人がまだ公園を散策している中、コンコルド広場へと向かった。もう少し早い時間に出てこられると思っていたがほぼ1日、長い時間をこの美術館で費やしてしまった。広場から凱旋門に向かうシャンゼリゼ通りにはライトを点灯した車が長い列になって切れ目なく走っている。

「どうしようか。歩いて帰ろうか」

「うん」

　広く遠いシャンゼリゼ通りを凱旋門に向かって歩き出した。多くの人が歩道1杯に迫出したカフェテラスでお茶やお酒を楽しむ様子を横目で見ながら、椅子の背凭れにたっぷりともたれかかった背中を擦るようにして通り過ぎ、その熱狂ぶりに感化されていった。今日も昨日と同じ店に行こうと考えていたが、ふと、前方に見えたムール貝の看板を立てたレストランに興味をひかれた。

「ご飯食べて帰ろうか」

「いいよ」

「どこか行きたい店がある？」

「ないよ」

「あそこに入ろうか」

「うん」

　入口から通路を少し中に入った店内は思ったより広く、多くの人が食事と会話を楽しんでいて、昨日の店のような静けさはなかった。案内されたテーブルの隣席にいたアジア系の2人連れも大きなボールに食べ終わった黒い貝殻を投げ入れていた。そのとき、携帯にメールが入っていることに気が付いた。旅行会社からだった。同じ名前で2度申し込みがあったのでおかしいなと思っていた、1回目のキャンセル了解、ツアー料金をクレジットに返済したという内容に続いて、当日、11時出発、出発の15分前までにフランクフルト中央駅近く○○ホテルの反対側にある旅行会社で受付を済ませてくださいとの連絡だった。

「旅行会社、1回目のキャンセル、了解した」

「えっ、どういうこと」

　料理もまだ来ていないし、事のいきさつを説明した。

　しばらくしてウェイターが注文を伺いに来た。うーん、と迷ったが、私はムール貝への欲求には逆らえず、となりと同じものを注文、妻はサラダ系の軽いものを注文した。それでも、ビールの酔いが訪れる頃には全ての思考は吹き飛んでしまい、料理の美味しさとビールの美味さに酔いしれていた。

「美味しかったなあ。帰ろうか」

「ああ」

　シャンゼリゼ通りに出ると凱旋門のあたりから、火照った頬を冷やす柔らかな風と青白い光が私たちを誘っていた。

「凱旋門の近くまで行って帰ろうか」

「うん」

　凱旋門を見上げるところまで来た。暗くなっても門の周りを多くの車がひっきりなしに回っている中、車の音を耳から遠ざけるように意識すると、凱旋門の背後に悲しく光る深い群青の空が私に覆いかぶさってきた。その群青の中に何かが輝いた。ああ、明日、この空の向こうに行けるだろうか。

　ノルマンディー橋とオンフルール港⁽³⁾の奥を行ったり来たりしている2頭の白いイルカの撥ねる水音が、セーヌの川風になって蛇行しながらエッフェル塔下の川面まで来ている気がするパリの夜だった。

　　パリ市内観光（数十km）

［注］
(1)パリ北駅／フランス国鉄のパリ主要ターミナル駅の1つ、年間の利用者数約1億9千万人、ヨーロッパにある鉄道駅の中で最大。
(2)ジョージⅤ駅／ジョルジュ・サンク駅、パリメトロ1号線の駅、駅名は駅から南に伸びるイギリス国王ジョージ5世にちなんだジョルジュ・サンク通りからとられている。
(3)オンフルール港／セーヌ川河口の左岸に位置し、観光の町として知られ、旧港の風景は印象派絵画の題材ともなった。

第26話　北のヴェネツィア

10月23日（火）　パリ晴れ、アムステルダムくもり

　薄暗い階段を1歩、1歩、確かめながらロビーに下り、チェックアウトを済ませてホテルの出入り口のドアを開けた。ロビーは薄暗く、外はもっと暗い闇に包まれていたが、シャンゼリゼ通りの方から誘う街路灯の光に導かれ暗い坂道を下りて行った。

　シャンゼリゼのホテルということで通常ホテルの約10倍の宿泊料だった。その事は了解して予約したのであったが、支払ってみると少し郊外のホテルでも良かったかなと道に足を取られながら思った。それも、パリの地下鉄に乗り慣れ、少しくらい離れても問題ないことが分かってきたためそのように感じたのであり、パリに入る前は不安が一杯で、シャンゼリゼに近くなければと宿泊料に糸目をつけない自分がいたのだろう。

　シャンゼリゼ通りに出て右に行き、地下鉄ジョージV駅の階段を下りて行くと改札があるが、やはり、切符を売る駅員はまだ出勤していなかった。こんなこともあろうと昨日ノードに行く際、切符を2組買っていた。地下鉄に慣れたといっても自動販売機で正確に素早く切符を求められるまでには至ってなかった。改札を通れば後は慣れたもので、路線図のとおりチャタレイで乗り換え、予定通りノードに着いた。案じていたチケットオフィスからの電話はなく、たぶんキャンセルはなかったのであろう。

　私は、道々、ひょっとするとブリュッセルでアムステルダム行の列車に移動できないのではないかと感じ始めていた。この頃には、アムステルダムまでは思っていたよりも遠い。ブリュッセルで一旦降りてアムステルダム行を待つ余裕などないのではないか。どうしても最初からアムステルダム行に乗るしかない。そのつもりになっていた。

　長い地下道を通り、階段を上がって駅の広いエントランスホールに立って電光掲示板を見上げたが、ブリュッセル・アムステルダム行のプラットホーム番号は示されていなかった。朝食の

パンとジュースを買って頭端式駅のホームが見えるコンコース
に出てみることにした。エントランスホールから少し薄暗いコン
コースに出るといくつかのホームに列車が入線しているのが見え
たが、ブリュッセル・アムステルダム行らしい列車は見えなかっ
た。ここからでもホーム先端上に設置された電光掲示板が見え
るので、立って待つことになるが、ここでしばらく待つことにし
た。

　やがて、燃えるように赤いタリス(1)がいくつもの車体を連結し、
音もなく中央付近のホームに入線して来た。
「あれだろう」
　まだ、電光掲示板にホームナンバーは光っていなかったが、
予想した列車タリスは7両連結の列車が2列車、中央で連結
されている。
「あのタリスだとすると、走行中に後ろ側ブリュッセル行の列車
から前側アムステルダム行の列車に移動することはできないな
あ」
「どうする」
「アムステルダム行の車掌に頼んで最初からアムステルダム行
に乗るしかないだろう」
　しばらくして、電光掲示板にブリュッセル・アムステルダム行
のプラットホームを示すナンバーが光った。
「やっぱりあれだ」
　大勢のお客とともにホーム先端の改札に並んだ。ユーロパス
とブリュッセル行のチケットを持っているので改札をスムーズに
抜け、タリスの先端付近にいる女性車掌のもとに走った。
"Excuse me. I have a reserved seat ticket to Brussels, but
please take it to Amsterdam."
「その人はブリュッセル行の車掌さんだからその人に言っても
だめじゃあないの」
「そうだ」
　7両先の列車に走った。出発まで少しの時間に目的を達成し
なければならない。全速力で走った。振り返ると妻は数m後を

必死で駆けていた。

　やがて、タリスの先端と先端が連結された部分の先、アムステルダム行き列車に向かう多くの乗客の向こうに名優オーソン・ウェルズ[(2)]に似た車掌の姿が見えた。

"Excuse me. I want to go to Amsterdam so please take it. ……Please."

　彼が手を差し出したのでチケットを渡した。

"This is a seat ticket to Brussels. You can't get on this train."

　妻が追い付いて私の横に来た。

"I really want to go to Amsterdam. Sit on a deck chair. Let us get on board. Please. Please. Please."

　私は、「プリーズ」を何度も言って頭を下げた。

"Okay！　You go to No5."

"Thank you. Thank you very much."

　5号車に走った。東洋人の小柄な夫婦が一生懸命頼むので可哀そうになり、情けをかけられたのかも知れない。

　5号車の入り口で客のチケットを確認していたのは大柄なプエルトリコ系[(3)]の男性だった。

"No No！　Train manager seal. Seal."

　私は、彼が言っているシールの意味が分からなかった。彼は、私の持っているチケットを指さしながら何度も何度も同じことを言った。

「分かった。チケットにトレインマネジャーのサインがいる。ということだろう」

　トレインマネジャーがいる連結部分に引き返した。妻も私の後を全速力で走って、トレインマネジャーにチケットを差し出し、遅れて来た妻が私の横からチケットを差し出した。

"Please sign here. Please. Please."

　オーソン・ウェルズは、私と妻が差し出しているチケットに手を添え、スタンプをポン、ポンと押してくれた。

"Thank you. Thank you very much."

　再び5号車に猛ダッシュ、背中のリュックサックが上下に弾
み、身体を揺さぶる。肩ひもを下方へ強く引いて抑えつつ、息
を弾ませながら男性にチケットを差し出した。遅れて来た妻も差
し出した。

"Okay！ You go to No 7. There are Japanese."
「えっ、日本人がいる？」

"Takashi！　Takashi！……"

　彼は、ハンド無線機で日本人らしい人の名を呼び出し、何か
を告げているのを背中で聞きながら、さらに2列車先の7号車
に走った。妻は何も分からず私が走ったので後を追いかけた。
時間はもう僅かしかなかった。

　日本人らしい男性が、7号車の入り口で私たちを待っていた。
「どうぞ」

　彼への挨拶もそこそこ、後から来た妻を列車に乗せ、続いて
私が飛び乗った。デッキのステップで振り返りホームに居るタカ
シさんに正対した。
「こんなことをして問題ないですか」

　私は、プラットホームを走りながら重大な間違いしているので
はないかと自責の念に駆られていた。こんなイリーガルな方法で
列車に乗せてもらって問題ないのだろうか。しかも今回で2度
目である。
「問題ないです」
「ありがとうございます」
「少し発車が遅れるようです。ブリュッセル行の座席指定券を
持っておられるので、行って座られますか。まだ移動する時間
があります。ブリュッセルで切り離しに時間がかかるので、その
間にこちらに移動できますが」
「ブリュッセル行の自分たちの座席に移動するか？」
「ううん。このままでいい」

　妻は、デッキシートを壁から倒し、ちゃっかり座っていた。
デッキシートであってもやっと座れて安堵したのであろう。
「よろしいです。このままこちらに居ます」

「分かりました」

「タカシさんは、この列車の車掌さんではないのですか」

「違います。鉄道会社の人間ですが、込み合うときなどお客様がスムーズに乗車できるように、こうして各車両に配置されて切符をチェックしています」

「そうですか。大変ですね」

　遠くで聞こえる発車のベルとともにドアが静かに閉まり始めた。

「ありがとうございます。ありがとうございます。本当にご迷惑かけました」

「大丈夫ですよ。気にしないで大丈夫です」

「さようなら」

「お元気で。楽しんでください」

　列車が音もなく走り始め、タカシさんが後方へ移動、窓に頬をこすりつけて見えなくなるまで見つめた。急に感情が高ぶり、涙がボタボタとデッキに落ちた。こんなイリーガルなやり方で問題ないわけはないだろう。タカシさんの心遣いを感じ、さらに涙がこぼれ始めた。どうして、どうして、こんな切迫した状況の中で日本人に逢うんだ……。　神ならぬ何か、偶然という時空がなせる業としか思えなかった。

　ブリュッセルでの切り離しは案外スムーズだった。この時間でブリュッセル行からアムステルダム行への乗り換えは可能だろうが、駅員か誰かに咎められたとしたら説明する時間がなかっただろう。やはり、移動しないでアムステルダム行のデッキに居た方が良かったような気がする。妻の勘が正解だった。

　開いたドアから感じるブリュッセルの街は魅力ありそうで、私の心を引き付ける何者かがいた。後日、ユーロスターにブリュッセルから乗るつもりなのでその折、街に出ることができるだろうと思いつつも、心の隅の方で、他の方法でイギリスに渡ることができるのではないかと思いつつもあった。

　オランダ人だろうか、背の高い女性が泣いている赤ん坊を抱えて愛子ながら空の乳母車を押して車内からデッキに出て来た。目が合いにっこり微笑んだが、赤ん坊は泣き止みそうになかった。

「可愛いね」

「赤ちゃんは、今日より明日、明日より明後日と高みを目指して生きている。成長した人間の多くがそんなことはとうの昔に忘れてしまう」

「そうね」

　ドアの上部にある小さな窓から見える景色は、広々とした草原地帯を切り分けるようにいくつもの水路が流れていた。もうオランダに入ったのだろうか。停車を知らせる車内放送が流れ、アムステルダムという言葉が聞こえた。

「降りるぞ」

　リュックサックを背負いながら合図し、妻もデッキシートを壁に納めて立ち上がり、リュックサックを背負い、2人並んでステップに立ち到着を待った。少し時間が早いような気もするが気持ちが焦っていたのだろう。列車のスピードが徐々に遅くなり、やがて停車、ドアが開き、2人そろってプラットホームに降りた。なんとなく閑散としていてアムステルダム中央駅にしては寂しい感じがした。

　"It's not this station！"

　オーソン・ウェルズだった。慌てて列車に飛び乗った。アムステルダム中央駅の1つ前、スキポール空港駅(5)だった。彼は、各駅でプラットホームに降りるのが勤めなのか、私たちが間違えるといけないと思って降りたのか、分からない。1車両後方のデッキから降りたということは、後者だったのだろうか。

　まもなく、列車はアムステルダム中央駅に到着した。もう一度トレインマネジャーに会ってお礼が言いたかったが、彼は、プラットホームにもホームから見える列車の中にも何処にも見当たらなかった。彼は幻だったのだろうか。突然現れ、私たちのピンチを救ってくれたオーソン・ウェルズだったのかも知れない。

　駅の裏口側のエントランス広場に出るともうそこは海だった。艀にしては少し大きめの船が駅前の道向こうの岸壁に係留されて、海は波立ち、船は揺れていた。空はどんよりとして灰色、海の色もそれに呼応してグレイな光をあたりに放出していた。

「えっ、駅のすぐ後ろが海だなんて、やはりここは北のベネッチアだ」

その近くにチケットオフィスがあった。

"Seat reservation please."

"Tomorrow I want to go to Kiel by the first train."

"I would like two seats on the train to Kiel."

"Transfer at Osnabruck."

"Yes, please."

オフィスを出るとインフォメーションも近くにあった。

「向こうにインフォメーションと書いてある。行こう」

"Excuse me. Please tell me how to get to this hotel."

若い女性は、市内地図を出してきて、

"About here."

"Thank you very much. Um, I'd like to see a Window propeller, is it nearby?"

"What?」

風車という単語が分からなかった。

"It is a propeller. Propeller that turns in the wind."

私は身振り手振りを加えて説明した。

"Oh, windmill! There is only one in Amsterdam. It's far away and not near."

ウィンミューと聞こえる発音に一瞬戸惑ったが、そうだ、ウィンドミルだ。

"I see."

「この近くに風車が無いらしい。どうするかあ?」

"If you want to see the windmills, there is a bus tour from noon. Go to the Zahn area where the windmills are lined up. Are you going?"

"Please."

"I will confirm the ticket at 14:30. Please come around here."

"I see."

「昼から風車を見るバスツアーがあるんだって。2時半に集合だから時間はまだ十分ある。一旦ホテルに荷物を置きに行こう」
「うん」
　西側の出口から駅の外に出た。ホテルが駅の南の方だったので駅の建物を回り込むような形で正面に出た。
「わっ。これがアムステルダム中央駅だ。何と素晴らしい」
　駅前広場から先へ伸びる通りに出て振り返り、改めて駅を見た。
「百年は経っているな。ヨーロッパの駅はどこも素晴らしいが、ここは特別素晴らしい」
「そうね」
「ヨーロッパの人々は古い建物を大切にする。自分たちの住むアパートでさえも修復して使っている。築、200 年、300 年はざら、中世の建物の趣とそれが織り成す街の景観をこよなく愛している。我々も少し見習わなければいかんな」
　しばらく眺めていた……。
「行こうか」
「うん」
　振り向くとそこは運河だった。観光船が橋の下を抜けている。その橋を渡って街の中へと入って行った。にぎやかな広い通りの歩道をしばらく南に下がり、枝分かれを右に入って高い建物で囲まれた薄暗い通りを抜け、交差点を渡ったところで右に取り運河沿いの道に出た。
「ああ、この辺りの雰囲気、いかにもオランダといった感じだなあ」
　運河に沿ってさらに南下したが、目指すホテルを見つけることはできなかった。
「この辺りだと思うのだけど分からないなあ」
　中年の紳士が通りかかった。
"Excuse me. I want to go to this hotel."
　手帳に書かれたホテルの住所とインフォメーションでもらった地図を見せながら尋ねた。
"Um, that."

紳士が指さしたのは建物に掲示されたナンバープレートだった。手帳に書かれたホテルのナンバーよりずっと若い番号だった。

"You should take a look at that."

"Thank you very much."

　もうしばらく南へ下り番号を見つけ、道路と並行、壁に張り付いた階段を北側からホテルのロビーへ上がった。なんとなく格式のありそうなホテルだった。チェックインにはまだ時間があったので受付だけ済ませ、荷物をカウンターに預けてすぐに出発した。

　少し早めにインフォメーションの前に着いたので駅構内のショッピング街を見て回り、戻って来ると人が集まり始めていた。係の女性がチケットをチェックした後、エスカレーターで2階のバスターミナルに誘導され、待機していた赤い2階建てバスに乗り込むとツアー客は意外と多く、ほぼ満席だった。備え付けのイヤホンをジャックに挿入、バスは静かに走り始めていた。

　チケットをチェックした女性が英語、続いてスペイン語とアナウンスを始めていた。イングリッシュからスパニッシュに変わると途端、歯切れの良い軽快なアナウンスとなった。内容はほぼ理解できていないのであるが、テンポいい説明を聞きながらバスは、アムステルダム市街を抜け郊外へと移動、緑の平野を切り分けいくつもの水路を見ながら、やがて遠くに風車が見え始め、ザーン地方へと入って来た。

　バスが停車した広場から水路横のあぜ道を通り、橋を渡り遠くに見える風車の方へ近づいて行き、いくつもある風車の中から1つの風車へ誘われた。周囲は草原と水路、日本の関東平野にもこのような湿地帯があったような気がする。何処か共通するところがあるのだろうが、関東平野に風車はなかった。

　風車の中は、巨大な羽根が回転した動力を伝える太い丸太が風車小屋の大黒柱のように中心を貫いており、しかも、独楽の軸のように勢いよく回っている。その丸太に大きな木製ギヤが取り付けてあり、回転を他へと伝えている。その回転する巨物が風車小屋の中央部分を占領して威圧のある、人を寄せ付けない音を立て、中心部に近付くのが怖いぐらいであった。風車は

水をくみ上げるポンプの役目が本来の目的であるが、この回転
で生じる動力で製粉や発電、幅広のローラーが回りながらカカ
オ豆を押しつぶすなどの他、ハンマーのように叩く工作機械とし
ても活用している。18 世紀、オランダが世界に先駆けて先進で
きたのは、この動力を持っていたからなのだろうか。

　誘導されて恐る恐る階段を上がり小屋の周囲に張り出した帽
子の鍔のようなバルコニーに出て、ザーン地方がすべて見渡せ
るような眺めに気を奪われたが、湖水を渡る風を誘い込むよう
に羽根が一定間隔で不気味な音を立ててすぐそばを通り抜け
た。危険な回転に近づかなければ安全なのであり、風景も十二
分に楽しめるのであるが、慣れないせいかどうしても羽根が気
になる。眺めもそこそこにして下の広場へ下りて、来た道をバス
へと引き返した。

　バスは、有名な締め切り大堤防の上を通過、壮大な干拓のプ
ロジェクト、潮の干満差を活用するため一滴の海水も紛れ込む
ことはない。バスのイヤホンから流れる日本語で説明があり、や
がて、私たちは木靴工場へと導かれた。

　工場と言っても大きな木小屋のような建物に見慣れない機械
が数台据えてあり、乾かしているのか天井から何足もの木靴が
ぶら下がっていた。機械は木靴の原形木片のつま先と踵に当た
る部分を万力で挟み、下の方から差し入れている金棒で見てい
る間に人が足を差し入れる穴を刳り貫いた。職人が長めのナタ
のような刃物でつま先と踵を美しく形どり木靴が完成した。

　機械に向き合った見学席を通り抜け出口に向かうと、いくつも
の木靴が販売されていた。
「この木靴買ってもいい」
　子供の握りこぶしほどの木靴が 3 足入った袋を指差した。
「ああ」
「お金」
　3 足入った袋をひと袋買うものとばかり思い、丁度財布に
あった 10 ユーロ紙幣 2 枚を渡し、おつりが来るものと思って
いた……。

「お釣りは」

「くれなかった」

　見ると２袋抱えていた。

「えっ、２袋買ったの。それじゃあ足りないよ、何も言われなかった？」

「何も言われなかった」

　東洋の何も分からなそうな女が、にっこり笑って紙幣を２枚差し出したので、足りないとも言えず負けたのであろう。日本人であるがゆえに甘えているわけではないが、このところヨーロッパの人に情けばかりかけられているような気になった。もう少しシャキッとしなければ。

　木靴工場から出て皆の後をついて行くと少し小高い場所に上がり、その先は海で眼下に小さな船着き場があり遊覧船が待っていた。桟橋に下りて乗船、ツアー客の一団がすべて乗り込み、船はもやいを離し、スクリューで攪拌した渦が海面に現れるとともに桟橋を静かに離れ、船着き場の出口に針路を取り出港した。

　出口の突堤をまもなくかわろうとしたとき、小高い場所に車椅子を押す男性と車椅子に乗った老婆が現れた。バスの１階に乗っていたツアー客だった。老婆は少し虚ろな目をして、移り変わる景色は楽しんでいるようであったが、ツアーそのものは理解していないような感じだった。私は、船長がどうするか気になった。たぶん、置いて行くだろう。次に行く所へはバスでも行けるだろうと思った。ところが、今まで後ろに流れていたウェーキが消え、船首に向かって流れだした。船は後進に切り替わり、後進のまま元の桟橋に向かって少しずつ動き出した。風で流される木の葉のように、やがて桟橋に達着した。見事だった。車椅子を押す男性は船が近づく前から車椅子を桟橋に下し、船の達着と同時に乗り移って来た。

　その始終をデッキで見ていた妻は、少し暗い表情だった。そっと妻の肩に手を置いたが、妻は、私の気持ちを拒むようにそっと肩に乗せられた手を払った。広い干拓地を渡る冷たい風が、私の頬を刺すように吹いていた。

　瀬戸内のような海をしばらく航海し、奥が深い船着き場に入
港、船は最も奥の桟橋に着いた。渡り桟橋を登って次に行った
所はチーズ工場、少し大きめのにこやかなお母さんが、ゴーダ
チーズ作りの工程を詳しく説明してくれた。試食のチーズを口に
入れ、この国の豊かさを感じると急にお腹が空いてきた。そうい
えば、今日も昼ご飯を口にしていなかった。

　工場から出ると外はとっぷりと暮れ、暗い夜道を連なって歩
き、夏場は賑わったであろう海辺のフィッシャーマンズワーフ(7)の
ような場所へ来たが、どの店も閉店していて賑やかさは気持ち
で感じるだけだった。最も遠くのレストランに明かりが見え、誘
われたのはそのレストランで、私たちが来るのを待っていた。大
きなジョッキにハイネケン(8)を並々と注がれ、海老とイカのコンビ
ネーション料理を注文、やがて、潮の香りを周囲に振舞う大き
な皿が運ばれて来た。

　お腹も大きくなったのでこれでツアーも終わりかと思ったら最
後にクッキー工場が待っていた。工場に入ると同時に甘い香り
が私たちを包んだ。今度は少し細めのお母さんが、クッキーが
焼きあがる行程を詳しく教えてくれた。クッキーやチーズをたく
さん買い込む人を横目に、遠い日本から来て持ち帰るところのな
い虚しさをほんの少し感じながら、皆の買い物が終わるのを出
口で待っていた。

　バスがアムステルダム中央駅裏、バスターミナルに帰り着い
たときは既に 21 時を回っていた。明日の朝も早いので今夜はホ
テルに帰って寝るだけとなってしまい、アムステルダムの街を詳
しく見ることもなく去らなければならない一抹の寂しさがあった
が、ツアーに参加してなんとなく有意義だったような気がする。
これもアムステルダム行きの始発列車に乗ることができたからだ
ろう。関係した多くの人に感謝しつつ人通りがなくなり、静まり
返った運河沿いの道をホテルへと急いだ。

　運河に架かる橋の街灯が夜の風にさざ波の立つ水面を筋状に
光らせ、誰もいない運河沿いの道を急ぐ男と女の横顔をそっと
照らしては消し、水路脇の静けさを一層際立たせていた。

久しぶりに北海へと帰った2頭の白いイルカが、アフスライド
ダイク堤防(9)に沿って並んで泳ぎながら鳴く声と堤防を叩く北寄り
の風が作り出す波音が共鳴し、運河を這ってホテルの下の水辺
まで来ている気がするアムステルダムの夜だった。

　パリ～アムステルダム（約514.2km）

［注］
(1) タリス／フランス・ベルギー・オランダ・ドイツの4か国を結ぶ高速列
　　車、TGVを基本にしており、電化方式の異なる区間を走行するため
　　様々な工夫が施されている。
(2) オーソン・ウェルズ／アメリカ合衆国の映画監督、脚本家、俳優、映
　　画「第三の男」などでの個性的な演技で名優として知られ、映画監督
　　としても数々の傑作を残した。
(3) プエルトリコ／カリブ海北東に位置する島でアメリカ合衆国の自治
　　的・未編入領域、民族構成は、先住民族のインディヘナ、アフリカ
　　系黒人、ヨーロッパ系白人、中国人の血が混ざっているが、スペイ
　　ン系が約76%を占める。プエルトリカンと呼ばれている。
(4) アムステルダム中央駅／オランダ鉄道、隣接するアムステルダム市
　　営交通会社の駅、オランダ国内において著名建築家によって設計さ
　　れた最初の駅、8687本の杭基礎の上にあり、駅舎の中央には駅を
　　「新たな港」の象徴とすべく2本の塔があり、東の塔には時計、西の
　　塔には風向計が取り付けてある。
(5) スキポール空港駅／空港ターミナル直下にあるオランダ鉄道の駅、3
　　面6線のホームを持つ地下駅、切符売り場は地上1階、プラットホー
　　ムは地下1階。
(6) ザーン／アムステルダムの北西15km、ザーン河畔に立ち並ぶ風車、
　　17／8世紀のザーン地方の町並みが再現されている風車村。
(7) フィッシャーマンズワーフ／「漁師の波止場」の名のとおり、新鮮な
　　魚介類を扱うレストランが立ち並ぶ海辺のリゾート。
(8) ハイネケン／オランダの麦酒醸造会社及びブランド名、醸造会社は、
　　1963年ヘラルド・A・ハイネケンによって創立、現在では世界170か
　　国以上で販売、世界第2位のシェアを占める世界的麦酒会社、オラ
　　ンダを含め世界100か国に醸造工場を持つ。
(9) アフスライドダイク堤防／締め切り大堤防、オランダ北部にある世界
　　最大の堤防、アイセル湖と北海（ワッデン海）を仕切っている。アフ
　　スリュイド堤防ともいう。

第27話　キール運河

　暗いホテルのロビーに下りて、カウンターの下にいた男性にピンポン玉程度の重い真鍮のボールがぶら下がった部屋の鍵を返した。どうして鍵に重い球がついているのだろう。重いので外出時に鍵を預けないで持ち出しされるのを防ぐためだろうか。分からない。

　運河沿いの道を駅に向かって歩き出した。3時半を少し回っていた。昨夜、帰って来たときと同じように人通りはほとんどなく静まりかえり、暗い運河の底が何となく不気味だった。昨日、2度も行き来した駅までの道のりは頭に入っており、少しずつ行き交う人と出会うようになる頃には、進行方向にライトアップされたアムステルダム中央駅の威厳ある立ち姿が見え始めていた。

　正面出入り口から広いエントランスホールに入ると多くの警察官が警備していて、何か事件でも起きたのではないかという物々しさであった。体格が良く鋭い目つきの女性警官がプラットホームへと繋がる地下通路に下りる階段上部の改札で下りる人のチケットを一人ひとり確認していた。

　"Good morning."

　少し微笑んでチケットを渡したが、彼女は黙ってチケットをチェックして差し戻し、微笑み返すようなことはしなかった。

　通路には列車を待つ人が何人か待機していたが、プラットホームへと上がる階段は全てテープが貼られて立ち入りを禁止していた。

「5時2分の出発までまだ1時間近くある。街の方へ戻ってみようか」

「うんう、ここで待つ」

　暗い通路を行ったり来たりしながらテープが剥がされるのを待った。

279

発車の10分ほど前に駅員がテープを剥がしに来た。乗客は
テープが剥がされる前から階段前に並び始め、ホームに上がる
と、列車はまだ入線していないのか線路のみが見えていた。
「もう10分前を切ったのに」
　他の乗客はホームの前方に向かって急ぎ足で歩いている。暗
い中、目を凝らして前方を見つめると列車が見えた。
「まさか、あれかなあ。行こう」
　まさしく、ホームの先端に着いていたその列車が、私たちが
乗るIC245 オスナブリュック(1)行の列車だった。
「良かったなあ、皆と一緒に歩いて来て、あのままホーム中央
で待っていたら乗れなかったよ」
「うん」
　ファーストクラスの車両はコンパートメント席となっていて、
早朝ということもあって乗客はなく、広い室内が貸し切り状態
だった。
「久しぶりだな」
「うん」
　外は暗く何も見渡せなかったが、妻は少し嬉しそうだった。
大都会アムステルダムのビルの窓明かりがキラキラと輝いて別
れを悲しんでいるようにも見えた。
　ドイツ国境を越え、乗り継ぎ駅オスナブリュックまであと2駅
となった線路上で列車が停止した。
「人が線路の横を歩いているよ」
「えっ」
　窓に頭を押しつけた。私が見ている窓の数ｍ前方の車両下に
懐中電灯の明かりが2筋見える。車輪か何か車両の下に取り付
けられている機械を点検しているようだった。
「故障かなあ」
　点検はすぐに終わるだろうと思ったが長い時間がかかり、列
車は停車したままだった。
「この様子じゃあキール行列車に間に合わないかも知れない」
　再度窓下を覗いた。外は暗く、線路横の柱に取り付けられた

常夜灯が、ぼんやりと車両の下を照らし、人がしゃがみこんで
いるようだったがよく見えない……。

　やっと２人が車両下から出て来て線路横を前方に向かって歩
いて行き、まもなく、列車が通常スピードよりもかなり速度ダウ
ンして走り出した。

「もう、完全に間に合わないな」

「仕方ないね」

　空は白々と明るくなり始め、しばらくして IC245 はオスナブ
リュック駅にたどり着いた。

「急げば１時間遅れの便には間に合うかも知れない」

　列車がホームに着くと同時に飛び降り、チケットオフィスに
走った。

「ホームで待ってて」

「うん」

　駅入口のエントランスホールには大勢の人が集まって誰かが
演説をしていた。これから皆でベルリンへでも行くような雰囲気
だった。その演説の響きと人々のどよめきを横目で見ながらチ
ケットオフィスを探した。この国の素晴らしさの底に何かに病ん
でいる一面を見たような思いがした。チケットオフィスには女の
人が１人で勤務していた。

“Excuse me. The train was delayed so I couldn't catch the
connecting train. Can you change to the next train?”

　乗り継ぎのチケットを彼女に渡した。

“Okay.”

　彼女は快く次発列車のチケットをタイプアウトして渡してくれ
た。久しぶりに DB の文字が右上に印刷されたチケットだった。

“Thank you very much.”

　ホームへ走った……。ホームへ入ろうとする列車が線路の先
に見えていた。当初、乗り継ぎ予定だった IC208 はキールまで
直行であったが、この IC2212 はハンブルク駅でキール行列車に
乗り換えなければならなかった。だのにこの列車も徐々に遅れ
始め、乗り継ぎのキール行に間に合うかどうか気になり始めた。

結局、乗り換えの時間が無くなり、ハンブルク駅に着くと同時にキール行列車が出るホームに向かって走る破目になった。重いリュックサックをユッサ、ユッサと揺らしながらホームの人々を避けながら走ったが、寸前のところでキール行列車は出発してしまった。仕方なく次発列車まで1時間待つことにした。朝3時半に起きて移動して来たのは、キール駅からキール運河までの移動手段と要する時間が分からなかったからであり、少しでも早くキール駅に着いて移動要領を調べたかったが、結局2時間のロスタイムを取ってしまった。夜はハンブルクに帰る計画にしていたのでキールにいる時間が少なくなってしまったが、ここまで来たのだから行くだけ行ってみよう。
「明日の切符を今の間に取ったら」
「そうだな」
　ホームを離れ、勝手知ったチケットオフィスに向かった。
"Seat reservation please."
"Would you like two seats for the train to Frankfurt tomorrow."
　明日は昼過ぎにフランクフルトに着く計画にしており、ホテルで朝食をとって9時過ぎの列車に乗ることにした。スムーズにチケットを購入できプラットホームに帰って来たが、まだ十分時間があり、ホームのベンチに腰掛け、駅の雑踏に耳を傾けていると20日ほど前の出来事が昨日のことのように思い出され、ハンブルクの懐かしさというか、この大都会の人並の中で言葉は喋れない上、何も分からなかった不安と恐ろしさが込み上げてきた。親切にしてくれたあの男性はどうしているだろう。ハンブルクを出発してもう21日、なんとなく旅の要領を会得してヨーロッパを一回りして来たが色々な事があった。一つひとつの出来事を描いているうちにキール行列車がホームに入って来た。
　結局、タクシーで行くしかないだろうと道々考えていた。車内は学生風の人が大勢乗り込み賑やかで満席、1時間ほどでキール駅に着いた。早速、インフォメーションで移動手段を確認すると、そんなに遠くないのでタクシーで行きなさいということ

だった。やっぱりそうか。
「タクシーがいいって」
「うん」
　駅の正面玄関前には何台ものタクシーがお客を待っていた。
"Go to the Kiel Canal."
　運転手は素早く出て来て私たちの背中からリュックサックを取り上げトランクに格納、私たちが乗り込むのを待って出発した。
"Um, go to the lock on this side."
"This side is not good. There is a best position on the other side."
　運転手は、キール運河と聞いたときからもうそこへ行くつもりでいた。遠くなるが運転手に任せるしかなかった。ユトランド半島にはいくつもの入り江があり、どれも半島に深く切れ込んでいた。キールもその入り江の奥にある美しい港町だった。少しゆっくりしたいところだが明日はフランクフルトに行くつもりであり、今日中にハンブルクまで帰っておきたかった。
　街を抜けるとタクシーは運河に架かった橋を渡るため坂道を登り始め、やがて、遥か下に運河入り口の閘門を見下ろす長い橋を渡り始めたが、タクシーの窓からでは閘門は良く見えない。それでも背伸びした私は、辛うじて閘門を見ていた。緑の木々に遮られた街側、下の方に運河の管理棟のような建物がいくつか見えた。あそこ辺りが良いのだが行けないのだろうか。
　橋の中央付近まで来たとき、さっと視界が開け、巨大な閘門がくっきりと見えた。黒々とした横長の門は、右側と中央の広い水路、左側の狭い水路と３門あるようだった。ああ良かった。見えた、見えた。ここまで来た甲斐があった。
　橋を渡るとタクシーは下り始め、水辺の近くまで下りると、狭い水路と一体になった緑の公園があった。公園を挟んで水路とは反対側の道を下りて行き、右に水門を見ながら進むと海岸に面した土産物店やレストラン、マリーナがある観光地に出た。その観光地の奥側のはずれでタクシーは停車した。料金を払おうとすると運転手は両手で制止、待っているという合図をした。

降りて、トランクからリュックサックを受け取ろうとすると、これも制止、入れたままで大丈夫という身振りをされた。少し心配だったがリュックサックに大切なものは入っておらず、帰りのタクシーを探すのも大変なので、そのまま先ほど見えた閘門の方へ海辺を散策することにした。キール運河を行き交う船が見たかったがここからは少し遠い。確かに観光地ではあるが、運転手のベストポジションと私のベストポジションは大きく違っていた。しかし、橋を渡ったことにより閘門の全景が確認できたので良しとしようか。運河を行き来する船舶は1隻もなかった。

そのとき、入江の奥へ向かう大型船が左の山蔭から現れた。はたしてキール港へ入港するのか、運河を通航するのか、ずっとその船から目を離さなかった。しばらくして船は、右へ回頭し始めた。

「あっ、やっぱり運河を通航する」

「ああ、遠いなあ」

しかも船が運河に入る直前は逆光となってしまい、ますます見えにくくなった。

「あああ、なんてことだ」

タクシーは停車した位置でずっと待っていた。運転手は窓を開けて心地よい潮風に当たりながら夢心地であり、後ろドアの窓を軽くたたくと慌てて姿勢を正し、私たちが乗り込むのを待って出発した。私はもう一度、閘門をしっかり見ようと思っていたが、帰りは2脚架かった橋の門から遠い方を渡ったためよく見えなかった。その分、帰りのコースは橋を渡る道路から直接街中へと下りたため、街の様子をしっかりと感じながら駅に着き、もう少し時間をかければよかったな。後ろ髪を引かれる思いでハンブルク行列車に乗った。

20日前、電話の向こうの日本人から教えてもらったハンブルク中央駅のツーイーストインフォメーションに行き、今夜のホテルの場所を聞いた。案内の女性は小さな市街地図を出し、何も調べず丸印を付けてくれた。有名なホテルなのだろうか。

"Thank you."

　地図を受け取って駅前に出た。ああ、あのとき、あそこで車から降りた。あのとき、あの人に会わなかったらどうなっていただろう。去って行くあの人の車に向かって頭を下げた光景が今、目の前にある駅前の雑踏と二重になって瞼に浮かび、少し潤んだ眼球の先に行き交うゆがんだ人の流れをじっと見ていた……。妻も黙って立っていた。

　駅から西へ向かって少し歩いたが、なんとなく方向が違うような気がして地図を回し、駅と今歩いている通りを合わせホテルの位置を確認した。

「やっぱりこっちの方向じゃあないよ。このまま行ってもホテルに着かない」

「そう」

　駅に引き戻し、もう一度、駅と周囲の通りの流れる方向を地図と照らし合わせた。

「こっちだ」

　北へ向かって駅舎と並行に走る通りの左側の歩道を歩き始めた。妻は疲れた様子でトボトボと遅れてついて来た。アルスター湖に架かる長い橋の中ほどまで来て湖に上がる噴水と向こう岸の美しい街を見ながら妻を待った。

「後であの辺りまで行ってみようか」

「ああ」

　なんとなく元気になった妻は、きれいな湖と向かい側の町並みを写真に収め始めた。

「行くよ」

「ああ」

　橋を渡ったところで横断歩道を渡り、広い通りの右側の歩道をそのまま歩いた。歩道は徐々に左へとカーブし、広い公園のような緑地帯に入って来た。通りの左側には奇麗な街並みが続いていた。このまま左に曲がって行ったのではホテルへの方向が変わってくるのではないかな。向こうの方から若い男性が歩いて来た。

"Excuse me. Where is this place?"

地図を男性に渡した。
"Here it is."
　現在地を指で示しながら地図を見せてくれた。
"Thank you very much."
　そうか。線路の向こう側に行かなければならないのだ。ホテルの位置とは大きくずれ、遠くまで来てしまっていた。
「引き返すよ」
　男性との会話が終わって別れた頃、やって来た妻に言った。顔がゆがんだような気がした。
「おかしいなと思っていたのよ。どんどん先へ行くから言えないじゃないの」
「そうか」
　湖の手前１ブロックの交差点まで引き返し左を覗くと、向こうに線路のガードが見えた。
「あのガードをくぐればよかったのだ」
「湖を渡ったところの交差点からもガードが見えていた」
「そうだなあ」
「あっちじゃあないかなと思っていたのよ」
「すまないなあ」
　ガードをくぐって線路に沿った道を左へしばらく行くと、広場の向こうにホテルが見えた。
「ほら、やっぱり。ところでこの線路、キールへ行く線路じゃあない」
「そうだなあ、たぶんそうだよ」
　なんとなく貧相な入り口からホテルに入るとロビーは広く豪華な感じがし、チェックインの順番を待っているとき、左の方から数人の客がホテルに入って来て、その先にボーイがタクシーから客を誘導している玄関が見えた。
「こちらが玄関だったのか」
　私たちが入って来たところはホテルの裏口だった。
　部屋に入って一段落して、暗くなった窓外の街の明かりを見ながら、前回も今回もハンブルクの街を放浪してしまったことを

思い、迷った道の様子を思い出してみた。

「湖の向こうの方へ行ってみようか」

　湖と言っても水郷ハンブルグの南側を流れる大河エルベ川が⁽³⁾
創り出す無数の運河や水路の一角であり、エルベ川の河口はキール運河とも繋がっていた。それが天然の良港を創り出し、ハンブルクは内陸に入り込んだ都市でありながら港町でもあり、水の都でもあった。

「行かない」

　ハンブルクはドイツで最初に足を踏み入れた街、縁あって2度訪れた街で愛着が芽生え始めていたので、このまま去って行くのは少し寂しい気がしていた。

「じゃあ、下のレストランで夕食にしようか」

「うん」

　妻は肉料理、私は魚料理を注文した。混んでいてしばらく待ったが居心地がよく、食事をしている客も上品な感じがした。運ばれた料理も上品で、大きな白い皿に小さく盛り付けられていた。

「これはゆっくり食べなくてはならないな」

「そうね」

　ドイツワインがグラスの底をつき始め、次を注文し、新しいワインが喉を通る頃には夜もだいぶ更け、ロビーを行き交う人もめっきり減り、アルスター湖を渡る風をワインの香りに感じる頃には、心地よい酔いが私を眠りへと誘い始めていた。

　エルベ川にキール運河からバルト海の水が注ぎこむ辺りまでやって来た2頭の白いイルカのアルスター湖まで行こうかと鳴き合う声が、運河を遡る北海の風に乗って聞こえるハンブルクの夜だった。

　　アムステルダム～キール～ハンブルク（約646km）

［注］

(1)オスナブリュック／ドイツ連邦共和国ニーダーザクセン州の郡独
　　立市、オスナブリュック郡の郡庁所在地、人口約16万人、ヨーロッパの重要な経済軸の交点にあり、街は交通の拠点として発展してきた。

(2) キール／バルト海に面したドイツ北部の都市、人口約 24 万人、キール湾はフィヨルドであり、水深が深く港の立地に適しているが、北海に出るにはユトランド半島を大きく迂回しなければならず、1985 年キール湾と北海を直通するキール運河が掘削された。キール運河は、国際航路でヨーロッパの重要輸送ルートとなっている。

(3) エルベ川／チェコ北部、ドイツ東部を流れ北海へと注ぐ国際河川、全長 1,091km、ヨーロッパでは 14 番目に長く、727km がドイツ国内を流れる。

第28話　フランクフルト・アム・マイン

10月25日（木）　ハンブルク雨、フランクフルト晴れ
　カーテンの横を少し開けると、今朝の薄暗さは暗い部屋をほんのり明るくする程度だった。外は風が強く風雨、ヨーロッパも少しずつ冬に近づいているのだろう。雨か……。妻は、まだ寝息を立てていて久しぶりの朝寝を貪っているようだった。昨夜、寝る前に以前から気にしていたイギリスへの渡航方法を調べた結果、アイルランドを経由してフェリーで渡ることに変更しようと思った。だが、いつも利用している列車時刻検索サイトにアイルランドの列車時刻が、駅名を何度入力しても掲載されず、列車が走っているのかどうか、走っていても時間通り走っていないのではないかと心配していた。
　今日の列車の出発時刻は9時24分、少しゆっくりして朝食をとって出よう。どうせ雨だし、駅までタクシーで行こうと考えていたが、もうそろそろ朝食に下りた方が良かった。
「朝ごはんに行こうか」
「うーん、もう少し寝る」
「もう行かないと、急いで食べるようになるよ」
　1階ロビーには3か所くらいレストランがあり、朝食が準備されたレストランに入ると、オープン間際だったこともあり、私たちが一番乗りだった。奥の中央付近、2人掛けの席に案内されるとすぐパンが並べてあるテーブルに行き、並べられた種々のパンの中から焼き立ての大きなパンに白いナプキンをかけて持ち上げ、まな板の上に乗せ、ナプキンの上からパンを抑え、ナイフを入れた。うーん、このかおり。まな板の上に乗せたパンはもちろん、テーブルの上のパンたちから放たれたかおりが付近に充満する中、ナイフを入れて開いたパンから流れてくる新鮮な麦と酵母のかおりは、この朝、自分に与えられた幸福を感じずにはいられなかった。パンを数切れ皿に載せて席に付く頃にはちらほらと人影も増え、あちこちの席が埋まり始めていた。

私は、焼き立てのパンと牛乳の取り合わせも好きで、パンを運ぶもう片方の手には牛乳を注いだコップを持ってくるのであるが、ここのドリンクコーナーに牛乳が用意されておらず、ウェイターにミルクがほしい旨を伝えた。以前のホテルで経験したのであるが、単にミルクが欲しいとだけ伝えると、コーヒーに入れるミルクが運ばれて来たことがあったため、カップオフミルクと伝え、ホットかコールドを確認されたのち、白い陶器のポットに入れられた牛乳がカップと一緒に運ばれて来た。カップに牛乳を注ぎながらこの空間と朝の明るさが心にもたらす豊かさを自然と感じ、雨の朝の憂鬱さも忘れ、心地よく朝食を味わい部屋に帰ると8時22分になっていた。

「えっ、もうこんな時間、急がなくては」

「うん」

　リュックサックを背負ってロビーに下り、チェックアウトを済ませ、タクシーを呼んでもらって玄関の外に出たがタクシーがいない。待っても、待っても、タクシーは来ない。玄関サイドにボーイが1人立っていた。

"Do you have a taxi yet?"

"Another boy is out on the street and catching a taxi. Please wait a little more."

　これだけのホテルだから玄関に数台タクシーが待機しているだろうと思っていた。しかも雨の朝だった。これではらちがあかないな。通りで捕まえたタクシーがやっと1台来た。私たちの前で待っていた夫婦が乗って行かれた。次は私たちの番であったが一向に来ない。私の後ろには列ができていた。後ろで待っていた紳士が、空港まで行くので次に来たタクシーを私に譲ってくれないかと頼んできた。私は、駅まで走って30分、列車が発車する45分前が限度だなと考えていた。残すとこ5分であったが、その5分間にタクシーが来ることはなかった。

「走るぞ」

　玄関に入り、ロビーを突っ切り、裏玄関に向かって走った。フロントの横を通過する際、フロントの人たちは知らないようだっ

たので

"Taxi doesn't come."

　大声で知らせて走り抜けた。裏玄関の自動ドアが開いたところで妻を待った。妻が外に出た後を追い抜き、雨が降りしきる中、鉄道のガードに向かって一目散に走った。昨日くぐったガードより1つ駅より、アルスター湖沿いのガードをくぐり抜け、湖を渡る橋のたもとに出た。橋を渡ったら直に駅だ。なんとか間に合うだろう。橋を渡るスピードをダウンして妻が追い付くのを待った。ウィンドパーカーもリュックサックもびっしょり濡れていた。妻はなかなか追いつかなかった。橋を渡り終わる頃、妻との距離が5mほどになり、スピードを上げ、後は駅の構内まで走りきることにした。

　駅付近に来ると、空のタクシーが何台も走っていて愕然としつつ駅の入り口に着いて振り返ると、意外と近い所に妻が来ていた。信号待ちが妻を私に近づけていた。気が張り詰めていたせいか駅まで約15分で走って来た。あのままずるずるとタクシーを待たず、思い切って飛び出してきて良かったような気がする。あの後、すぐタクシーが来たかも知れないが、来なかった場合、過ぎた時間を取り戻すことはできなかっただろう。

　フランクフルト・アム・マインも大都会だった。フランクフルト中央駅に入る前、ICEがスピードを落とし始めた頃、車窓に粗末な建物が密集している地区が映った。ヨーロッパの美しい所だけ見ようとしてきたが、そこに暮らす人々がいることも知る必要があるなと思っている内に列車は、頭端式ホームの1本に滑り込み始めていた。濡れたウィンドパーカーやリュックサックもすっかり渇き、まずチケットオフィスに向かった。

"Seat reservation please."

"Would you like two seats for the train to Paris the day after tomorrow."

　パリに帰ってシェルブールまで行き、アイルランドへ渡れるかどうか確認し、ダメだったらパリかブリュッセルに戻ってユーロスターでロンドンへ行こう。考えがまとまり始めていた。できれ

ばアイルランドに渡り、北アイルランドまで行き、スコットランドに渡れればいいなあとも考えていたが、かつて紛争のあった北アイルランドへ行くのが不安でもあった。誰かに正確なアイルランド事情を教えてもらいたかった。

　チケットを受け取るとインフォメーションに行き、ライン川ツアーの旅行会社を確かめたが、駅の南東側の地区ということだけで正確な位置は分からなかった。とりあえず、南東側の出口から出て探してみることにした。ところが、道行く人、店の人などいろんな人に尋ねても旅行会社は見つからなかった。

「簡単には見つからないなあ」

「どうする」

「探すしかないだろう。見つからなければツアーはなくなってしまう。有名な旅行会社ではないのだろう。とにかく、駅の近くというのだからそんなに離れてはいないだろう」

　それから１時間近く歩き回ったが見つからなかった。途方に暮れかかった頃、手帳を開きメールから抜き取ったメモをもう一度確認した。○○ホテルの反対側、そうだ。ホテルを探せばいいのだ。ホテルなら人が知っているかも知れない。早速通りかかった男性２人連れにホテルの場所を尋ねた。男性同士顔を見合わせ、頭をひねって少し考えた。

“Over there.”

　男性２人が指さした建物の壁に縦長の看板が掛かっていた。まさしくそのホテルの名前だった。

“Thank you. Thank you very much.”

　２人と別れて看板の下まで行き、通りの向かい側を見ると、ビルの１階にいくつかのオフィスが並んでいた。向かい側の歩道に行ってみた。

「あった。ここだ！」

　入り口のドアに会社の名前が書いてある。この表示を探すのは難しいな。ホテルを探すことに気が付いて良かった。そっとドアを押して中に入った。奥の事務所で女性が２人、執務中だった。

"Excuse me. This is Katsuragi."

"Oh, you are Katsuragi."

事務の女性は私のことを把握していた。チケットを渡してくれ、

"Come tomorrow, 15minutes before 11 o'clock."

"I see."

チケットの内容を確認した後、外の歩道に出た。

「お腹が空いたなあ。もう昼をだいぶ回っている。夜に美味しいものを食べるとして駅に行って軽く食べておこうか」

「うん」

フランクフルト中央駅構内にはパンなどをテイクアウトできるカフェが集まったコーナーがあり、入り口近くの店の前に立ち、並べられたパンの中からプレッツェルを２個注文した。このパンはドイツに来てから何度か食べているが、ふりかけられた岩塩の微妙な塩加減が何とも言えなかった。カフェの奥側にカウンターほどの高さのテーブルと椅子がいくつか用意されており、そこで食べて行くつもりでコーヒーも注文し、開き席を横目で確認したとき、紙の袋に入れられたプレッツェルが店の中から渡された。私は、うっかり袋を逆に掴んでしまいプレッツェルが床に零れ落ちた。

「あっ……」

床にしゃがんで拾おうとしたとき、いつの間にか私の横に来ていた店の若い女性の手が伸び、先に拾われてしまった。

"New one."

"sorry！"

彼女は店の外に出て、新しいプレッツェルの入った袋をにっこり微笑みながら手渡してくれた。

"Thank you. Thank you very much."

"Not to worry."

コーヒーは妻が受け取り、リュックサックを背負ったままテーブルに固定された高い止まり木に腰を持ち上げるようにして向かい合わせに座った。

「ぼやっとしているからよ。恥ずかしい」
「そうだな。つい横を見てしまった」
　私の頭は、プレッツェルの鹹さを味わいながら明後日からの行動を描いていた。
「ホテルに行こうか」
　妻がコーヒーを飲み干すのを待って、止まり木から滑り落ちるようにして床に立ち、先ほどの店の前を通りかかり、こちらを見ていた彼女に軽く会釈をした。彼女は手を振りながら何か言ったようだったが分からなかった。私たちも手を振って大勢の人が行き交うコンコースへと消えて行き、私の失敗を軽く受け止めてくれるこの国の人々のやさしさと包容力は、つい数十年前、分裂から統合を成しえた民族の融和性からくるのだろうか。と考えていた。
　旅行会社とは逆の北西側の出口から駅を離れ、北西方向へ伸びる大通りの歩道をしばらく歩いたが、大都会フランクフルトの高層ビルが私たちを見下ろすだけでホテルは見つからなかった。地図から見ると通りの左側だったが、その方向は建設するビルの工事現場のようで、高いフェンスが張り巡らされ、向こう側へ行くことができなかった。
「このフェンスの向こうだと思うのだが、フェンス沿いに歩いて向こうに行ける所を探そう」
「駅の方へ帰った方がいいんじゃあない」
「そうだな」
　フェンス沿いにしばらく歩くと工事関係者が抜けると思われるフェンスの隙間を見つけ、そこを抜けると通りがあり、そのまま進み、次の角を左に回ったところにホテルが立ちはだかっていた。
　明日はたぶん遅くなるだろう。午後の一時しかないが、フランクフルトの名所の一部でも見ておこう。フロント係に観光地やその先のショッピング街の場所を聞き、この距離なら歩いて行けると部屋へ荷物を置くとすぐ出かけることにした。
　工事現場の手前から、道行く人の多くが右に曲がり南東方向

に向かっている。たぶん駅方面に行くのだろう。
「こっちから行けば駅に近いんじゃあないかな」
「うん」
　名所へは、次に出た広い通りを北東に行くのであるが、南東
方向の通りと交差した角から通りの先に駅舎の一部が見えた。
「やっぱりそうだ。明日の朝はこの道から行こう」
「だいぶ近いんじゃあない」
　しかし、観光名所までは北東方向にひたすら歩かなければな
らなかった。
「あっちに何か見えるよ」
　通りを右に入り、高い木々の間を抜け、広場に出た先にいか
にもフランクフルトらしい威厳を感じさせる旧オペラ座が見えて
いた。この辺り一帯が観光名所だろう。大勢の人がオペラ座か
ら右へ流れていて私たちも必然、その流れに乗って行くことに
なり、歩道いっぱいにはみ出したカフェや店のウィンドウを覗き
込みながらそぞろ歩いていたそのとき、足元を何かがよぎった
ような気がして立ち止まり下を見た。
　歩道に座り込み足を投げ出していた女性が、私に足を蹴られ
そうになり、身体の横に引っ込めたのであった。その前にすれ
違った人たちの陰になって、そこに人が座っているなんて思い
もしていなかった。けれども私の足は、そこに置かれたどんぶり
茶碗ほどの木製の器を蹴ってしまっていた。器は3mほど転が
り、中にあったコイン一枚が石畳の隙間に差し込むように立って
いた。あわてて器を取って来てコインを抜いて中に入れて彼女
の前に置き、ポケットにあったコインを全て鷲掴みにして器の中
に入れ、立ち上がろうとしたとき、目が合った。若い。ふわっと
広がった民族衣装風のスカートは薄汚れ、髪はぼさぼさ、小汚
い容儀であったが、この人、きちっとすれば美しい人ではない
だろうか。そう感じながら立ち上って先に行った妻を追いかけ
た。
　その先に中世の建物が集中した一角、レーマー広場があり、
ピンク色した3連の三角屋根が、薄暗くなった夕暮れの空に突

295

き刺ささるようにして並んでいた。

「ああ。ドイツらしいなあ」

「奇麗な所ね」

　ひと通り見て回ったところで旧オペラ座の方へ戻り、来た道を
ホテルへと帰って行った。歩道に座っていた彼女とは反対側の
歩道を通り、チラッと横目で確認すると、彼女は依然として座
り続けていて横を向くでもなし、道行く人を見上げるでもなし、
じっと１か所を見つめたままだった。中世の建築物を現在まで
残すような高い志と使命感を持ちながらも人々は、どこかに悩み
を抱えているのだろうか。道の中央を走るトラムに追い越されな
がら、ついそんなことを考えつつ歩いていると妻が、私の思い
を遮るように言った。

「美味しいものを食べるんじゃあなかったの」

「あっ、そうだった」

　だが、美味しいレストランも見つけられないままホテルの前ま
で帰ってしまったら、目の前が大きなショッピングモールだった。

「ここにいいレストランがあるんじゃあない。ここにしよう」

　レストランはモールのホテル側にあり、レストランの大きな
ウィンドウから通りを挟んで私たちの部屋の窓が左斜め上方向
に見えていた。

「ここなら遅くなっても大丈夫」

　ホテルとの間の通りを抜けるヨーロッパ車の移動する明かり
と、飛び飛びに灯が付いたホテルの窓の明かりが、うっすらとレ
ストラン内に差し込み、いただいている料理を優しく照らしてい
るようだった。

　フランクフルトのマイン川がライン川に流れ込み、ライン川が
オランダ領に入ってワール川などに分かれ北海に注ぎ込む、ロッ
テルダム付近の水門の外までやって来た２頭の白いイルカの水
門に沿って撥ね泳ぐ水音と鳴き合う声が、ライン川からマイン川
を伝って聞こえるフランクフルト・アム・マインの夜だった。

　ハンブルク～フランクフルト（約 500km）

［注］

(1) プレッツェル／ドイツ発祥の焼き菓子パン、独特な結び目に作られ、小麦とイーストが原料、焼く前に数秒間水酸化ナトリウム水溶液に漬ける。焼ける間に空気中の二酸化炭素と反応して炭酸化ナトリウムと水に変化、表面が独特な茶色になる。

(2) レーマー広場／フランクフルトの旧市街アルトシュタットの中心に位置する観光名所、切妻屋根、ゴシック様式の木造建築が3棟立ち並んでいる。

(3) マイン川／ドイツ国内を東から西へ流れマインツ（ドイツ連邦共和国の都市）でライン川と合流、全長524km、ライン川右岸の支流中最長の川、中央ヨーロッパの河川で東から西への流れは珍しい。

(4) ワール川／ライン川がオランダに入って分岐した河川の1つ、ライン川の総流量の65%が流入、北海、ロッテルダム港とドイツ各地を結ぶライン川主要航路の1つ。

(5) ロッテルダム／アムステルダムに次ぐオランダ第2の港湾都市、ドイツの工業地帯とライン川で繋がり、各国から欧州への輸出品の多くがこの地で荷揚げされ、欧州第1位の貿易量を誇る。

第29話　ローレライ

10月26日（金）　フランクフルト晴れ、ザンクト・ゴアール
スハウゼン晴れ

　まだ薄暗いときに目が覚め、窓外からウォーンというような音
が聞こえるのでカーテンを少し開けて下を覗くと、大きな清掃車
が車の下に取り付けられた前後2つの大きなブラシを勢いよく
回しながらショッピングモールとの間の通りを掃除していた。朝
早くから大変だなあ。こういうのが西洋の環境美化のスタイル
なのだと感心していると、清掃車の後に大型バス2台が入って
来て玄関前に並んで停車した。

　昨日からホテルに体操服を着た人が多く出入りしており、今日
か明日、市内でマラソン大会が開催される雰囲気だった。たぶ
ん、このバスもアスリートたちを運ぶバスなのだろう。

　私は、アイルランドの治安とか列車が正常に運行されている
かを誰かに確認したかったが、それを確認するすべが分からな
かった。清掃車がだんだんホテルから遠ざかって行くのを見て
いてふと、保険会社に聞いてみるのが良いかも知れない。旅行
保険に加入したとき、
「旅行中に分からないことがあったら何時でも連絡してください」
と言われたからであり、今なら勤務中だろうと思って保険会社の
海外サポートに電話した。私としては「大丈夫です」と一言聞き
たかったのであるが、本人確認に時間を要した上、事件や事故
でないため、状況がなかなか理解してもらえず途中で断念した。
もとはと言えば、列車時刻検索サイトにアイルランドの時刻表が
掲載されていないことからきた不安であったが、結局のところ心
配性である私の取り越し苦労であった。

　11時集合なのでそんなに早く出発する必要はない。朝食を
とってゆっくりと出ようと考えていたが、性分なのか朝食開始時
間と同時に食堂に下りて行った。迎えに来たバスもいたし、食
堂はアスリートたちで混んでいるだろうと思っていたが、先に済

ませたのか、とらないのか、私たち以外に2組しかおらず、窓側の席に陣取りゆっくりと寛ぐことができた。外ではアスリートたちが忙しそうにバスとホテルを行き来していた。

「大会があるの」

「マラソン大会じゃあないかな。エレベーターで一緒だった人がそんなことを言っていた」

「どこを走るのだろう」

「バスで行くぐらいだから少し離れたところじゃあないかな」

　結局、早めにホテルを出て昨日調べた近道を通り、コンコースを抜け、旅行会社の入り口ドアを押したが誰も来ていなかった。しばらく待合室で待っていたが、まだ1時間以上あるので駅周辺を散策に出かけた。道沿いにある店のウィンドウの中には中古のスマートフォンばかり並べてあり、中古品のスマートフォンを求める人が意外に多いことが感じられた。

「そろそろ30分前だ。帰ろうか」

「うん」

　帰ってみるとツアー客と思われる人が数人来ていた。この時間でこの人数、少し心配になったが、そのまま待合室で待っていると大柄なドイツ人男性が呼びに来て、外に出てみると小型のマイクロバス1台が待機していた。男性は運転手兼ツアーガイドだった。運転手はチケットを確認してツアー客をマイクロバスに誘導、ツアー客は南米アルゼンチンから来た家族3名、スコットランドから来たご婦人2名、日本人の新婚さん2名と私たちの総勢9名だった。大型バスで大勢の人が参加するのかと思っていたが、ライン川クルーズがシーズンオフのこともあり、このくらいの人数になったのであろう。

　運転手は陽気な人で、車を運転しながら英語とスペイン語で次々に説明してくれたが、私には聞き取れなかった。車はフランクフルト市街を抜け高速道路に入り、雄大な景色に見とれ、さすがドイツの高速道路と感心していると、やがて、車は高速道路を下り、ライン川ではなく高い山の方、ニーダーヴァルト・バイリューデスハイム[1]へと高度を上げて行き、バスが停車した駐

車場のすぐ前側にライン川を見下ろす展望デッキがあった。

「わあ、素晴らしい」

　黄色い縞模様の絨毯を敷き詰めたようなブドウ畑の斜面の下に湖のような大河が細長い中洲で二分されて見えていた。大河は右側に見えていたので上流のマインツ⁽²⁾側を見ていたのであるが、川幅が広くなる下流側を見ているような感じだった。フランクフルトはライン川の東に位置しており、川を渡らず左に見て移動して来たので、ライン川の上流から下流に向かって来たことになり、ローレライはさらに下流にあった。

　バスへ戻ると運転手は人数を確認してすぐに発車したが、山を下りて行くのではなく、ほどなく停車した。運転手についてぞろぞろ行くとリフト乗り場に着き、運転手は料金と引き換えにリフト券を配りながら何か説明したが分からなかった。たぶん、リフトに乗れということだろう。私たちは皆の後から乗ることにして最後尾についた。

　リフトは２連になっていて大きな滑車が２基、一定速度で回転、斜面を上がって来た椅子が左右同時に滑車の外側から回って折返し、リフトの乗降位置を通過して行く。客は、その移動に合わせ上手に腰掛けるのであるが、ツアー客は慣れない動作に椅子を一回見逃しながらも乗って行った。

　前の人が乗ったので妻と私はさっと乗降位置に移動、２人とも同時に腰掛けることができ、妻が左、私が右の椅子に座り、山の斜面をゆっくりと下りて行った。なだらかに下りて行ったリフトは、その斜面が終わる支柱を過ぎると急激な角度で斜面を下り始め、と同時に右向かいの山の斜面一面に葉が黄色く色づいたブドウ畑が広がり、その先、左向こうの山との間をライン川がブドウ畑の色を引き立てるような色合いで流れていた。ああ、この辺りはドイツワインの一大産地なのだ。あれだけのブドウを収穫するのにどれほどの人があの斜面に這いつくばるのであろう。何時かその労働を体験してみたい気になっていた。ライン川の川面からブドウの大きな葉を揺らしながら吹き上がる風が、ほんのりブドウの香を乗せて耳元を撫でていた。

　この辺りと言うかヨーロッパのブドウ畑は日本のようなブドウ
棚ではなく、生垣のように一定間隔に打ち込まれた杭にワイヤー
が 3 連走って、茂ったブドウが垣根のようになって斜面の下か
ら頂上まで貫き、その垣根が無数の列をなして山全体を縞模様
の絨毯で覆ったように広がっている。人々は、ブドウ畑がライン
川に落ちる川沿いの細長い土地に集落を形成して暮らし、収穫
期ともなれば、あの家々から大勢の人が斜面を登って行くので
あろうか。あまりの美しさに妻は、スマートフォンを取り出して
写真に収め始めた。私は、落としそうなのでウェストバッグから
取り出すのをためらっていた。
「携帯、落とすなよ。落としたら見つからないよ」
「大丈夫よ」
　リフトはどんどん高度を下げ、アススマンスハウゼン(3)の集落へ
と吸い込まれていった。
　リフトの降り口で運転手が待っていて、彼に連れられ集落の
緩やかな石畳をバスが停めてある所まで下りて来てバスに乗り
込んだ。この頃になると皆、所定の座席が決まっており、それ
ぞれが自分の座席に着き、バスは集落の狭い道を下ってライン
川沿いの広い道へと出て、しばらく走ってレストランの駐車場に
入り遅い昼食となった。
　昼食もツアー料金に入っているらしくメニューは 2 種類、運
転手が注文を取って回り店の主人に伝えた。グラスワインも 4
種類の中から注文でき、聞きなれないアイスワイン(4)を注文した。
冷たく冷やしたワインだろうと思っていたが、グラスも小さく注
がれたのも僅か、ブドウの甘い香りが漂う極甘のワインだった。
しかし、このワインが一番高級だった。
　食事の後、運転手が皆を隣のワインバーに誘導、4 種類のワ
インについて説明してくれた。ライン川クルーズのツアーと言っ
てもドイツワインの産地、真っただ中であり、ワインの試飲もツ
アーのメニューに入れなくてはならないのだろう。
　ところでアイスワインであるが、説明によると最も収穫時期が
遅く 12 月から 2 月、寒さで凍ったブドウを摘み取りワインに醸

造する。遅く収穫することで甘く実ったブドウは鳥獣被害に遭い易く、しかも、一房からスプーン1杯の果汁しか取れないそうだ。どうりで高級なはずである。

　しっかりアイスワインを2杯いただいて店の外に出て道路を渡り、川沿いの歩道を桟橋まで徒歩移動、木組みの美しいドイツ建築様式で建てられた大きなワイナリーが、川とは反対側、通りの向こうに見えていた。先ほどのレストランで隣の席にいた日本の新婚さんと少し会話ができるようになっていて、ワイナリーをバックに2人並んだ写真を撮ってあげると、お返しに私たちも撮ってもらい、先に行った人たちに追いつくように急いで桟橋の所まで行くと船はまだ来ていなかった。

　川面は低く桟橋へ渡るタラップが急な角度で下がっていた。大河は滔々と流れるという表現がぴったりのように、私たちが、これからその流れに乗ろうとしていることなど無視するように大量の水を左から右へと押し流していた。

　左の方から船がこちらへ向かって近づいて来る。
「多分、あれがクルーズ船だろう」
「うん」

　クルーズ船は桟橋とタラップを少し揺らして達着、運転手の指示で揺れの止まったタラップを下りてクルーズ船に乗り込んだ。食堂のように広いデッキが2層となった、どちらかと言うと川船特有の喫水が浅く平たい形の船だった。2階デッキの後部側は屋根のないオープンデッキとなっていて視界が良く、乗船と同時にそちらへ移動した。船のスピードにもよるが大河の川面を流れる風が冷たく、私たちの着ているウィンドパーカーをバタバタと容赦なく引き千切ろうとしていた。しかし、ここの方が崖の上に建つ古城が見えやすく写真にも収めやすかった。

　ライン川クルーズは、ライン川が山と山に挟まれて狭く、流れがやや速くなるマインツからコブレンツ間を運航しており、古城も軒並みこの間にあった。築城した城主はライン川を見下ろす風景をものにしたかったのか、築城の際の石が運びやすかったのか分からないが、多くの古城が矢継ぎ早に目に入った。私た

ちはシャッター音を鳴らし続けたが、クルーズ船に乗っている乗客は私たちのグループぐらいで閑散としており、ライン川に裾を濡らす山と水辺の集落の秋も絶頂期に入ろうとしている景色が、もったいないぐらいであった。

　クルーズも長くなり身体も冷え、1階の食堂に下りて一番後ろの席から窓越しに河岸の風景を見ていると懐かしい曲、ローレライが流れてきた。日本語の歌詞も混じっていて、何か放送が流れた。急いでオープンデッキに上がり、見ると右前方に大きな岩が見えた。

「あれがローレライか」

　岸辺近くの看板にローレライと書かれている。川は右にカーブ、回り込んだ所の岩に人魚が腰かけていた。古来、船乗りたちが岩の上にいる美しい人魚に見とれて操船を誤り、多くの船が座礁した伝説が残るほど、川の湾曲に沿いながらこの急流を操船するのは至難の業だったのかも知れない。

　岩を回り込むと前方にザンクト・ゴアールスハウゼン[6]の町が川面上に線となって見えていた。しばらくして船は大きく左回頭、川上に向かって航行し始め帰りのコースとなった。左前方にローレライが見え始めたので、今度は人魚をしっかり見ようと思っていたが、あの大岩の下にいるちっぽけな人魚は、ともすれば見落としがちであり、今回もよく見ることができなかった。人魚も船乗り達から見られたくなかったのだろう。

　ローレライも遠く見えなくなり、窓からの景色だけでいいだろうと先ほどまでいた1階の食堂に下りた。乗船した桟橋まではまだだいぶ時間がかかるだろう。しかも、流れに逆らって航行するのだからと、ゆっくりしていると何か船内放送が流れた。放送など機械音は、私の語学力では何を言っているか分からない。何処かの桟橋に着くのだろう。そのまま椅子に腰かけていると、乗船口の方へ向かう同じツアーの人が1人見えた。私は何気なく見ていたが、ハッと気が付き立ち上がった。

「行こう」

　立ち上がった妻の手を引くようにして乗船口に走った。船は

桟橋への横付けが終わり、まもなくドアが開けられようとしていた。ドアの前にはツアーの人たちが集合していた。

桟橋に降りてタラップを上がって行くと運転手が上で待っていた。乗船した桟橋とは違う桟橋だった。バスが近くの桟橋まで迎えに来ていたのである。ほっと胸をなでおろした。

バスは長いことライン川沿いの道を走った。スコットランドのエディンバラ⁽⁷⁾から来たご婦人２人と少しずつ話し始め、スコットランドと言えばウィスキー、私は、この歳になってはじめてウィスキーの美味さに目覚め、スコッチの銘柄もいくつか分かるようになっていたため、両者共通の話題であるウィスキーを話題に持ち出した。

"I like Bowmore."

"Bowmore is number one."

こんな感じである。ご婦人方はスコッチに誇りを持っており、銘柄についてさらに説明が加わるが、相槌を打ちながら聞いているのが何となく嬉しかった。続いて気になっていたアイルランドについて何か意見を持っているか聞いてみた。

"Have you been to Ireland."

"Yes."

"Is it a safe place？"

"Yes They are very friendly."

"Thank you."

私は、十中八九行くことになるだろうと思った。

日もだいぶ傾き対岸の街にそろそろ明かりが灯り始める頃、バスは観光地リューデスハイム・アム・ライン⁽⁸⁾まで帰り30分ほどの休憩となった。バスを降りて商店街に向かい鞄店に入った。

「これいいんじゃあない」

店の入り口付近に小さなショルダーバッグが色違いで５個ぶら下げてあった。妻は、一通り店の中の鞄を品定めした後、私の言ったショルダーバッグのところに帰って来て、５個全てを通してあった竿から外し買おうとした。

「そんなに買ってもリュックサックに入らないのじゃあないか」

304

「何とかなるよ。こんな感じのバッグ、子供たちの土産に探していたのよ」
「でも、入らないだろう」
「大丈夫、上手くやれば入る」
　店を出たときは薄暮、商店街に明かりが灯り、既に休憩の 30 分を経過していた。急いでバスに帰るとエディンバラのご婦人だけが座っていて他の人はまだ帰っていなかった。皆、それぞれ土産の品を決めかねているのだろう。妻はバッグをご婦人方に見せていた。
　"Very beautiful, good bag you bought a good one."
　"Thank you."
　妻が、この旅で初めて見せた嬉しそうな顔だった。基本的に女性はショッピングが好きなのだろう。リュックサックに入らないからと言って、今まで何も買わなかったのが少し寂しかったのかも知れない。やがて、皆が乗り込みバスは暗くなった道を一路フランクフルト・アム・マインへと戻って行った。
　旅行会社の前に着いた時は 8 時を少し回っており、会社の主人が出迎えていた。例により中央駅のコンコースを抜け、近道を通ってホテルに帰った。
「今日はもう遅いのでホテルのレストランで食べようか」
「うん」
　妻は、そんなことよりもバッグをリュックサックに納める算段をしており、部屋に入るとすぐリュックサックの荷物を取り出し始めた。私がシャワーに入っている間、5 個のバッグ全てにリュックサック内の荷物を分散して詰め込み、バッグ 1 個ずつ丁寧にリュックサックに格納し始めた。
「こうすればリュックサックの場所を取らないわ」
「なかなか考えたなあ。早くシャワーに入って、レストランが閉まるよ」
「うん」
　1 階のレストランには、他に客が 1 組しかいなかった。窓よりの席に案内されビールを飲みながらものも言わず窓外の通りを

見ていた。通りの向かい側はショッピングモールの巨大な壁が見えるだけでモールの中までは見えない。道行く人もおらず、ホテルからの明かりは少なく、間隔を開けた薄暗い街灯の光が寂しそうに足元のアスファルトを丸く照らしているだけだった。レストラン内の照明も落としてあり、ビールが喉を越す音が何となく不気味な寂しさを誘っていた。

　ロッテルダム付近の海から先行して一足先に英仏海峡方向に向かって泳ぐ2頭の白いイルカの早くおいでと呼ぶ声が、北海からライン川を舐めるように遡る北西の風に乗って聞こえてくるフランクフルト・アム・マインの夜だった。

　フランクフルト～アススマンスハウゼン～ザンクト・ゴアールスハウゼン往復（約200km）

［注］
(1) ニーダーヴァルト・バイリューデスハイム／ライン川が見下ろせる展望台がある高台、近くに普仏戦争後のドイツ帝国発足を記念して建設されたニーダーヴァルト記念碑がある。
(2) マインツ／ドイツ連邦共和国の都市、ライン川とマイン川の合流点に位置、人口約21万7千人、中世よりマインツ大司教、司教座聖堂の所在地であり、活版印刷の発明者ヨハネス・グーテンベルクの出身地でもある。ワインの集散地であり、当地産のスパークリング・ワイン「クッパーベルク」は特に有名、ライン下りの観光船はマインツを出港地としている。
(3) アススマンスハウゼン／ドイツヘッセン州、ライン川沿いに位置するワイン産地の村、フランスブルゴーニュの赤ワインに似たピノノワールから作られた赤ワインで有名。
(4) アイスワイン／収穫時期12月～2月、3日以上マイナス8℃以下が続く日、ブドウが凍っている夜から夜明けに手摘みで収穫する。など、強い甘みを出すために厳しい条件で収穫したブドウで造られるワイン、商標登録では、ドイツ、オーストリア、カナダで造られたもののみ「アイスワイン」と称される。
(5) コブレンツ／ドイツ連邦共和国の都市、人口約10万人、河川交通の要衝、ドイツの角と称され、ドイツ騎士団が1216年より後、この地に騎士団を創設したことに由来する。ワインの取引の他、ライン川沿いの景観から観光業も発達している。

(6) ザンクト・ゴアールスハウゼン／ライン川右岸、ユネスコの世界遺産「ライン渓谷中流上部」の領域内にある観光の街、人口約1千人、近くに有名なローレライがある。

(7) エディンバラ／スコットランドの首都、丘陵地にあるコンパクトな都市、人口約48万2千人、スコットランドにおける政治と文化の中心地、中世の面影を残す旧市街と新市街があり、町並みは、ユネスコの世界遺産に登録されている。丘の上に佇むエディンバラ城が有名。

(8) リューデスハイム・アム・ライン／ドイツ連邦共和国ヘッセン州の市、人口約1万人、ワイン造りの街でユネスコの世界遺産「ライン渓谷中流上部」に含まれ、ニーダーヴァルトの麓に位置する市。

第30話　シェルブール

10月27日（土）　フランクフルト晴れ、シェルブールくもり

　6時58分発パリ行きICEに乗るため5時30分過ぎにホテルを出て近道を通って6時前に駅に着いた。こうして駅への近道が分かった頃には街を離れなくてはならない。どの街も素晴らしく名残惜しい気持ちをいっぱいに抱きながら次の町へ向かう列車を待っている。この駅の広い空間、行き交う人々の波が共鳴する響きとなって、もう少しここに居たらと言っているような、もう次へ行きなよと言っているような、独特の響きを創り出している。けれども、頭端式ターミナル駅の広く大きな半円形の入り口空間を突き破るように列車が私の待つホームに入って来る姿を見ていると、さあ、次へ行くよと私を誘うのである。人の生涯は静と動の繰返し、今、私は動のときなのだ。

　ICE 9586は快適、早朝だったせいか開いた席が多く、パリに向かって飛ぶように走っている。ICEに乗るのもこれが最後かと思うと、窓を流れる景色を追ってはいるのだが、ドイツでの色々な出来事が瞼の奥に描かれていくようだった。そうこうしている内にフランス国境を越え、私は、次のことを考えなければならなかった。

　今日の関門は、まずパリ東駅⁽¹⁾からサン・ラザール駅⁽²⁾へのメトロでの移動であったが、パリ地下鉄での移動はだいぶ慣れてきていたので何とかなるだろう。問題はアイルランドへ渡るフェリーを見つけ出せるかどうか、見つけ出せたとしても、渡ると決断できるか否かであった。

　大都会パリに中央駅はなく、行き先方面ごとに分かれた6つの駅があった。フランス南部のブルターニュ地方レンヌから初めてパリに降り立ったモンパルナス駅、オランダ・アムステルダムへと問題を起こしながらも去って行った北駅、そして今回、ドイツ・フランクフルトから降り立つ東駅、そして今日、シェルブール行列車が出るサン・ラザール駅、他に、私たちの移動とは縁

のなかったリヨン駅(3)とオステルリッツ駅(4)がある。こうしてみると
ヨーロッパ大陸の人の移動は、パリを中心として四方八方へと
行き来しているのであろう。

　地下鉄の切符は自動販売機で簡単に買えるのであるが、毎度
のように駅員が介在する切符売り場に並ぶしかなかった。世界
の観光地パリには、私たちと同じような人々が大勢いて、案の
定、東駅地下鉄の切符売り場は長蛇の列、やっぱり。サン・ラ
ザールからの列車は決まっていないのでゆっくり待つしかなかっ
た。その間にもう一度地下鉄の経路を確認、5番で行ってレピュ
ブリック乗り換え、3番でサン・ラザール下車だな。たぶん大丈
夫だろう。レピュブリック広場(5)のマリアンヌ像に会って行きたい
気もするが今回は無理だろう。やっと切符を買うことができ、ラ
イン5へと長い地下道を下りて行った。

　サン・ラザール駅は石造りの立派な駅だった。下車してチケッ
トオフィスへと急いでいると、ここがサン・ラザール駅だなんて
感覚がなくなってくる。心にしっかり留めておかないと、発着ご
とに変わるパリの駅、ホールの空間や人の流れは、どの駅も同
じに見えてくる。東駅には11時前に着いたのであるが、サン・
ラザール駅発シェルブール行列車は、早くて13時5分でシェル
ブールに着くのは夕方になる。どうしてもこれに乗らなくてはな
らない。

　"Seat reservation please."

　"I would like two seats for the train departing at 13:05 for
Cherbourg."

　"Is it departing at 13:05？"

　"Yes."

　発音が悪かったのか女性職員は時間を再確認した後、困った
ような顔をして話しかけてきたがよく分からない。何かトラブル
があって発車が遅れるのかなとも思ったが、そうでもなさそうで
あった。女性は、横にいた男性と話し始めた。男性は、女性と
席を換わって機器を操作しチケット1枚を打ち出し渡してくれ
た。発着の時間と列車番号は印字されているが、それ以外は白

紙のチケットであり、今まで受け取っていたSNCF フランス国有鉄道のチケットとは違う気がした。当然、ワゴンナンバーも座席ナンバーもなかった。

"How much."

"Don't need money."

　男性はユーロパスを指差しながら言った。全席指定のはずだがユーロパスだけでお金はいらないということだろうか。頭を下げてカウンターを後にしてオフィスの外に出た。改札はオフィスを出て右へ少し行った所にあり多くの人が改札を待っていたが、シェルブール行き列車 3309 は既に入線していた。

「たぶん、皆が待っているこのホームだろう。そうか、満席なんだ。でも切符をくれたということは、全席指定でも乗っていいということだろう」

「座れないの」

「席が空けば座ってもいいのだろうが、たぶん 3 時間、立って行くしかないだろうな」

「そう」

　電光掲示板にシェルブール行き列車のホームナンバーが示され、皆、改札を抜けて行き、私たちも後に続いた。オフィスでもらった切符は改札を抜けるためのものであった。列車に乗り込むと空いた席もあるようなので、すぐ立てるようにリュックサックを抱いたまま座ってまもなく、中年男性がやって来て自分の席だということをアピールした。やっぱり駄目か。

　リュックサックを抱いたままデッキへと移動した。デッキにはやや太めの中年男性が立っていた。TGV のような壁から倒せる椅子はなく、車内は満席、デッキには彼と私たちしかいなかった。日本のように乗れるだけ乗せるというようなことをしないのか、席がなければあきらめる人が多いのか、3309 はガタ、ゴトと、立っている私を横にゆすりながらサン・ラザール駅を後にした。

　パリ郊外を抜けるとこれまでのヨーロッパ大陸のような広々とした牧草地ではなく、台地と低地がうねりのように織り成す広大

な土地に人々の生活する町が続き、大きな工場のような建物も
いくつか通り過ぎて行った。このまま行くとイギリス海峡に落ち
込むように台地から少しずつ下って行くような感覚だった。

　ノルマンディー上陸作戦の後、連合軍はこの緩やかな台地を
1歩、1歩、攻め上りながらパリを目指したのだろう。車輪が線
路の繋ぎ目をひらうガタゴトとした響きの向こうに史上最大の作
戦マーチのメロディーが流れているような思いがして思わず口
ずさみそうになったとき、列車のスピードが徐々に落ち、やが
て、何処か見知らぬ駅に停車、あまり時間をおかず静かに動き
だした。デッキにいた男性は1人なので、駅で降りた人のいた
座席を狙って客室内へ消えた。

　出入口ドアの小さな窓に流れる台地を眺めながら立っている
のも疲れかけた頃、カーンという駅に着き、大勢の人が降りた。
「席が開いたら座ってもいいのかなあ」
「さっきの男性もそうしたからいいんじゃあない」

　開いた席に2人並んで腰かけた。残り1時間ぐらいは座って
行ける。私は、まだ見ぬ港町シェルブールのことを考えていた。

　シェルブールの駅を出ると、もうそこに多くの船が接岸した岸
壁があり、海からの風が岸壁に近づこうとしている私を拒んで
いた。岸壁に立つとすぐ足元に海面があり、どの船もきちんと
並んで接岸しているだけで港を出入りしている船などはなかっ
た。対岸の岸壁はわりと近く、その先にショッピングセンターの
ような建物が見えていた。
「向こうに3本マストの帆船が見える。行ってみよう」

　妻の返事も待たず歩き出した。駅のインフォメーションで聞い
た乗船券が買える船会社のオフィスもあの辺りだ。船を見なが
ら岸壁に沿って港の出口に向かって歩き出した。妻もどこか楽し
そうにウィンドブレーカーをいっぱいに膨らませながらついて来
た。岸壁の歩道は、雨上がりなのか、風で巻き上げられた潮な
のか濡れていた。

　帆船の向こうは岸壁が直角になっていると思って来てみると
岸壁ではなく巨大な水門だった。水門の上は道路になっていて、

水門の外側は恐ろしいほど低いところに海面があった。今は干潮なのだ。満潮時、水門を開けて船を出入りさせるのだろう。外海側にも岸壁や桟橋があり、船が接岸、係留されていた。潮が満ちても大丈夫なように多くの船は、潮の干満に合わせて上下する桟橋に係留されている。

　竹の筒を半分に割いたような港で、節の部分が水門、内海側は長方形の巨大なプール、外海側も長方形、外からのうねりを防ぐためなのか出口が少し狭くなっている。この連なった竹筒を漏斗の先のようにして広大な港湾がその外に形成されていて、遠くに大型船が接岸できる岸壁があった。

　駅の方からの岸壁に沿った通りと水門の上を通る道がＴ字型に当たった突き当りにレンガ造りの５階建て、１階部分が臙脂色のいかにも船会社のオフィスといった感じの建物があり、しばらく外海を眺めていたが、通りを渡ってオフィス前に行き中を覗いた。

　室内はガランと片付けられて誰もいない。ドアを開けようとしたが鍵がかかっていた。両隣の建物に移動してみたが、どちらもオフィスではなかった。やはり、アイルランドには渡れないな。少し呆然としてしまい、水門の先の暮れなずむ外海の空を見ていた……。

　丁度そこへ大柄な紳士が散歩しているのか、ゆっくりとした歩調で通りかかった。

"Excuse me. Is this the shipping company office？"

"Oh, that's right."

"I would like to buy a ticket for a ferry to Ireland."

"You can't buy it here now. Buy it at the ferry terminal in the new port."

"Where."

"Came over here."

　紳士は通りを渡って水門の根元に行き、ついて行くと、水門のずっと先の方を指差し、

"It's around that."

312

"How far is it?"

"I wonder if it's more than a mile, it's a long way to walk."

"Thank you very much. By the way, do you know this hotel?"

　私は、手帳に書いたホテル名と住所を見せた。

"I know, if you follow this road by the sea, it's not too far away."

"That's good, thank you very much."

"Have a nice trip."

"Thank you."

　紳士は、散歩の続きをするのか駅の方へゆっくりと歩いて行き、しばらく後姿を見送りながら、行くしかないなと思っていた。
「切符は、新しい港のフェリーターミナルで売っているらしい」
「そう」

　水門の上の橋を渡りながらもう一度下を覗き込み、橋を渡ったところで左に取り、しばらく歩き、大きく右にカーブ、この辺りから埠頭の方へ入って行けそうだが、SOLAS条約(7)のため国際港シェルブールには高いフェンスが張り巡らされていた。フェンスに沿って真っすぐ歩いて行くしかなく、行けども、行けども、フェンスしか見えなかった。海からの冷たい風は簡単にフェンスを通り抜け容赦なく私たちの歩みを遅くさせ、妻は後方へと遅れ始めた。どこかに門があるはずだ。警備員が中に入れてくれるかどうかは分からない。とにかく行くしかなかった。

　もうあきらめようかと思ったとき、港への引き込み線の線路わきのフェンスが開いていて、線路に沿って埠頭の中に入ることができた。警備員はいなかった。こんなところから入れるじゃないか。妻を待って埠頭へと入って行った。

　埠頭の広い敷地の海側に巨大な建物が見えていて、その建物を目指して敷地に書かれた横断歩道のようなラインに沿って敷地を横切って行った。足元には横断歩道と交差する何本もの道が描かれており、たぶん、この道に沿って車が連なるのだろう。今は1台の車もなく、その道を横切る私たちがいるだけだった。

倉庫のような、体育館のようなターミナルの中に入って行くと、中は誰もいない地下街のようなところで、中央に4脚並んだ椅子が何列も並んでいた。両サイドの四角く区切られた窓は、シャッターが下りていた。1つだけ開いたシャッターがあり、テイクアウトの店のようなカウンターに男性と女性が並んでこちらを見ていた。

　椅子の1つにリュックサックを置き、私は彼らに近づいて行き、妻は腰を下ろした。

"Excuse me. I would like to go to Ireland."

"This is the British line.(イギリス南部プール[8]、ポーツマス航路[9])Only ferries to England depart today. The ferry to Ireland tomorrow."

　出港日が明日ということは調べて知っていた。だから今日シェルブールに来たのであり、船会社の人にアイルランドの事情について詳しく教えてもらいたかったが、彼にそれを聞くことはできなかった。

"I would like to buy a boarding ticket."

"The British Line, Irish Line,(ダブリン航路[10]) and Stena Line (ロスレアハーバー航路[11])depart from this port. The office will open on the day the ferry departs."

"Can I use the Eurail Global Pass？"

"Irish Line may be usable."

　彼は事務所から出て来てアイリッシュライン[12]、ステナライン[13]の事務所前に私を誘導、掲示物を確認、メモを取って来て私に渡してくれた。

"It is time to port tomorrow. To be a nice cruise."

"Thank you very much."

　アイリッシュラインが17時30分、ステナラインが15時00分だった。列車時刻検索サイトにアイルランドの列車時刻表が掲載されないので、ロスレアハーバーからダブリンまでの列車時刻は分からず、運行されているのかどうかも不明、ダブリン直行のアイリッシュラインに乗るしかないな。男性は事務所に

入って行ったので、これ以上質問してもと思い、妻のいる椅子
に向かった。
「イギリス行きフェリーの人たちだった。アイルランド行きは明
日、開くそうだ」
「そう」
「明日の夕方、3 時と 5 時半に出港する。これ以上ここに居ても
仕方がないので行こうか」
　リュックサックを背負ってターミナルの外に出たら日がかなり
傾き、海からの風が一層強く、冷たくなったような気がした。広
い敷地を横切り引き込み線の横から歩道に出て、来た道をフェン
スに沿って帰って行き、水門橋を渡りながら美しい港町シェ
ルブールをもう一度見渡した。低く厚い雲の塊がいくつも早いス
ピードで流れ、町の美しさに影を描いていた。
　橋を渡って右へ港を見下ろしながら行くと左へカーブ、港か
ら離れようとした所に左の町中へ入る路地があった。
「こっちから行こうか」
「このまま行った方がいいんじゃあない」
「そうか」
　そのまま行くとさらに左にカーブして右側に公園、左向こうに
石造りの古い大聖堂のような建物が見えてきて、聖堂の先、広
い通りを渡った向こうにホテルがあった。
　チェックインを済ませ 2 階の部屋に上がり、リュックサックを
床に下ろしてベッドに座り、疲れて棒のような足を左右に揺さ
ぶって解しながら明日の行動をしばらく考えた。ホテルにはレス
トランがないということなので少し休んでから町へ出ることにし
た。
「何か美味しいものが食べたいね」
「やっぱりシーフードだろう」
「そうね」
　外はすっかり暗くなっていた。水門から来た道をそのまま帰っ
て行きレストランを探したが、すんなりと入れそうなレストラン
は見つからず、港近くまで来たシーフードレストランに思い切っ

て入った。客は1組もいない。出されたメニューの文字も読め
ず選んだオードブルが貝の盛り合わせで、長方形の皿にボイル
した巻貝と生の二枚貝が5個並んでいた。

「牡蠣だけは食べない方がいいよ」

「そうだな」

　まだしばらく旅が続くので食べたい気持ちをぐっと我慢した。
次に運ばれたメインディッシュも生かボイルの魚介類が、氷を
敷き詰めた大きな金盥に盛られた料理で、オードブルとの違い
は海老と蟹が加わっただけであった。文字は読めなかったが、
私の好物ばかりが並んでいた。ただ、牡蠣を残さなければなら
ないのがとても心残りだった。レストランを後にする頃には家族
連れなど数組の客も入り、静かだった店も和やかな雰囲気に変
わっていた。

　帰りは、先ほど通らなかった町中の道を通って帰ることにし
た。狭い路地の数か所から明かりが漏れ、そばを通るとき、開
けられたドアから中の様子が伺えた。狭いパブのカウンターに
男たちが並び、陽気に杯を重ね歌う声が路地の先へと走り、私
たちを導いていた。

　海で働く男たちであろう。潮で嗄れた喉の奥から絞り出す、
今日の無事を確かめている声、路地裏に響く彼らのしわがれた
声とともに港町シェルブールの夜は更けていった。

　水門のすぐ下までやって来た2頭の白いイルカの叫ぶ声が、
海からの強い風と潮に乗って私たちの部屋の窓ガラスを叩く
シェルブールの夜だった。

　　フランクフルト・アム・マイン～シェルブール（約931km）

［注］

(1)パリ東駅／フランス東部、ドイツ、ルクセンブルク方面への列車が
　　発着、パリ北駅のすぐ東側に位置し、徒歩で連絡可能である。パリ
　　の東に位置しているのではなく、パリより東方面に向かう列車が発
　　着するので「東駅」の駅名になった。

(2)サン・ラザール駅／パリ北駅に次いで利用者の多いターミナル駅、1

日の利用者が約28万人、パリ北西方面行の近郊列車が全体の9割を占め、残り1割がノルマンディー地方の主要駅に向かう長距離列車、TGVの発着は無い。

(3) リヨン駅／リヨン方面に向かう鉄道の起点駅、旧パリ・リヨン鉄道の駅、パリ市内やパリ近郊では単にリヨン駅と呼ばれるが、全国版の路線図や時刻表、長距離列車の案内などでは、「パリ・リヨン駅」と呼ばれる。なお、リヨン市にリヨン駅という名の駅はない。

(4) オステルリッツ駅／フランス南西部方面への列車が発着する他、イル＝ド＝フランス地域圏急行鉄道網の駅でもある。駅名は所在地のオステルリッツ河岸に由来する。

(5) レピュブリック広場／パリ市内の3つの区にまたがる面積3・4haの広場、自由の女神マリアンヌ像がある。日本語では「共和国広場」とも訳される。

(6) カーン／フランス北西部に位置する都市、カルヴァドス県の県庁所在地、フランスを代表する城下町の1つ、人口は約11万4千人、カーン都市圏では約37万人を有する。ノルマンディー上陸作戦後、カーン周辺は2ヶ月近くにわたって激戦地となり、連合軍がカーンを確保したのは1944年7月9日だった。街の再建には14年間の歳月が費やされた。

(7) SOLAS条約／海上における人命の安全のための国際条約、船舶の安全確保のための規則を定める多国間条約、1912年のタイタニック号海難事故を契機に船舶の安全確保のための救命艇や無線装置の整備などの規則を定める条約が1914年に締結された。その後30回以上の改正を経て最近では、アメリカの同時多発テロを契機に2002年に改正が行われ（改正SOLAS条約）、テロ対策として港湾施設に侵入防止などの保安対策を強化することが義務付けられた。指定区域への侵入については、普通の不法侵入以上に厳しい罰則規定が設けられている。

(8) プール／イギリス南岸の港湾都市、人口約14万8千人、街の東側はポーツマスと隣接している。12世紀、羊毛貿易の重要な港として繁栄し始め、16世紀、北アメリカとの貿易の重要な拠点となり、18世紀にはイギリスで最も活発な貿易港の1つとなった。

(9) ポーツマス／イギリス南部、イギリス海峡に面した都市、イギリスで唯一、島嶼部に位置する。人口約20万5千人、都市圏では約85万6千人、1世紀以上の歴史がある軍港であり、世界で最も古い乾ドックが現役で使用されている。ネルソン提督の旗艦ヴィクトリーなど多くの有名な軍艦の母港となってきた。近年、ポーツマス海軍基地

は軍事拠点としては衰えたものの、イギリス海軍とイギリス海兵隊の基地と造船所は維持されており、司令部が置かれている。

(10) ダブリン／アイルランド東海岸に位置するアイルランド共和国の首都、人口約117万3千人、アイルランドの政治・経済・交通・文化の中心地であり、アイルランド人口の44％がダブリン首都圏に集中、ヨーロッパ有数の世界都市であり、重要な金融センターの1つになっている。

(11) ロスレアハーバー／アイルランド南東部の港、フェリー輸送のハブを造るため、1906年に建設、ヨーロッパ本土とアイルランド共和国間の貨物輸送の重要な積み替え拠点となっている。

(12) アイリッシュライン／ダブリンとヨーロッパ大陸間のルートで旅客、貨物輸送を運営するアイルランドのフェリー、輸送会社。

(13) ステナライン／世界最大の船会社の1つ、本社はスウェーデンのヨーテボリにある。スウェーデンのステナ・スフィアという企業集団の一部門、イギリス、アイルランド、スウェーデン、デンマーク、オランダ、ノルウェー、ドイツ、ポーランドでフェリー航路を持つ。

第31話　ステナライン

　私は夢を見ているのだろう。頭の片隅でこれは夢なのだ。と、意識していながら、その夢遊の心地よさに身を委ねている。瞼の奥にどこか古いホテルの窓から下の方を覗いている妻と私がいる。何かを見ているようだ……。そうだ、ネズミを見ているのだ……。

*

「出た、出た、出た。……」
　妻の甲高い声で目が覚め、瞼を開けた。長い眠りから目覚めたような、遠い夢を見ていたような、頭が何となく重くて枕から起こしづらく、そのまま身体を横に向けた。
「出たよ。出た」
　妻が、窓際に腰かけたまま下を覗いている。外はすっかり明るくなっていた。
「まだ見てたのか」
「茂みの脇から頭だけ覘けるがなかなか出てこないのよ」
「やっと、身体全体が出たと思ったらすぐに引っ込んでしまった」
「こんなに明るくなったら出てこないよ」
　重い体を起こし窓際へ行って下を見たが、白い車があるだけでネズミは見えなかった。
「食事に行こうか」
「うん」
　誰もいない白壁の階段をゆっくり下りて食堂に入った。数人、数組の人がビュッフェ方式の食べ物を皿に取ったり、食事をしたりしていたが、誰も喋らずシーンと静まり返った食堂だった。ただ、フォークやナイフ、スプーンなどの皿と擦れあう音だけが、食堂の白壁を異様に響かせていた。私たちも音を立てずに

食べ物を取って回り、壁際のテーブルで話もせず黙々と食べた。私は、まだ、アイルランドに渡ろうかどうか考えていた。

　久しぶりにホテルでゆっくりとした朝を過ごし、9時過ぎにチェックアウトしてネズミの居た辺りに出た。ネズミの出入りした穴が茂みの奥に見えた。道路の排水溝だった。

「多分、あの排水溝の奥が下水道なんだろう」

「そう」

　海岸通りではなく路地の方へ、パリのレピュブリック広場と同じ名の広場を横切り始めたとき、ザーと強い雨が降り出し、急いで路地へと逃げ込んだ。濡れないようにリュックサックを建物の壁際に下ろして折り畳み傘を取り出した。この旅で何度か雨に打たれたが、折り畳み傘を出すのは2度目だった。

　水門近くまで来たところで水門橋を渡らず、右の路地に入りジェネラル・ド・ゴール広場までやって来た。この頃には雨は上がり、傘はビニールの袋に入れてリュックサックの中に納めていた。噴水の水で濡れる像の向こうにル・トライデント[1]の大きく崇高な建物が見える。もう少し近くで見ようと噴水の近くまで来たとき、ザーザーと大粒の雨が降り出した。慌てて広場の入口まで引き返し、スーパーマーケットのような建物の軒先に逃げ込んだ。

「突然降りだすね」

「またすぐ止むだろう」

　リュックサックから傘を出すのをためらっていたが、雨はなかなか止まなかった。私たちは軒先から出るに出られず言葉を交わさなくなっていた。もし、今日の午後アイルランドに渡れなかった場合、それからパリかブリュッセルまで移動すれば夜遅くなってしまう。ホテルが取れれば良いが。黙って雨音を聞きながらぼんやりそんなことを思っていた。

　オランダを出る頃からイギリスでの行動日数を5日と考えていたので、少なくとも10月30日にはイギリスに渡りたかった。今日、アイルランド経由で渡れれば良いが渡れなかった場合、もうそんなに余裕がなかった。

　フェリーの出港時間が17時半とするとターミナルで長い時間待つことになるので、これからショッピングセンターに行き、昼食をとってからターミナルへ行くつもりでいた……。やっと、雨も小降りになった。
「ショッピングセンターに行こうか」
　妻は、ものも言わず軒下を出て歩き出し、足取りも早く追いかけるのがやっとだった。路地から出て通りを渡り、水門橋を渡って左に曲がり港の方へとどんどん歩いて行く。
「おーい。ショッピングセンターは反対側だ」
　振り向きもせず黙々と港へ向かっている。仕方なく後を追いかけ、昨日は私が前を行き、妻が後からついて来たが今日は逆だった。ターミナルで長い時間待つことを覚悟した。
　フェリーターミナルには11時少し前に着き、11時ジャストにターミナル入口左手前、アイリッシュライン乗船券売り場のシャッターがガラガラと上がり始めた。数人のお客の対応が終わり、お客が途切れたとき、ユーロ地図を持って説明を聞きに行った。ところが、アイリッシュライン、ダブリン行きは、パッセンジャーの取り扱いは行わず自動車オンリーということで、徒歩で渡ろうとしている私たちは対象外だった。でもステナラインが取り扱っていると教えられ、左側の奥、ステナラインの乗船券売り場に向かった。
"Excuse me. I want to go to Dublin."
"You can take a train from Rosslare Harbor, where the ferry arrives."
　2人並んだ女性の若い人が答えてくれた。
"Does the train operate ?"
"You can walk from the port to the station. Train should also operate the time of arrival of ferry."
　やっぱり、列車は動いているんだ。頭の片隅でずっと気にかかっていたことが、その一言でスーと消えていくような気がした。私は今までその一言が聞きたかった。アイルランド経由でイギリスに渡る腹が決まった。

"I would like a boarding ticket for two people in a private room."

　女性は発券手続きを始めた。

"Can I use the Eurail Global Pass？"

"30% discount."

"Please."

"Show me."

　ユーロパスを提示しながらさらに質問した。

"Does the train operate from Dublin to Belfast, Northern Ireland？"

"I don't know, it should be operate."

　たぶん運行されているだろうが、時刻表はダブリンに行かなければ分からなかった。ベルファストからスコットランドのケイ
ルンライアン⁽²⁾に渡ってもいいなと思っていたが、30年間も続き3千5百人もの死者を出した北アイルランド紛争⁽³⁾、もう人々の感情はすっかり消え失せているだろうか。ほんの少し気になっていた。

"I would like to travel from Dublin to England."

"There is a trip from Dublin to Holyhead."

"Can I buy it together？"

"Yes."

"I would like a boarding ticket the day after tomorrow."

"Yes, thank you."

　昼間の航海なのでプライベートルームは必要なかった。イギリスのEU離脱で問題となっている陸の国境を越えてみたい気もあったが止めにした。列車の時刻が分からないので計画が立たず、ダブリンからフェリーで渡るのなら今ここで乗船券を求めた方が簡単だった。スコットランドへはイギリスに渡ってから行くことにしよう。マンチェスター⁽⁴⁾やリバプール⁽⁵⁾にも興味があり、どちらかへ行ってみよう。

「フェリーの出港時刻は15時だ、ショッピングセンターに行かなくて良かったなあ」

「そうでしょう」

　妻の勘が当たっていた。

　心配事がすべて解決しターミナル奥のレストランへ入って行った。レストランと言っても工場の食堂といった感じで、長距離トラックの運転手さんたちであろうか、そんな感じの男性が多く食事をとっていた。

　軽く食事を済ませて乗船券売り場前のベンチに移動、乗船の時間を待った。前のベンチで十代と思われる少女が刃渡り10cm程の折り畳みナイフを折ったり伸ばしたり、カティ、カティと音を立てて玩んでいた。私は、リンゴの皮をむく程度のナイフを家から持って来ようと思っていたが、機内に入る際、咎められてもと思い止めにした。

　やがて、乗船券を売ってくれた女性が事務所から出て来た。

"Everyone get together."

　私たちを入れた 7、8 人のパッセンジャーが彼女の前に並んだ。

"Please come over here."

　ぞろぞろ彼女について行くと、ターミナルを裏から出た所に灰色の乗り合いバスが待機していて、彼女に導かれるままに乗車、一番後ろの席に腰を下ろした。彼女は、人数をチェックすると降車して事務所の方へ帰って行った。

　しばらく時間がかかった。これからどうされるのだろうと少し不安な気持ちでいると、いきなり、獰猛な犬を連れた軍人のような男性係官が 2 名乗り込んで来た。

　犬が一人ひとりの持ち物、身体を嗅いで回り、犬を連れていない係官が身分証明書を検査しながら徐々に私たちに近づいて来る。犬は、ナイフの少女のポケットをしばらく嗅いだ後、私たちのところに来て嗅ぎ、すぐに踵を返し入り口から出て行った。犬を連れていない係官が少女の持ち物検査を行い、ナイフを没収した。念入りに調べられたのは少女だけであり、他の人は犬に嗅がれてパスポートを見せただけだったが、物々しい雰囲気と恐怖が一時、バスの中に充満した。

　国境をいくつも越えて来たが、パスポートの検査だけで犬まで使って物々しく検査されたのは今回が初めてだった。EU に統

合され、ヨーロッパ旅行はしやすくなったと思っていただけに少し度肝を抜かれた感じがした。同じ EU のアイルランドへの渡航というより、乗船というハードルが高いのかも知れない。やはり、ナイフなどの刃物を持参して来なくて良かった。テロが頻発する社会において、そういうものは通常は必要のないものであった。

　バスが動き出し、接岸中の大型フェリーを何隻か横目で見ながら広い岸壁をスピードを上げて直線的に走って行き、やがて右にカーブ、白い大型フェリーの後部入口に近づいて行った。大きく開いた口が２つ並んであり、左側は降車専用、右側のトラックが何台も並んで呑み込めそうな大きな口の右端に向かってタラップを登って行った。このフェリーは、人が歩いて乗船できるような船ではなく、車ごと乗船するようになっていた。したがって、車のない私たちパッセンジャーには乗り合いバスが用意されていた。

　大きな口に呑み込まれてすぐバスが停車、降車指示があり、下りるとそのまま隔壁に開けられた入口に入り、車両甲板から離れるようになっていた。隔壁の中には長いエスカレーターが音を立てて回っていて、否が応でもそのエスカレーターに足を踏み出すしかなく、一気に第５デッキまで持ち上げられた。第5、第6デッキのみが、我々パッセンジャーや車から出て車両甲板を離れなければならない人たちの移動できる空間だった。

　私たちのキャビンは第6デッキ右舷前部にあり、ずらっと並んだドアのナンバーを追いながら狭い通路を移動、キャビンナンバーを確認、乗船券売り場でもらった紙製のキーカードを挿入、ドアが開き、左右に並んだベッドに腰かけてやっと一息入れることができた。休む暇もなく出港を知らせる放送があった。
「出港要領を見て来るから」
「うん」
　通路へ出て前方へ進んだ先に外デッキに出られるハッチがあり、そっと押して出てみるとハンドレールの向こうには海しか見えず、接岸している岸壁側は反対舷だったので中に入り左舷側

の通路に移動、ハッチを開けて外に出た。

　外は風が強く、しかも寄せの風だった。この大きな船体に強風をいっぱいに受けて、タグボートもなしに出港できるだろうか。しかし、ホリゾン号は徐々に徐々に岸壁との水開きを広げて行く、さすがヨーロッパのベテラン船乗りたち、私の心配など取るに足らないことだった。岸壁との距離がある程度開いたところで前進の行き足となり、強風を突いて船は静かに岸壁を後にした。

　ウィンドパーカーをはためかせながらしばらく前方の海を見つめ、次に、後方へ離れ行くシェルブール港を眺めた。海上は曇って薄暗く、船と私は、灰色の空と海が織り成す自然と一体になろうとしていた……。ブルッと身体が震えハッチの方へ帰りかけた。

「あっ、イルカ」

　船首が切り分けた後方へと山形に広がる波の中に2頭の白いイルカが、見え隠れしていた。

　キャビンに帰ると、妻はシャワーを浴びてベッドでくつろいでいた。静かだった。その静けさが、私たちをこの巨大な船とともに遠い見知らぬ国へと誘う思いを一層増幅させていた。ただ、柔らかいダクトの風音だけがキャビンに響いていた。

　針路が変わったのか船が揺れ始めた。もう外も暗くなっただろう。妻は気持ちが悪いと目をつむったまま横になっている。このまま寝てしまおうかと思ったとき、キッチンがオープンする放送が入った。

「おっ、船の飯が食べられる。行くよ」

　妻は仕方なくベッドから足を横に下ろし、立ち上った拍子によろけ、私の腕をつかんだ。

「大丈夫だよ。こんなの揺れている内に入らないよ」

「そう」

「三半規管のしっかりした人ほど、少しの揺れでも敏感に感じるんだ。揺れていないと自分に言い聞かせ、深呼吸すれば気分が落ち着くものさ」

キッチンの入口には多くの人が並んでいた。入口から奥へと食べ物が並んでいて、四角いステンレスの食缶に入った暖かい料理を皿によそってもらいながら前進、最後のレジで料金を支払って左へ回り込むと広い食堂に入り、開いているテーブルに付けるようになっていた。乗船する前は、レストランぐらいあるだろう、夕食、朝食はそこにしようと思っていただけに、船の料理がそのまま食べられることに豪く感動した。私も妻もビーンズのトマト煮込みが好きだったので、その料理があることを期待した。

「あるよ、あるよ」

「良かった」

　２人とも２杯、他の料理が大皿に乗らないぐらい装ってもらい、喜び勇んでテーブルに付いた。

「美味しい。こんな豆料理、日本ではなかなか食べられない」

「ああ」

　船が少しくらい揺れることなど気にならない様子だった。まだアイルランドには上陸していなかったが、このルートを選択して非常に満足だった。

　キッチンから帰りベッドに横たわって瞼を閉じると、波長の長いうねりに船がゆっくりと上下、船首の波を押し分ける音が、外板を通して聞こえて来るほど海も船も静かだった。重い瞼の奥が暗闇の中へと私を誘い、遠い昔の遠い海、静かな艦の静かなキャビン、寝台に横たわる若い私とひとつになろうとしていた。

　船が切り分けた山型に広がる波を、船の緑灯が薄っすらと照らす中、跳ねつ、沈みつ、船とともに泳ぐ２頭の白いイルカの海面を叩く水音が、すぐ耳元に聞こえるホリゾン号の夜だった。

　シェルブール〜ランズ・エンド岬(6)(イングランド本土最西端)(約200マイル)

［注］

(1)ル・トライデント／シェルブールにある劇場。

(2)ベルファスト／イギリス・北アイルランドの首府、人口約33万9千

人、世界最大のドライドックがあり、巨大なクレーンを遠くから眺めることができる。

(3) ケイルンライアン／スコットランド・ライアン湖(南に切れ込んだ入江)の東岸、グラスゴーの南西約 130km にある村、ベルファスト間にフェリー航路がある。

(4) マンチェスター／イングランド北西部の主要都市、人口約 55 万人、イギリスで 6 番目の都市、名前の由来は、古代ローマの領土だった時代のラテン語名、ケルト語の地名マムキアムをラテン語風に読み替えたものであり、元の意味は「胸」「乳房のような丘」と、古英語ケステル(ラテン語で駐屯地、城を意味する言葉から来ており、町という意味)を合わせたものである。綿工業などが発展、産業革命で中心的な役割を果たした。

(5) リバプール／イギリスの北西部に位置する臨海都市、人口約 49 万 6千人、18 世紀から 20 世紀まで重要な貿易港、移民の出入港として栄えた街で、ビートルズの出身地としても有名。

(6) ランズ・エンド岬／イギリスのコーンウォール州最西端に位置する岬、イギリス本土最西端、地の果ての象徴とされる。

第32話　スミスフィールド

10月29日（月）　ケルト海晴れ、ロスレアハーバー晴れ、ダブリン晴れ

　心地よい寝覚めだった。風が止んだのか、それともコースが変わったのか、船はほとんど揺れていない。鏡のような海面を音もなく進んでいる。時差が1時間マイナスになった入港1時間前の7時、朝食の用意ができたとアナウンスが入った。

　急いでキッチンに行き、それほど人が来ていない中、夕食と同じスタイルで朝食メニューの料理を皿に装ってもらいながら次の料理へと進み、装ってくれる船員さんたちと正対、軽く朝の挨拶を交わし、目の前の料理がいるかいらないかを合図する。ビーンズのトマト煮込みは朝食にも用意されていた。しっかりとよそってもらい、パン、ベーコン、ヨーグルトをもらって席に付いた。私は早く食べ終わって船が入港するところを見たかった。初めての港に入港するのは何となく心がウキウキするもので、今回もやはり、その気持ちの高ぶりを静めることができなかった。しかし、たっぷり盛られた料理をそんなに早くは食べられない。必然、ゆっくりと食べ、食べ終わるとすぐに妻を急かしてキッチンを出た。出ると間もなく船のスピードが落ちたような感覚があった。

「もう近い」

「なにが」

「行こう」

　キャビンエリアの通路を真っすぐ抜け、前方のハッチから外に出た。ブリッジまでは行けないのであるが大人7～8人、並んで海が見られるようなオープンデッキがあった。夫婦だろうか背の高い先客がいた。私たちが来たので船首側のハンドレールを譲って後部側へ移動してくれた。

"Thank you."

"No problem. We are Dutch."

"pardon."

"Netherlands."

"Oh we are Japanese."

　彼らは間もなく帰って行ったが、帰り際に私たち2人そろっての写真を私のスマートフォンで撮ってくれた。同じように私も彼のスマートフォンで夫婦の写真を撮ってあげた。2人とも背が高く、目の位置から撮ると背景の海が映りにくくなるため手を高くして写したが、きれいに取れたかどうかは自信がなかった。彼は画面を確認、にっこり微笑んで夫人の背中をそっと抱きながらハッチの向こうへ消えた。

　港はもう見えていた。少し小ぶりの僚船が出港して私たちのホリゾン号と航過、岸壁を開けてくれたような感じとなった。海に突き出た岸壁が2本見え、大型フェリーが2隻接岸していた。海面にさざ波が立つ程度で風はほとんどなかった。船の行き足がなくなりその場回頭を始めた。後進で入港するのであろう。

「寒い。もう帰るよ」

「接岸するまで見て行くから降りる準備をしていて」

「うん」

　ホリゾン号は回頭を終え、わずかに後進の行き足に変わった。みるみるスピードが上がり岸壁がどんどん近づき、速いと感じたがその数分後、船は水開きもほとんど取らず岸壁サイドを滑るように移動、ピタリっと停止した。さすがヨーロッパの船乗り、私は自室に走った。

「遅い。もう何か放送が入ったよ」

「ああ、やっぱり慣れているなあ」

　リュックサックが2つ並んで上のひもを締めるだけにしてあった。急いでひもを締め、半分肩にかけ、クローゼットからシャワー室まで、忘れ物がないか確認、部屋を出て昨日エスカレーターで上がって来た踊場へ向かった。

　エスカレーターはガラガラと回っていたが、私たちと一緒に乗って来たパッセンジャーたちは踊り場で待機していた。そのうち、係の船員が来て下りるように指示、エスカレーターを降りて

隔壁を出た所に乗り合いバスが待機していた。やはり、下船も車でしかできなかった。

　バスはタラップをガタゴト岸壁に降りるとスピードを上げてターミナルへ向かった。シェルブールに比べるとほんのわずかな時間でターミナルに着いた。降りようとすると男性の係官が乗り込んで来て私たちのパスポートを取り上げて行った。少し不安だったが、すぐに戻って来て銘々にパスポートを配り始め、入国の印を押しただけであった。係官が降りると引き続き女性の係官が2名、シェパードを連れて乗り込んで来た。犬は、それぞれの荷物を嗅ぎながら車内を一巡、ワンと係官に合図すると降りて行った。シェルブール港での乗船時、犬を伴った審査を経験していたので今回はそれほど緊張しなかったが、下船時の審査も乗船時同様厳密であり、この島国が背負ってきた厳しい歴史が審査に影響しているのだろうか。

　バスを降り、ターミナルに入ると向かいに乗船券売り場のようなカウンターが見えた。真っすぐそちらへ向かい、2人並んだ女性が愛想良く私を見ていた。

"Excuse me. Where is the station？"

"This is it. Just follow the guidance."

"Thank you."

　歩き出すと私たちの前を初老の夫婦が歩いていた。あの人たちについて行けばいいのだろう。歩道に沿って道標がきちっと整備され、右に大きくカーブした先に田舎の駅舎らしい建物、その先に長いホームが見え、列車が入線していた。ターミナルを出て5分、フェリーから列車へのアクセスが簡単にできるようになっていた。

　列車に乗り込むと後部側の運転室から運転手が出て来て前側の運転室に移動するところだった。列車は到着したばかりだったのだろう。

"Excuse me. Please tell me the departure time."

"Departs at 9:30."

"Go to Dublin？"

"Go towards Dublin."

"Can I use the Eurail Global Pass？"

"Yes."

"Thank you."

　乗り継ぎもきっちりと考慮されており、不安に感じていたことは一切なく、取り越し苦労だった。特急列車ほどではないが急行列車程度のボックス席があり、走り出すとすぐ進行方向の右側近くに海が見え快適だった。列車は海面とほぼ同じ高さのところを走り、海と列車を分けるものは、薄のような細長い植物の映える芦原だけだった。

　やがて、海から離れ広大な牧草地の中を進み、再び海に出たかと思うと、海は湖のように大きな川となり、川に沿って内陸へと入って行くように見えた。海や川など水際の線路が続き、気分が良く、このままダブリン中心部に行けると思っていたが、何処の駅だったか今となっては思い出すことはできないが、列車はこの駅より先には行かない。全乗客、列車から降りるように指示され、列車から降りて皆の後を付いて行き、駅舎を抜け駅前に出てみると大型バスが数台待機していて、言われるままにバスに乗り込んだ。どうなっているのかわけが分からず。バスに乗るとき、ステップのところで誘導していた大柄な男性に聞いてみた。

"What happened."

"The train broke down."

　列車が故障したのならしょうがないなあ。狭い椅子に妻と並んでリュックサックを膝の上に抱えて座った。車内は列車の乗客で満席状態、町中を抜けると坂道を登り、やがてユッサユッサと揺れる峠道に差し掛かった。

　降ろされた駅までの線路は、海沿いの平坦地を走って来たが、なぜ山道を行くのだろう。ダブリンに行けるのだろうか……。待てよ、列車が故障したと言ったが、駅前にはバスが待機していた。あまりにも手際が良いではないか。まるで故障するのが分かっていたように段取りが整えられている。通常なら

準備が整うまで駅か列車内で待たされるはずだ。とにかく、これで時間どおりダブリンには着けないということだ。こういうところが列車時刻検索サイトに掲載されない理由なのかも知れない。

　列車はあの先たぶん、日本のように海まで山が迫出した崖下を通る。どこかでがけ崩れでも起きていて不通になっているのではなかろうか。そう考えた方が的を射ているような気がする。たぶんそうだろう。ひょっとすると、線路の故障と言ったのを列車の故障と聞いたのかも知れない。

　峠道を下りたバスは、峠向こうの町と似たような町中を抜け、駅舎らしい建物の前に着いた。誘導されるままに駅に入りホームに出ると列車が待機していた。後からのお客に背中のリュックサックを押されるようにして乗り込むと、それは座席の少ない通勤電車で、リュックサックを背負ったまま吊革を持つしかなかった。

　とにかく、こんな電車に乗ったということはダブリンに近いのかも知れない。電車はしばらく海岸線を走った後、街中に入って来ていくつかの駅で停車した後、ピアース駅⁽¹⁾に停車した。大きな駅だった。私は、ダブリン中央駅をイメージしていたが、もうそろそろ中心部に入って来たのではないだろうか。
「次で降りよう」
「うん」
　電車は、タラ・ストリート駅⁽²⁾に停車した。
"Is this the center of Dublin ?"
"Yes."
　乗り込んで来た紳士にダブリン中心部なのか確認してホームに降り、階下の出口に向かった。多くの人が行き交う山手線の駅のような感じの改札を出てみるとビルが立ち並び、多くの車が行き交う通りに出た。すぐ前、リフィー川⁽³⁾の対岸に立派な税関の建物が見えていた。
「やっぱり、この辺りは中心部だよ。この駅で降りて良かった。とりあえず港へ行ってフェリー乗り場を確認しておこう」

　シェルブールのように港へ行けばフェリー乗り場が簡単に確認できると思い、リフィー川に沿って海の方へ向かった。しかし、1km 少々行った所で行き止まりとなり、港は、リフィー川の対岸側に遠くまで続いており、とても歩いて行けるような所ではないことに気が付いた。

「歩いては行けそうにないな。明日の朝、タクシーで行こう」

「うん」

　600m ほど引き返して橋を渡り、岸に係留してある帆船を見た後、川沿いの街を見ながらホテルを探して登って行くことにしたが、ホテルまでは遠かった。帆船は、かつて新大陸に渡る人々を乗せ、大陸との間を何度か行き来した船だった。

　タラ・ストリート駅の対岸、税関の傍まで来たとき、そのまま税関の前を通って川沿いを行けばよかったものの、なぜか税関の後ろの方の賑やかさが気になって右に曲がってしまった。道は左へ、左へと税関の敷地を回り込むようになっており、鉄道のガード下をバスや車が行き交い、この辺りから右奥の方に繁華街がありそうな雰囲気がした。

　ホテルのあるスミスフィールド[4]はどの辺りだろう。この繁華街の向こうだろうか。スミスフィールドという場所までのおおよその距離感覚が、港近くまで遠回りしたことで分からなくなっていた。

"Excuse me. Do you know where Smithfield is？"

"I don't know. Isn't it more upstream. Do you think."

"Uhm, maybe yes, I think it's still a long way off."

"Thank you very much. I'll go over there."

　すれ違った同年配の夫婦も土地の人ではないらしく少しあいまいだった。繁華街の方へ引かれる思いはあったが、川沿いの道へ出ることにした。

　川に沿って 3km ぐらいは歩いたろうか、通りに接した長方形の大きな公園まで来て、まだ、このまま先に行って良いのか少し不安になった。案の定迷ってしまい、誰かに尋ねたくてもあいにく聞けそうな人も通りかからず、途方に暮れ、スマートフォンの

インターネットを起動するしかなかった。スマートフォンがネットに繋がり地図検索アプリを開いた。

「やはり行き過ぎたようだ。少しかえって左に入った所みたいだ」

　私は、引き返しサッサと歩いたが、妻は、疲れたように少し離れたところをトボトボとついて来ていた。そういえば船で朝食を食べただけで、それ以降何も口にしていなかった。腹が減ったのであろう。ひとつ裏通りに入ることにした。裏と言ってもその通りにはトラムの軌道があり、赤茶けた古いレンガ造りの建物の角に小さなレストランがあった。

「ここに入ろうか。お腹、空いただろう」

「うん」

　妻の顔に少し笑みが浮かんだような気がした。中に入ると座る椅子がないほど混んでいて、大きな荷物を背負った私たちは場違い、といった感じでいたたまれず出ようとした。

　"Rucksack, give it over here."

　フロアーマスターのような女性だった。リュクサック２つ両肩に担ぐと、込み合った席の後ろを食事している人の背中を擦りながら奥へ持って入ってしまった。誰も何も言わないどころか笑顔で私たちを見ていた。ライン川クルーズで出会ったエディンバラのおばさんが言った「フレンドリー」という言葉が身にしみて感じられた。ああ、ここはアイルランド、ダブリンなのだ。

　そうしている間にマスターは、トラムの起動がある通りに面した窓際の２人掛けテーブルを用意してくれた。

　"Here, sit here."

　"Thank you."

　私は嬉しかった。

「感じのいい店ね」

「人がいいなあ」

　それぞれ違うメニューを注文して、お互いの料理を分けあって食べ、お腹も満たされたが、まだ目的地まで来たわけではなく、早々に店を出ることにして勘定をお願いした。

　"Is Smithfield near here？"

"Smith square, right there."

マスターはおおよその方向を指差してくれた。ウェイトレスがリュックサックを両肩に担いで奥から持って来てくれた。

"Thank you. Thank you very much."

"Come again."

通りに出て反対側の歩道に渡った。

「いい店ね。今夜も来ようよ」

「ああ」

私たちは、マスターの示したおおよその方向と地図検索を確認しながらトラムの軌道とは直角方向、北に向かって歩き出した。

「次の角を右だ。もう近い」

広い歩道の両サイドに同じ家が並んだ通りを抜け、ビルとビルの間、狭い路地を抜けると四角い石が敷き詰められた広場が突然目の前に開けた。スミスフィールドだった。左手が少し小高くなった勾配がフィールドという感じを印象付けた。その奥まった辺りに目指すホテルの名を示す文字が、やっと来たね、おいでと言っているように私たちを誘っていた。

部屋に入り、バスルームに入った妻がすぐに出て来た。

「このトイレ、水の流れが悪いよ」

「そう」

水を流してみると吸い込みが悪く、流してもペーパーが浮かんだままだった。

「フロントに電話してみよう」

しばらくしてブザーが鳴り、ドアを開けると先ほどフロントの奥で厳しそうな眼をしていた支配人が、やはり厳しい目をして立っていた。彼はものも言わずバスルームに入り、長い時間、水を流し続けていた。

"Nothing is wrong. It's like this."

"Well, is that so ?"

彼は、さっさとドアを開けて出て行った。

「こんなものかも知れない。ところ変われば品換わるかもな。少し長めに流せばいいんだよ」

「そうね」

「出てみようか」

「うん」

　スミスフィールドを斜めに横切って、来た路地とは反対方向の路地に入った正面奥、突き当たった古いレンガ造りの建物の横に観音開きの鉄格子門があり、門の左横、不揃いな四角い石を積み上げた塀の上に馬がいた。馬と言ってもモニュメントで顔が馬、極端に長く細い足、大股で二足歩行中、腕は短く突き出し、しっぽが水平に伸びている。

「ねえ、あれ。あれ、面白いねえ」

「なんだ、あれは。サンチョ・パンサ⁽⁵⁾が引くロバのようじゃあないか」

「どんな意味があるんだろうねえ、面白いね」

　妻は、しばらく写真を撮り続けていたが、私は、先に川の方へと下りて行った。

「あっ」

　これもまた、古いレンガ造りの大きな建物の開口部の奥にポットスチルが見えた。ジェイムソン蒸留所⁽⁶⁾だった。開口部から奥へのこのこ入って行き、蒸留所の看板として設置してあるらしい古いポットスチルに触れてみた。冷たい銅の感触が、遠い異国まで来た哀愁とウィスキーが熟成する気の遠くなるような時間の長さを私の心に蘇らせた……。ああ、これがウィスキーの本場、スコットランドに近いアイルランドの感触なんだ……。妻が後ろまで来ていた。

「行くよ」

「見学させてもらう時間は、もう過ぎているだろうなあ」

　感傷に浸る時間が欲しかったが、この街が見せる次の展開も気になり、ポットスチルから手を離した。

　トラムの軌道を越えリフィー川沿いの通りまで下りて来た。川面を写し出す色合いが先ほどと違いだいぶ明るさを失っている中、帰り支度の車が行き来する通りを抜け、人とすれ違いながら橋を渡って坂道を登って行った。いくつもの通りが交差する

変則交差点の横断歩道、渡り方に苦労しながらなんとか上の通りにたどり着き、右へ行ったところの大きな教会の塔を見上げた頃には日もとっぷりと暮れ、街の明かりが周囲を照らす中、塔だけが透きとおるような深く蒼い空をバックに黒いシルエットを浮かび上がらせていた。

「帰ろうか」

「うん」

　ギネス・ストアーハウス⁽⁷⁾まで行きたかったが、もうそんな時間はなく、教会横の狭く暗い路地を下りて行き、先ほど見つけていたジェイムソン蒸留所近くのシーフードレストランの前まで来たが開店は 20 時からだった。

「どうしよう」

「明日も早いからやめよう」

　昼食をとったレストランに向かいかけたが、少し遠いのと夜の人通りがなさそうな場所だろうと思いあきらめ、スミスフィールドの石畳にしばし立ち止まった。

　そぞろ石畳を踏みしめながら広場を渡った近くの居酒屋に席があったのでそちらに落ち着き、ギネスの黒いビールでハウスまで行けなかった思いを慰めながら、リフィー川にかかる橋へと引き返す坂道から見た、暮れなずむダブリンの街を覆う吸い込まれるような群青の空と街の明かりが対比する光景を思い浮かべていた。

　リフィー川が海水と交わるトム・クラーク橋⁽⁸⁾付近までやって来た 2 頭の白いイルカの川上に向かって呼ぶ声が川を遡ってスミスフィールドの石畳を這い上がり、聞こえてくるダブリンの夜だった。

　ランズ・エンド岬〜ロスレアハーバー（約 140 マイル）〜ダブリン（約 155km）

［注］

(1) ピアース駅／2016 年、900 万人の乗客が利用したダブリンの主要な駅の 1 つ、南方に向かう列車のターミナル駅だったが、現在は、そ

の役割を2つ北のコノリー駅に譲っている。現在でもこの駅を通過する全列車が停車している。

(2) タラ・ストリート駅／ダブリン中心部、主要駅のコノリー駅とピアース駅の中間に位置し、リフィー川沿いにある。

(3) リフィー川／首都ダブリンを流れ、ダブリン湾に注ぐ全長25kmの河川、3か所に水力発電所が設置されている。リフィーとは、アイルランド語で生命を意味する。

(4) スミスフィールド／リフィー川の北、かつては倉庫街、今はおしゃれな店や醸造所が並ぶ地域、季節ごとに蚤の市や食品市が開催される。

(5) サンチョ・パンサ／1065年にスペインの作家ミゲル・デ・セルバンテスによって書かれた小説「ドン・キホーテ」に登場する架空の人物。

(6) ジェイムソン蒸留所／アイルランドで最も有名なウィスキー蒸留所、1780年創業、創業者はスコットランド出身、緑色のボトルのラベルに印刷されているロゴは、ラテン語で「恐れを知らない」という意味、ジェイムソン一族の家訓でもある。ウィスキーの蒸留は3回行われる。

(7) ギネス・ストアーハウス／黒ビールで有名なギネスビールの醸造工場内にある麦酒博物館、レストランなどのある建物。

(8) トム・クラーク橋／リフィー川の最も下流の橋、2016年時点で1日14,000台から17,000台の通行量があり、トラックや乗用車は有料、その他は無料、かつてはイースト・リンク橋と呼ばれていたが、2016年、アイルランド共和党トーマス・クラークを記念して改名された。

第33話　マンチェスターピカデリーの負傷軍人

10月30日（火）　ダブリン晴れ、ホーリーヘッド晴れ、マンチェスターピカデリー晴れ

　6時半にタクシーを予約していたので6時前にはロビーに下り、チェックアウトを済ませ、暗いスミスフィールドをぼんやり明るくしている街灯が照らす石畳を見ていた。時間になってもタクシーは来なかった。こんなときいつも、タクシーをお願いした会話が通じていたかどうか気になってしまう。しかし、手配したときの自分が発した会話を信じて待つしかなかった。

　石畳をガタガタ響かせて白いタクシーが来たので玄関を出ると、タクシーは客を1人降ろして行ってしまった。予約したタクシーではなかった。そのすぐ後、やはり白いタクシーがやって来た。降りて来た運転手に話をすると私たちを迎えに来たタクシーだった。予約した時間より5分遅れであったが、時間前には動き出す私たちにとっては長く感じられた。

　タクシーはリフィー川沿いの通りを港に向かっていたが、信号待ちと渋滞で思うようには進めない。ダブリン中心街はまだ暗かったが、人々は活発に朝の活動を行っていた。ヨーロッパ大陸と1時間の時間差があるアイルランドの朝は遅く、かわりに夜はいつまでも明るい。人々は暗い内から動き出すしかないのだろう。ステナラインの出港が8時10分なので余裕はあったが少し焦っていた。

　中心街を抜けると流れが良くなり、タクシーは白々としてきたダブリンの街を後ろに港湾地帯へと入って行った。港は思っていたより広く、リフィー川から離れた後、石油タンクなど立ち並んだ工場地帯のような場所をしばらく進んでもフェリーターミナルには着かず、とても歩いて行けるような所ではないことを改めて感じた。昨日、あきらめて街の方へと方向転換したのは正解だったようだ。

　港湾地帯の先端辺りまで来たところでターミナルに着き、渡り

廊下のような通路を進んだ先に乗船券を検査している男性がいた。男性は、私たちが来るのを知っていたような素振りで、券を一瞥しただけで返し、先へ行ってもいいような表情をした。

"Thank you."

長年、ダブリンとイングランドを行き来している人のような振りをして、慣れない言葉と態度を装って見せたが、側から見ると滑稽だったのではないだろうか。

ドアを開けるとワイワイガヤガヤ、ターミナルというより乗船待合室といった感じの部屋に大勢の人が待機していた。半分は子供たちで、その声が妙に甲高く耳を突いた。アイルランド人でもイギリス人でもなくアジア系のような、アフリカ系のような、中南米系のような子だくさんの親たちが船出を待っていた。そんな中に1組、イギリス人らしい老夫婦が穏やかそうな顔をして腰かけていた。シェルブールのターミナルと違う雰囲気に少し戸惑い、ここで待っていて良いのだろうか。老夫婦に尋ねた。

"Should I wait here ?"

"That's right. The bus will come 7:30."

バスが来るというところがシェルブールと同じだなあ。老夫婦の横に腰かけ何か話そうと思ったが、話題が掴めないままにバスが来たようだった。

バスは、待合室に入って来たドアの直角方向、もう1つあるドアの外に来たようで、動き出した親子の後について出てみると大型バス3台が並んでおり、順番に従って最も後ろのバスに乗り込むと満席、辛うじて椅子に腰掛けられたが、子供たちのはしゃぐ声はなおも聞こえていた。

バスに乗っている時間はわずかで、桟橋をガタゴトと渡るとフェリーの後部、大きく開いた口に1台ずつ呑み込まれて行った。バスは前回同様、車両甲板に入るとすぐ右側の隔壁に開けられた開口部の横に停車、バスから降りて開口部から中に入ると、ガタガタ回っているエスカレーターが私たちを一気に第5デッキまで持ち上げた。

持ち上げられながら私は、まだ8時前、ひょっとしたら船が

朝食を準備しているかも知れないと思った。思うと急にお腹が空いてきた。昨夜、早めに居酒屋で食事をして以来何も口にしていなかった。寝床に付いても、これから行く最終目的地、ヨーロッパで最も気になっていたイギリスのことを思うとすぐには寝付けなかった。なんとか今夜の宿だけは予約できたが、列車のチケットは持っていない。ユーロパスが使えるのはこのフェリーで最後になる。これまで無造作に使ってきたパスが使えないのはなんとなく寂しい気がした。

　船に乗り込むとすぐ客室に向かった。今回は昼間の航海なのでキャビンでないのが少し物足りない気持ちになるが仕方がない。客室の広いソファスペースを私たち専用に陣取った。あれだけいた乗船客も広い客室の方々に散らばり、込み合うこともなくゆったりとした気分になった。

　私は、船が出港する様子が見たかったのでリュックサックをソファ横に下ろし、妻に荷物を預けてデッキに出た。船首の方へ行きたかったが、キャビン区画の通路を通って前に出るわけにもゆかず中部付近で我慢した。

　明るく穏やかなダブリン港、少し後方になるがダブリンの街のあたりが遠くに見えていた。昨日来て今日帰る。ほんの少しの時間だったが、いろんなことがあって名残惜しい。もう少しこの人たちと触れ合っていたかった。

　船は出船係留だったのでスムーズに岸壁を後にした。港を出ると両手でソフトボールを掴んだようなダブリン湾、船を包み込むように見える北側の岬がいつまでも遠くに見えていた。船首のイングランド方向は降り注ぐ光の海の中だった。

　ソファに帰ると、妻は、私が帰ったことも気付かず窓の外を見ていた。そのとき、朝食の準備が整ったという船内放送が流れた。

「あっ、やっぱり食べられる。ごはんに行くよ」

「ああ」

　なんとなく浮かない返事だった。

「荷物どうする」

「置いてはいけないので背負って行くしかないだろう」

　せっかく確保したソファスペースだったが、あきらめてリュックサックを背負い食堂に向かった。背中の重さよりも船の食事がとれるということの方が嬉しかった。

　やはり、船の食事はビュッフェスタイル、朝食のおかずをいくつか皿に盛ってもらい、最後のところでヨーグルトがないことに気が付いた。

"Please give me yogurt."

　船員の後ろにあるケース内に白いカップがいくつか見えていたのでそちらを指さしながら、

"Please give me two yogurt."

"No, no, that is ice cream."

　ないのかあ。１歩下がって後ろの人を先に行かせて、なおもそこに立っていた。船員は、客が空いたのを見計らって調理場に引っ込み、しばらくして、どんぶりのような大きな器に入れたヨーグルトをツーカップ、カウンターにポンポンと置いた。会計を済ませ、朝食メニュー以外に、見るからに固そうなヨーグルトのカップを２つ乗せたトレイを持って妻の待つ窓際のテーブルに向かった。

「こんなの注文しているのは俺たちだけだよ」

「いっぱいある」

　浮かなかった妻の顔も大盛りのヨーグルトを見て笑みがこぼれた。

「よし。食べよう」

　船窓には波もなくギラギラと輝き始めた海が見え、イングランドでもいいことがありそうな予感がした。

「このヨーグルト美味しい。少し癖があるけど歯ごたえがいい。アイルランドのかなあ」

「船の糧食は何処で積まれたか分からないよ」

「ふーん」

「ヨーロッパは酪農が盛んなので乳製品は何処の国のも美味しいよ」

342

　パンも料理もヨーグルトも食べ終わり、皿やカップをトレイに乗せて下げようとした。
「おばあちゃん、施設に入れてもいいか。だって」
　私は席を立ちかけたが腰を下ろした。
「それで」
「船のWi-Fiに繋いだら、溜まっていたメールの中に武子さんからのがあった……。はい、お願いします、と返信した」
「えっ、せっかく退職金で建てた立派な家を人生の最後になって出て行くのは嫌だろう」
「仕方ないでしょう。何もかも武子さんに押し付けて、私たち、ヨーロッパ旅行をしているのよ」
　少し強い口調だった。
　悲しいなあ……。トレイを2つ持って調理場近くのカウンターに向かいながら義母のことを思った。
　若い頃から幼い子を2人家に残し、単身で赴任してまで働き続け、余生をゆっくりと過ごし始めたこのときになって、定年後帰ってくるはずだった長男を失い、あまりのショックで普通の生き方ができなくなり、大事な我が家から施設に移り、残りの人生を全て施設で過ごさなくてはならない。それは、あまりにも悲しく、残酷な話だった。
　熱いものが込み上げてくるのを感じながらトレイを返して振り返ると、妻の待つテーブル横の船窓から差し込む光が一層眩く見え、光の中に妻を溶け込ませていた。なんとかできないものだろうか……。武子さんにも私たちにもまだ、やらなければならない人生があった。
　食堂から客室に戻ってみると先ほど居たソファの区画が開いたままだった。リュックサックを下ろし寛いでいると、10時から免税ショップを開けるという放送があった。ショプは、私たちがいるソファの通路向こうにあり、ガラス張りなので陳列されている商品が少し見えていた。私は見に行くことにしたが、妻は興味がなさそうだった。
　高価な品物が並んでいる中に黒い小さなショルダーバッグを

見つけた。リューデスハイム・アム・ラインで子供たちの土産に買ったバッグと同じサイズだった。自分のがないと少し寂しいだろう。ソファに帰ってバッグを見てくるように勧めた。

「いらないよ。もうリュックに入らないし」

「見るだけ見たら、工夫すればどちらかのリュックに入るよ」

　元来女性は、バッグを品定めするのが好きである。しばらくして妻がショップから帰って来た。

「買ってもいい」

「ほら、買ってあげるよ」

「ありがとう」

　これで少しは気が紛れるだろう。

　私たちが初めてイングランドの大地に足を踏み入れたのはホーリーヘッド(1)だった。しかし、そこはイングランドではなくウェールズだった。しかも、大地ではなくホーリー島という島の北部の深く切れ込んだ良港だった。

　バスが迎えに来てターミナルまで送ってくれ、イギリス本土に上陸するのだから入国審査は厳しいだろうと考えていたが、パスポートをチェックするだけの簡単なものだった。駅までのアクセスについても少し不安に思っていたが、旅客ターミナルを抜けるともうそこは駅で、知らず知らずのうちに駅の切符売り場に向かって歩いていた。

「マンチェスターまで行こうか」

「うん。港町に行きたいんじゃあない」

「明日、スコットランドへ行くとして、マンチェスターの方がアクセスがいいような気がする」

　"Seat reservation please."

　そうだ、座席指定だけお願いしてもだめなのだ。

　"I want to go to Manchester."

　"I would like two tickets and two reserved seat tickets."

　"There are no reserved seat tickets, all seats are unreserved."

　駅員は、そう言いながら淡い緑色の地に上下オレンジ色のラ

インが入った名刺サイズの乗車券2枚を渡してくれた。

"Thank you."

　切符売り場の横を回って行くと、線路が港に突き刺さるようにこちらに向かって走っている左側、赤いレンガ壁のアーチ門を透して見えた向こうにもホームがあるようなので、外のホームに出たが列車はまだ入っていなかった。壁際に1つあったベンチにリュックサックを下ろした。

　青い海に突き出た岬の先端ホーリーヘッド、赤いレンガの壁が、海のかなたアイルランドに残した我が子を思っているかのように立っていた。

「ちょっと町を写してくる」

「うん」

　荷物を妻に預けて引き返し駅の外に出た。静かな海面を渡る低いセメント橋の上、チョコレート色した甍の屋並みが見えていた。それは、海の青と空の青を切り分けるように並んで建っていた。

　やがて、西部劇を思い出すような青空のホームに列車が入って来た。乗り込むとまもなく列車が出発、しばらくして海峡を渡り島を後にしたが、渡ったところもまたアングルシー島[2]という島だった。イギリス本土に渡ったとばかり思っていたが、列車が草原の中を一路進んだ先で深い海峡に差し掛かった。

「今日は天気が良いだけに海が奇麗だな」

「うん」

　島を2つ渡ってやっとウェールズの大地に入ったようだ。草原かと思ったら広いゴルフ場でゴルフをしている人たちが見え、かと思ったらいくつか渓谷のような川を渡り、また、牧草地が続く、これがウェールズなのだろう。穏やかな日差しが草原に映え、なんとなく長閑だった。

　列車はスピードが出ているようだったが各駅に停まった。駅近くになるとスピードを落とし、その分、駅近くの町の様子が車窓からよく観察できて良かったのであるが、マンチェスターに着く時間が気になり始めた。

そろそろイングランドに入っただろうか。元来、羊を飼っていたのか牧草地の境界線が低い石垣や低木などで直線的に分けられている。分けられた1つ、1つの牧草地は四角く成型されているが、ことのほか広く、あの1つが1人の地権者の所有だと思うと、どこか豊かさを感じてしまう。

　そんなに多くはないが羊が緑の中に白い点となって草を食んでいる。流れる景色の中では右から左へと早く移動しているが、当の羊たちはゆっくりとした時間の流れを楽しんでいるようで、時間を気にしている自分があほらしくも見えた。

　マンチェスターピカデリー⁽³⁾に着いたときは夕暮れ間近だった。通路を抜けて出口に向かうと、いきなり階下にいくつものホームが並んだ巨大な頭端式駅の空間が広がった。私たちが降りたホームは、ピカデリー駅の南端を掠める様に接している番外プラットホームだった。

　一旦、左端のホームに下りて長いホームを出口に向かって歩いた。

「やっぱり、これがマンチェスターピカデリーだよ」

　駅構内の賑わいの中をまずチケットオフィスを探して移動、わりと早く見つかったオフィスに入った。

"Seat reservation please."

"I want to go to Glasgow tomorrow morning."

"I would like two tickets and two reserved seat tickets."

　いつものように、行き先や列車の発車時刻を記載したメモを見せて注文した。メモを示すことによって切符の購入がスムーズになったが、満席だった場合の修正が難しかった。ヨーロッパ大陸では列車の便数が多く、満席はあまりなかったような気がする。今回も満席ではなく、そのことはイギリスでも言えるのかも知れない。網の目のように張りめぐらされたヨーロッパの鉄道網、もう少し研究して来たらさらに良い鉄道旅行ができたかも知れない。

　駅前に一列に並んだ7人の負傷軍人たちのモニュメントの横を通り街に出たときはもう薄暗かった。

「先に宿を探そう」

「うん」

　予約したとき、スマートフォンに表示された地図を頼りに、そちらだろう。と思われる方向に歩き出したが、それらしい建物は見つからなかった。ピカデリー駅からそんなに遠くはなかったはずだが、通りの筋が違うのかも知れない。次の交差点を左、その次の交差点を左へと曲がって歩いたが宿の看板は見当たらなかった。

　アイルランドの山手線のような駅で降りて、駅の雰囲気からツーイーストインフォメーションを探さずに出てしまって以来、私は、ツーイーストインフォメーションで聞くという動作をひとつ忘れ去っていた。大都会マンチェスターは徐々に暗くなってゆく。途方に暮れかかったときに行き違った若い男性に宿の住所と名前を記入した手帳を見せながら尋ねた。

"It's an apartment."

"That's right. please."

　男性は、スマートフォンの地図検索で私たちを誘導してくれたが駅からどんどん離れ、少し違うような気がした。

"Oh, I don't know."

"I see, Thank you very much."

　手を振って男性と別れ、駅の方へ引き返しながら、先ほどは上手く繋がらなかったスマートフォンをネットにアクセスしてみた。今度は繋がったようだった。ネットのナビに誘導され、駅舎がそこに見えるような所まで来て、暗がりの中に聳える高いビルの玄関まで来た。

「ここかなあ。とりあえず入ってみよう」

　食堂のような所を通り過ぎた向こうにホテルのフロントのようなところが見えた。

"Excuse me. Is this an apartment?"

"Yes."

　カウンターの前のロビーの横に広い玄関があった。どうしてこんなに迷ったのかが気になって玄関から外に出てみた。私たち

が入って来たのは裏口で玄関の外は明るい通り、負傷軍人のモニュメントが見えそうなぐらいピカデリー駅のすぐ前だった。玄関の上にはアパートメントと書いてある。

「なあんだ、書いてあるじゃあないか。最初に通ったとき見落としたんだろう」

「そうね。暗くなることが気になっていたからよ」

　負傷軍人の人たちに敬礼もしないで通り過ぎたことが、災いをもたらしたのかも知れない。裏から入って一言聞くといきなり玄関から出て行って、きょとんとしているフロント係のところに戻ってチェックインを済ませ、6階の鍵をもらって部屋まで上がって見ると通路は狭くアパート的ではあったが、建物は新しく、2部屋あり、ホテルそのものだった。

「せっかくのマンチェスター、シャワーを浴びたら出ようか」

「うん」

　アパートメントの玄関を出ると街の方へは行かず、一旦、駅の出入り口まで行き、負傷軍人たちに一礼して街へ向かった。何処にするか色々思案した挙句、また迷ってはいけないという思いからか通りに面したレストランに入った。店は結構混んでいて席がないかなと思ったが、入り口に近い席のお客が席を立ってくれた。にっこり挨拶してすれ違い、ひょっとしたら気を使ってくれたのだろう。

　手早くテーブルを整え、席を用意してくれたウェイトレスの雰囲気がどことなく気を引いたので、メニューを持って来てくれたときに尋ねてみるとルーマニアから出稼ぎに来ている女性だった。

　すっかりお腹が大きくなって店から出ると、少し冷たい風が肌に感じられた。北緯53度、樺太の北端、オハとほぼ同じ緯度(4)がそうさせるのか、明日で10月も終わりであった。なんとなく11月からの寒さを感じさせる中、宿に向かいながら多くの人とすれ違った。

　イングランド北部の主要都市マンチェスターは、夜遅くまで人通りが絶えない。その全てがイギリスの人というわけではなく、海を越えてやって来た人とも多くすれ違った。皆、この大都

会に生活の糧を求めてやって来たのだろうか。受け入れる側の
寛大さを感じながら、もうすぐそこに迫ったアパートメントの玄
関ドアに向かっていた。

　隣町リバプールの港の奥、マージー川⁽⁵⁾の深みまでやって来た
2 頭の白いイルカが、マンチェスターに向かう運河に向かって泳
ぎながら鳴き合う声と尾びれで叩く水音が、運河の壁にこだま
して聞こえてくるマンチェスターの夜だった。

　ダブリン〜ホーリーヘッド（約 60 マイル）〜マンチェスター（約
180km）

［注］
(1) ホーリーヘッド／イギリスウェールズの北西、アングルシー島の西、
　　ホーリー島の北部に位置する港町、人口約 1 万 3 千人、フェリーター
　　ミナルの年間利用者数約 200 万人。
(2) アングルシー島／ウェールズの北西岸に接する島、人口約 7 万人、
　　イギリス本土との間にメナイ海峡があり、メナイ吊橋とブルタニア橋
　　が架かっている。ホーリー島や周辺の小島でアングルシー州を形成、
　　ウェールズ語を話す人が多い。
(3) マンチェスターピカデリー／マンチェスターにある主要駅の 1 つ、年
　　間 2,000 万人以上が利用する市内最大のターミナル駅、12 の頭端式
　　ホームと少し離れたところに一面 2 線の島式ホームがあり、空港な
　　どからリバプールなどへ抜けるホームで、他のホームと比べ発着数
　　がかなり多い。
(4) オハ／樺太島北端の東岸に位置するロシア連邦サハリン州の市、人
　　口約 2 万人、石油生産が主な産業で人口の約半分が関連する業務に
　　携わっている。市の名前はツングース系民族の 1 つ、エヴェキン族
　　が話す言葉で「悪い水」を意味するとされる。
(5) マージー川／イングランド北西部を流れる川、全長 12km、河口の都
　　市はリバプール。

第34話　セント・アンドリューズ・サスペンション橋

10月31日（水）　マンチェスター晴れ、グラスゴー晴れのち雨

　マンチェスター発5時40分だと勘違いしていて3時半に起きて準備し、4時過ぎに昨日購入した切符を確認すると、7時26分トランスペナイン・エクスプレス[1]、マンチェスターピカデリー[2]からグラスゴーセントラルと書かれていた。なんだ、7時半じゃあないか。

　昨日、切符を購入したとき差し出したメモ書きを確認すると、7時26分発が実際で5時40分発はグラスゴー[3]からの帰りの列車であった。グラスゴー駅での切符購入時に差し出すメモ書きを既に作成していたのでメモ書きが2枚あり、昨日、間違って差し出さなくてよかった。もう一度寝るに寝られず、台所のソファで時間をつぶすことにした。ソファに座ったのでウトウトできるかと思っていたがそうはいかず頭が冴え、これから先、確認しておかなければならない心配事が次々と浮かんできた。

　その第1番目、明日は、グラスゴーから南部のポーツマスに行く予定であり、ロンドンでトランスファー、到着駅ユーストン[4]から出発駅ウォータールー[5]まで移動しなくてはならない。時間内に地下鉄で的確に移動できるであろうか。とりあえず地下鉄の路線図がいるな。スマートフォンの画面ではよく見えない。
「フロントは何時から開くかなあ」
「早くて6時からじゃあない。6時前でも誰かいるかも知れない」
「そろそろ5時半だ。ちょっとフロントに下りて来る」
「うん」

　ロビーは電気が付いて明るかったが、フロントにも隣の食堂にも誰もいなかった。朝食の準備をしているようでパンが焼けるようないい匂いがした。フロントの奥に誰かいるかも知れない。

"Excuse me."

"Excuse me."

　奥から女性が出て来たのでわけを話し、ロンドンでの乗り換

えの方法を聞いた。彼女は予想したとおり地下鉄の路線図を出して説明してくれた。

"Let's copy it."

"Yes."

"Thank you very much."

"What time do you open for breakfast."

"It is from 7 o'clock. Do you eat."

"I can't eat because I'm leaving. Goodbye."

　コピーを受け取って6階に上がった。

「パンの焼けるいい匂いがしていた。食べて行きたいなあ。でも7時からじゃあ無理だなあ」

「そう、残念ね」

「6時半には出よう。もう、そろそろだ」

「うん」

　ロビーに下りたが、やはり誰もいなかった。先ほどと同じようにフロントの奥に向かって呼びかけたら先ほどの女性が出て来たのでチェックアウトを済ませ、手を振りながら玄関から通りへと出て行った。

「少し急ごう」

「うん」

　負傷軍人たちの横を敬礼しながら通り過ぎ、エントランスホールへと入って行った。グラスゴー行き列車の発車ホームは既に示されていた。急いで朝食のパンとジュースを買って発車ホームに向かった。グラスゴー行きは空港発なのでマンチェスターピカデリーを通過、頭端式ホームからの発車ではなくホームの先のエスカレーターを上がり通路を抜け、昨日下車したホームと同じ島式ホームの14番線だった。その駅外れの番外ホームは通勤客などで込み合っていて、次から次へと列車が出入し、グラスゴー行きを待っている間にリバプール行き列車が3回も発車した。

　世界で初めて蒸気機関車が走ったのは、このマンチェスター、リバプール間であった。それからもう何年になるのであろう。

我々は世界中に鉄道網を張り巡らし、時速300kmを超える列車まで手に入れた。こうして今、マンチェスターで列車を待っているということは感慨深くもあった。

　同じような列車が引っ切り無しに発車するので間違わないようにしなければならない。発車予定時刻と列車の行き先を見落とさないように注意していた。やがて、きれいな灰色の車体に青いライン、一見して通勤列車とは違うなという列車が入って来たので行き先を確認して素早く乗り込んだ。

　マンチェスター郊外を抜けると田園地帯に入った。グラスゴーまでほとんどが田園地帯であったような気がするが、一部山岳地帯も駆け抜けて行った。スコットランドに入ってからだろうか荒涼としたスコットランドをイメージさせるような荒野を左へ緩やかにカーブしながら丘陵地帯を猛スピードで下って行くところを通過した。

　グラスゴーセントラル駅の構内はホームから出口に向かって緩やかに下っている。雨が多いので水捌けが良いようにしてあるのだろうか。出口の手前、上の方に木製のカフェのような建物が見える。通常の駅なら2階だろうが天井が高く、広くて高い空間の中でこのカフェは1階がなく宙に浮いて見える。

「素敵な駅」

「そうだなあ、カフェの床下の奥がチケットオフィスだろう」

　私たちはカフェの下をくぐって行った。

"Seat reservation please."

"I want to go to Portsmouth tomorrow morning."

"I would like two tickets and two reserved seat tickets."

　このとき、明後日のポーツマスからロンドンまでの券もここで一緒に買っておこうと考えた。

"I would also like two tickets and two reserved seat tickets from Portsmouth to London the day after tomorrow morning."

　ポーツマス、ロンドン間についてはとっさに決めたので渡したメモに書いてなく、ポーツマス、ロンドン間は、往復券にする

か否か聞かれたのが分からず、発券が手間取ってしまった。結局、座席指定が必要だった列車はグラスゴー、ロンドン間だけであり、他は乗車券のみの購入となった。グローバルパスがあれば購入する必要がなく、スコットランドからイングランド南部ポーツマスまでの料金なのでそれなりの料金が請求された。

　イギリスの鉄道にもグローバルパスがあり、滞在期間が５日と短いため用意しなかったが、ホーリーヘッドからの料金をトータルすると用意していても良かったかなと感じた。この本を書いている今は、イギリスの鉄道を含むユーレルグローバルパスが販売されているらしく、ヨーロッパの鉄道旅は、ぐっと挑戦しやすくなっているのではないだろうか。

　受け取った５枚のチケットをウェストバッグに納めながら少し暗い出入口から通りに出ると石畳が濡れていた。
「雨が降ったみたい」
「列車の中からは気が付かなかった。少しの間、降ったのかな」
　足を取られないようにして南に向かって歩いて行くと間もなくホテル着き、チェックインを済ませ、部屋にリュックを置くとすぐ街に出た。
「どっちに行く」
「駅の方から来たので反対に行ってみようか」
　歩き始めてすぐクライド川(6)のほとりに出て川向こうを望んだが、川を越えて向こうの街まで足を延ばすには少し遠すぎるような気がして川沿いを左に進んだ。河口の方へ行き港が見たかったのであるが、左に行けば河口の方へ行くだろうと勘違いしていた。右も左も川幅が広く、流れがほとんどなく、川だけ見ていたのではどちらが河口かは判断がつきにくかった。よく考えれば、駅からは進行方向の逆、ロンドン方向に歩いて来てホテルがあり、川があったので右側に河口があるのは一目瞭然、なぜ分からなかったのであろう。また、後で気が付くのであるが、港まではかなりの距離があり、とても歩いて行けるような距離ではなかった。

　左の教会に人が集まっているのを見ながらさらに先へ進むと、

川向こうに学校らしい建物が見えた。川に面した所にカッターの
ダビットがあり、出て来た生徒たちも紺色の制服らしい服を着て
いて、船員養成の学校かなと思った。橋を行く人に尋ねるとそ
うでもないらしく、学校の方へ行って見ようと思ったのをあきら
めた。昼食もとっておらずお腹が空いているので繁華街の方へ
行って見ることにしてクライド川を離れた。

　スコットランドでの行先は、グラスゴーにするかエディンバ
ラにするか少し悩んだが、若い頃、「グラスゴー作戦」という映
画を見たこともあり、スコットランド最大の都市でもあるグラス
ゴーを訪れて見たかった。

　マンチェスターにしろ、グラスゴーにしろ、巨大都市であり、
たどり着いた街では歩いて巡ることを主にしているから、とても
街全体を見て回ることは及ばなかったが、風土と調和した街並
みが醸し出す雰囲気、そして人の優しさに少し触れることがで
きた。それで十分であった。

　ブキャナンストリート、セント・イーノックと足が棒になるま
で歩き、古い石作りの建物が並ぶ街並みの素晴らしさを、お腹
が空いていたのも忘れて見て回り、昼もだいぶ回ってセント・
イーノックセンター内のカフェに入った。

　カフェの前で香りを嗅ぎ、カフェにいる人々の表情を見たら暖
かいコーヒーが無性に飲みたくなった。ミルクの入った暖かい
コーヒーと周りの人が口にしている同じケーキを注文した。

　コーヒーとケーキが運ばれたとき、カウンター内でコーヒーを
入れてくれた女主人らしい女性が、コーヒーを口にしようとして
いる私たちを見下ろして話しかけてきた。

“Where did you come from？”

“I came from Japan.”

“I have been to Japan.”

　次の注文が入り、彼女は忙しそうにコーヒーを点て始め、会
話はそれでおしまいになってしまったが、彼女の懐かしそうな眼
が話している間、私たちに注がれていた。

　コーヒーを飲み終わったがもう少し休んでいたら、少しお客

が減って彼女の手が開き、もう一度話しができるかも知れない……。しかし、出て行くお客より入って来るお客が増え始め、彼女の手が休まるどころではなく、私たちも席を立った方が良いかなと感じ、席を立って店の外に出た。私たちが立ち上ったことを彼女も感じていたらしく、こちらを向いて笑みを浮かべた。私はそっと右手をかざし、微笑みに答えるようにして店を後にした。

少しお腹が整ったこともあり、それから後も繁華街を歩き回り、赤茶けたレンガを高く積み上げた時計台のある交差点から再びクライド川へと向かった。港もまだ見ていないし、私たちを水辺に誘う何かがあった。それにしても、グラスゴーの空は今にも降りそうな色をしていた。

左にある広い公園横まで来て、その先のクライド川が見え始めたとき、対岸のダビット上に人がいるのが見えた。ボートの降下作業でもするのだろうか、このままアルバート橋を渡りダビット[9]の作業を見てから対岸を左に行こうと思った。この時点においても私は、左側が河口だと思っていた。

南からグラスゴーに入って来た私は、川に突き当たったら左側が河口、と思っていたのだろう。だが、実際には川を乗り越えた先にグラスゴーセントラル駅があり、クライド川には北から接近していたのであった。

橋の上からしばらく作業を見ていたが、ボートの降下は行われず、あきらめてクライド川に沿った道を河口に向かって行くことにした。この辺りでも川幅が広く、私が間違った方向を河口だと思っていたとしても不思議ではなかった。

日本では、街中を流れる川にはたいてい土手が造られているが、こちらでは土手などはなく、台地の深い切れ目を川が流れているようで川の深さが感じられる。そんなことを思い、草木の間から見える川を見ながら歩いていたが、こちら側の河岸道は道幅が狭く、川幅も少し狭くなったような気がし、ひょっとすると上流に向かっているのかも知れないと思い始めた頃、今日のこの空とは似つかわしくないくらい美しい空色の吊り橋、セント・

アンドリューズ・サスペンション橋に差し掛かった。

「奇麗な橋だなあ。もうこれ以上行ってもだめだろう。渡ろうか」

「うん」

　セント・アンドリューズ[10]はグラスゴーの東北東、北海に面した町でゴルフ発祥の地と言われている。どうしてその町の名が使われているのだろう。近くにゴルフコースでもあるのだろうか。そう言えば橋を渡った先が緑のゴルフコースのようにも見える。微妙な心の動揺が白い球に伝わってしまう華麗なゴルフ、セント・アンドリューズへ行ってゴルフをする夢想を脳裏に描いてみた。

　狭い橋の中間地点まで来たとき、河口側だと思っていた方向を望むと、川は、その先で右へ大きく流れを変えており、ここに来てはじめてこちら側が上流だろうと確信した。

「やっぱりこっちが上流だった」

「そうね」

　橋を渡って、いかにもゴルフコースといった名の公園、グラスゴーグリーン[11]へと上がって行った。グラスゴーで最も古い公園でジェームス・ワット[12]の像などあるらしいが、遊歩道をほぼ真っすぐに通り抜け、マクレナンアーチ[13]をくぐって公園を出て、クライド川沿いの通りを今度こそ河口に向かってただ歩いた。線路のガード下を抜け、高速道路の高架下を抜け、港を目指したが夕暮れが迫り、潮が高いのか川の流れはなく、何処までも続くクライド川、対岸の古い教会のような石造りの大きな建築物を眺め、河口の方向を遠くに望んで、明るい内に歩いて行ける距離ではないのではないかと、あきらめの気持ちになった。

「もう、歩いては行けないだろう。帰ろうか」

「うん」

「今日もだいぶ歩いたなあ。ホテルでゆっくりしようか」

「うん」

　日もとっぷり暮れ、部屋の窓から外を覗くと、歩道の石が濡れてネオンの光を反射していた。通りを行く車のライトの中、雨は音もなく降っていた。

「とうとう降りだしたようだ。ホテルで食べようか」
「うん」
　せっかくのスコットランドだからスコッチウィスキーが飲みたかった。食事の後、バーに行きテーブルに付いて待ったが、バーでの注文の仕方に仕組みがあるのか、忙しく動き回るウェイターは、なかなか注文を取りに来てくれなかった。しばらく待ったが状況は変わらなかった。
「外へ飲みに行って来る。部屋に帰ってて」
　席を立って玄関に向かい、細い雨粒が降りかかる通りへ出た。振り返ると妻も一緒に出て来ていた。昼間歩き回っていたので、それほど遠くない所にあるパブの位置がおおよそ分かっていた。
　広い通りから少し路地に入り、木製のドアをそーっと開けた。賑やかな音楽と人々の笑い声が開けたドアの間から漏れ出して来た。Ｕ字型のカウンターはほぼ満席、誰かの横に座りたかったが、横の人が快く思わないかも知れない。開いているテーブル席に付いてから立ち上がり、止まり木で飲んでいる人の横に立った。
　"Two glasses of scotch whiskey rock."
　"Which brand of scotch do you want."
　"I'd like a general scotch."
　若いマスターはカウンターサイドにあったボトルを掴み、素早い手つきでグラスに氷とウィスキーを注ぎ、私の前に滑らせた。グラスを掴み妻のいるテーブル席に座りスコッチを口に含んだ。
「うーむ、美味しい。これで目的を果たした」
「良かったね」
　その日はハロウィン(14)だった。パブの雰囲気にも慣れ、飲んでいる人たちとも昔からの知り合いのような感じになってきた。
「もう1杯、飲もうか」
「明日も早いから止めておいたら」
「そうだな」
　立ち上って、カウンターで飲んでいる人たちの背中を通り抜け、出口のドアを半分明けたとき、皆が手を振ってくれた。私た

ちもそれに答えながら重いドアを開けて外に出た。

　暗い石畳がほのかな光を帯びる北緯55度51分、グラスゴー
に冬の到来を告げるハロウィンの雨が降っていた。

　クライド湾内を泳ぎ回る2頭の白いイルカの鳴き合う声が、
冷たい雨音に交じって夜中じゅう聞こえているグラスゴーのハロ
ウィンだった。

　マンチェスター〜グラスゴー（約344.7km）

［注］

(1) トランスペナイン・エクスプレス／イギリスの列車運行会社、スコッ
　　トランドの公共交通運営会社ファーストグループの子会社、イング
　　ランド北部とスコットランドの地域・都市間列車を運行している。

(2) グラスゴーセントラル／グラスゴーのターミナル駅、年間3,300万人
　　以上が利用、スコットランド最大の駅、イングランド各地へ向かう長
　　距離列車などが発着する高架の頭端式プラットホームが15線の他、
　　地下にも島式ホームがあり、総線路数は17線におよぶ。

(3) グラスゴー／スコットランド南西部に位置するスコットランド最大の
　　都市、人口約63万人、ヴィクトリア様式やアールヌーボー様式の建
　　築が有名で18〜20世紀にかけて貿易や造船で栄えた当時を物語っ
　　ている。ロンドン、エディンバラに次いで3番目に観光客が多く、年
　　間約300万人がこの街を訪れる。

(4) ユーストン／ロンドン中心北部の主要な鉄道駅、スコットランドなど
　　イギリス北部方面とロンドンを繋ぐ乗客数の多いターミナル駅。

(5) ウォータールー／ロンドンの主要な複合ターミナル駅、イギリス最大
　　規模の鉄道駅であり、乗降客数も最大、イギリス南西部方面行列車
　　の玄関口。

(6) クライド川／スコットランド南西部の河川、全長170km、スコットラ
　　ンド南部高地から北西に流れクライド湾に注ぐ、イギリスで8番目に
　　長い河川。

(7) ブキャナンストリート／グラスゴーの主要なショッピング街、高級商
　　品を扱う店が並び、グラスゴー観光の人気スポットとなっている。

(8) セント・イーノック／市内で最も賑やかなショッピング街の近くにあ
　　る広場、11月から12月に開催されるクリスマスマーケットは、この
　　エリアで開催される。

(9) アルバート橋／クライド川にかかる緑色した橋げたが美しい橋、
　　1871年開通、ヴィクトリア女王の配偶者、アルバート王子にちなん

で名付けられた。ヴィクトリア女王とアルバート王子のメダリオンで飾られている。

(10) セント・アンドリューズ／スコットランドの北海に面する町、ゴルフ発祥の地として知られ、名前は、聖アンデレにちなんで命名された。ゴルフの聖地とも呼ばれ、全英オープンが、セント・アンドリューズ・リンクスのうち最も由緒ある「オールド・コース」を舞台に開催されている。

(11) グラスゴーグリーン／グラスゴー市街東部に広がる公園、クライド川北岸に位置し、15世紀には既に共有地として利用されており、市内最古の公園として知られる。

(12) ジェイムス・ワット／スコットランド出身の発明家、機械技術者、グラスゴー大学で計測機器製作に従事した頃、蒸気機関技術に興味を覚え、ニューコメン型蒸気機関に改良を加え、世界中の産業革命の進展に寄与した。

(13) マクレナンアーチ／グラスゴーグリーンの入口に位置する石造りの門。

(14) ハロウィン／毎年10月31日に行われる、古代アイルランドに住んでいたケルト人が起源だと考えられている祭り、本来、キリスト教にとっては異教徒の祭りであることから、キリスト教教会においては、容認、否定など様々な見解がある。

(15) クライド湾／スコットランド西岸に位置する湾（入り江）、キンタイア半島により大西洋から隔てられている。クライド湾とクライド川の区別は曖昧であり、ダンバートンの住民は、ここを湾とみなし、ポート・グラスゴーとグリーノックの住民は、しばしば湾を北方の「川」とみなす。

第35話　エリーブルー

　5時40分発の列車に乗るため4時過ぎにホテルを出た。未明まで雨が降っていたらしく歩道の石がほのかな光を発し、駅近くなったところで若い男女のグループが朝まで飲んでいたらしく騒いでいた。

　駅構内に入ると飲みすぎて苦しいのか、若い男性が頭を抱え込んで構内の傾斜とととともに少し傾いた鉄製のベンチに蹲り、友だちが心配そうに看病していた。グラスゴーセントラルは薄明りの中、まだ稼働前で朝食になる食べ物を求めたかったがそれもままならなかった。

　発車30分前にホームナンバーが示され、その頃カフェのテイクアウト専用売店が開き、コーヒーとオレンジジュース、甘いケーキを買って改札を抜け列車に乗り込んだ。

　青くスマートな車体のエクスプレスは、夜明け前の暗い北国を音もなく抜け出して南に向かっている。車窓を過る北国の明かりを少し心に残したかったが、車内の明かりが窓に反射してよく見えず、窓の外に暗闇があるという印象のみ心に残った。グラスゴーを起点としてさらにスコットランド北部へと足を延ばしたかったが、旅の終わりを告げる風に背中を押され、今回はその雰囲気に触れただけで南へ行くこととしよう。

　エクスプレスは、明るくなったイギリスの大地を南へ南へと駆け抜け、時間が経つのも忘れ、これで見納めになるかも知れない景色にしがみつき、ロンドンまでの長い鉄道移動が気にならずイギリスの大地を見ていた。車窓は、思った以上に早い時間でヨーロッパ第1の大都会が創り出した街並みの景色となり、列車は20分ほど遅れたものの5時間でロンドンの北玄関駅ユーストンに入って行った。ここからが不慣れな地下鉄移動、ポーツマス行き列車が発車するウォータールーまで行かなければならなかった。

　地下鉄に下りて駅員にサポートしてもらい切符を買い、ノーザ
ン線 7 番目の駅と調べていたとおりノーザン線のホームに向かっ
た。ホームが何となく狭い、オスロの地下ホームと比べると極端
に狭い、入って来た電車も天井は円形、電車内から天井にかる
く手が届く。小柄な日本人ならいい感じかも知れないが、イギ
リス人にとっては少し窮屈なのではないだろうか。地下路線の
掘削費用を節減してサイズが小さくなったらしいが、イギリス人
にはチューブという愛称で親しまれているらしい。その名のとお
り、地下トンネルを円筒形の管のように掘ってもこの列車は通る
のである。

　ホーム入口に行き先駅名が書いてあるので必ず目的の駅名が
書いてあるかを確認、電車に乗ったら停車する駅ごとに通過予
定の駅名と整合する。駅名が合致すれば路線が間違っていない
ことと上り下りも間違っていないことが確認でき、そこまで注意
を払えば必ず目的の駅に行ける。どうせ地下なので車窓を楽し
むことはできない。パリの地下鉄以来、車内でゆっくりすること
は考えず、頑なにこの方法を実践していたからか、わりとスムー
ズにウォータールーに着いた。

　11 時 40 分発ポーツマス行きの発車ホームはまだ表示されて
いなかった。構内を行き交う人々を眺めながら表示されるのを
待ったが、遅れているらしく発車時間になっても表示されない。
こんなことは今までになかったので、何か見落としているのでは
ないかと少し落ち着かなくなった。

　結局、発車時間を 15 分過ぎて 10 番ホームが表示されたが、
下の方に Front 5 coaches と表示されている。何のことだろう。
とりあえず 10 番ホームの改札機に乗車券を通してホームに入る
ことにした。乗車券を私が持っていたので 1 枚を妻に渡し改札
を抜けようとしたが、最初に乗車券を通した妻の券が弾かれて
しまった。何かの間違いで私たちはこのゲートを通れないのか
なと一瞬思った。

「あっ、切符かして」

　妻が戻してきた乗車券をよく見ると乗車券ではなく使い済み

の座席指定券だった。この間に列を離れ、私たちの後ろで待っていた人たちに入ってもらい、妻の券を差し替えて、私が先に入ったら改札機は通常通りゲートを開けてくれた。これで大丈夫、遅れている列車が気になったので先へ行きかけたところ、改札機が乗車券を弾くような音がしたので振り返ると閉ざされたゲートの外に妻がいた。

「えっ」

　残りの乗車券をポケットから出してよく見ると復路の乗車券を妻に渡していたので、今度は間違えないように乗車券に記入されたスペルを確認、ゲート越しに渡そうとしたとき、ゲートがサット開いた。事情を察した改札担当の駅員が開けてくれたのであった。

"Thank you. thank you very much."

　妻が駅員に何度も頭を下げながら恥ずかしそうに入って来た。

　ホームに入線している列車の向こうにもう2台入線しており、ホームの表示板にあった Front の文字から、先の列車だろうとホームを走った。列車に近づくと行き先がポーツマスではなかった。違う。駅側に引き返し、停車している列車のドアを開けようとしたが開かず、さらに駅寄りの車両に移ってドアを開けようとしたが開かない。後からホームに入って来たお客が皆、ホームの先へ走って行くので、やっぱりあれか。ホームの先端に走り、行き先を再度確認したらポーツマスに変わっていた。やれやれ、2回続けてとんだ騒動だった。そういえば、駅側の2列車には誰も乗っていなかった。早めに気付くべきだった。

　終着駅ポーツマスハーバー[(2)]に着いて、今乗って来た青、赤、黄、オレンジ、白を基調にしたカラフルな列車をバックに写真を撮った。特に先頭部は、列車の顔の部分の中央に車両同士を連結した場合に必要となる中央通路が飛び出していて、一見、前後を連結する中央部の車両かな、と思わせる列車の顔が何処となくユニークさを現していた。他ではあまり見られないような気がする。列車の先頭車両、中央部で前後を連結できる車両、最後尾の車両は、おのずから前後面の形を変えて建造されている

ような気がするが、合理的であれば、そんな見た目のことなど気にしないのだろうか。

"I will take a picture together."

　写真を撮り終えたとき、そのユニークな顔の横から降りて来た列車の運転手が声を掛けてきた。

"Thank you."

　スマートフォンを渡して、今にも中央の扉が開いて誰か出て来そうな列車の顔の斜め前に2人並んで写真に納まった。

"Thank you."

　運転手はスマートフォンを返すとにっこり微笑んで、黒い鞄を持ち上げて改札の方へと出て行った。私たちも運転手の後に続いた。

　石のタイルが敷き詰められた駅前の広場は明るく、所々白い雲が浮かんでいる蒼い空が私たちを迎えてくれた。

「あっ、帆船」

　広場の端へ駆け寄り黒い手すりに飛び上がった。3本マストの装甲艦ウォーリアの黒と赤、ツートンカラーの船体がすぐ目の前に見えていた。

　ウォーリアは1861年就役、イギリス海軍最初の装甲艦で高速を誇ったらしいが、第2次世界大戦以降空軍力が重要視される中、時代遅れとなり、現在は博物館として利用されているらしい。

　ポーツマスは、運河のようなポーツブリッジクリーク(3)でイギリス本土とは離れており、私たちが今立っている場所はポトシー島(4)という島である。昔から軍港で有名な都市であり、このまま右の方へ行けば海軍基地があるはずだった。

「もう行くよ」

「向こうの海軍基地の方へ行って見ようか」

「行っても入れてもらえないし何も見えないよ」

　振り返ると、何時までもウォーリアを眺めている私に痺れを切らした妻は、海から離れる方向に歩き出していた。手すりから飛び降り、背中のリュックサックをユッサ、ユッサと揺らしながら

妻の後を追いかけた。

　線路に沿って港から離れて行くと、線路のガード下を向こう側に抜けられるところがあり、くぐり抜けると駅の南側一帯は巨大なショッピングモール、少し右に行った駅の裏側のあたりはカフェエリア、自然とモール内に吸い込まれて行った。

「昼食にしようか」

「うん」

　軽食も食べられそうなガラス張りの大きなカフェ、美味しそうに食事をとる人々が見えていた。ガラスの扉が開き、先に入った人の後に続いて中に入り、カウンター内の女性に注文をしている人々の後に並んだ。

「まともに昼食を食べられたのはライン川のツアー以来じゃあない」

「そうだなあ、なんとなく気ぜわしいのかなあ。先にホテルを見つけておこうという気持ちが、昼ご飯を抜いてしまうことに繋がるときもあるなあ」

「今日は大丈夫」

「大丈夫だよ。ショッピングモールを抜けて左に行った所にあるはずだから」

「そう」

　高級なバッグや婦人用品を商う店が立ち並ぶモールの中道には多くの人々がショッピングを楽しんでいた。店の中には入らずウィンドウショッピングのみで通り抜けると運河のような入江のある小さな港に出た。いくつかのヨットが浮かんでいる。

「あっ、ヨット」

　ヨットの傍の桟橋まで下りて行った。

「このヨット売り物だよ」

　木製、２本マストの古いヨット、エリーブルー、後ろの方にFor sale と書かれた看板が掲げられている。

「こんなヨットいいなあ」

「とても買えないよ。買えても日本まで持って帰れないでしょ」

「帰れるよ」

「行くよ」
　妻は、もうホテルの方へ向かって歩き出していた。
「あそこじゃあない」
「そうだ。アルファベットの綴りが同じだ」
　扉をそっと開けると、すぐ傍がロビー、入って行ったが誰もいない。
　"Excuse me.……Excuse me."
　しばらく待ったが誰も出てこない。今度は声を張り上げて、
　"Excuse me.……Excuse me."
　2階の方で音がして若い男性が階段を下りて来た。
　"Excuse me. My name is Katsuragi. I have a reservation tonight."
　いつものようにネットから写し取った手帳を見せながら言った。
　"This hotel is not here."
　"What is it."
　男性は市内地図を出してきて、私たちの行くべきホテルの位置を丁寧に教えてくれた。
　そういえば、この駅でもツーイーストインフォメーションに寄らなかった。インフォメーションで聞かなくてもホテルはすぐ見つかると思ったのか、インフォメーション自体がなかったのか、アイルランドの小さな駅で降りて以来、到着した駅での動作が1つ欠けていることにずっと気が付いていないままでいた。たまたま同名のホテルがモール内にあったので正確なホテルの場所を教えてもらったが、もしなかったらポーツマスの街中をさ迷っていたかも知れない。
　ショッピングモールはモール外の敷地にも店が軒を連ねており、その前を通過、教えられたとおりに行き、モールエリアから外に出る狭いゲートを通過、集合住宅らしいアパートの建つ敷地を通り抜け、道に出てしばらく行き、閑静な住宅街に入って来た。
「この辺りは旧市街だろう。高い建物がない」
「そう」

集合住宅の出口から右へ道に沿って来たが、どうも違った方向に来ているようなので貰った地図をよく確かめると、住宅街の陰になってここから海は見えないが海岸に沿った道を来たようだ。
「もう少し左の方じゃあない」
「そうだなあ」
　次の角を左に曲がって行くと大聖堂の前に出た。
「この教会、ここじゃあない」
「ということは、次の四つ角を右に行けば後は真っすぐだ」
　次の角を右にしばらく行くと、道の右側一帯は広い野原となり、ヨーロッパの随所で見てきた牧草地を思わせる緑が一面に広がった。野原の向こう側に廃墟の教会が見える。尖った三角屋根の半分から右は抜け落ちて、その空間の先に見える空は、先ほどまでの青さを失いグレイに近い色となり、厚い雲が空を低くしていた。立ち止まり、しばらくその光景を見ていた。あの協会にもつらい過去があったのだろう。
「ここよー」
　先に行った妻が呼んでいる。ホテルを見つけたのであろう。
　チェックインを済ませて２階奥の部屋に入ると、窓から、紅葉が早いのか半分以上朱色の葉を落とした庭の木と道向こうの野原の境目に植えられた木々とが重なり合った先に海が見えた。
「あっ、海が見える」
「きれいな景色」
　先ほどまで低かった空は再び高くなって、薄い青色の空に巻積雲が筋目を少し残して見えていた。
　荷物を置いて街に出ることにし、玄関先まで出て来たところで、海軍の式典でもあるのだろうか、見た感じがオールドネイビーといった御夫婦何組かと擦れ違った。彼らは皆、制服が掛けられているのかハンガーが吊り下げられる幅広のスーツケースを持ち、出会った仲間と挨拶を交わしながらホテルに入って行った。ポーツマスには大きな海軍基地があり、そのあたりで何かあるのかなと思いつつホテルを後にした。
　先ほどはショッピングモールから旧市街オールドポーツマスを

回ってやって来たので、今度は新市街の方へ行こうと思い、先ほど通って来た野原横の道ではなく新市街の方へ向かったが、左へ、左へと交差点を曲がってしまい、おおよそ大聖堂の前から新市街の方へ伸びると思われる通りに出てしまった。左側に庭の広い学校のような建物があり、緑の庭に何か動くものが見え、フェンス越しによく見るとリスが数匹駆けまわっていた。私たちにとっては住宅街でリスを見かけるのは珍しく、しばらく見ていた。

　新市街に行こうと思いつつも、リスを見つつフェンスから離れた私の足が、大聖堂に向かっていることに気づき、意識しないままにエリーブルーが係留されているショッピングモールの方へ行こうとしているのかも知れない。リスから目を離した妻が私に追いついて来た。

「このまま行くとさっきと同じ町の方へ行くが、新市街の方へ行こうか」

「さっきと同じ所がいい」

　来るときは海岸寄りのオールドポーツマス経由の道を通り、少し遠回りして大聖堂の前に出て来たので、今度は大聖堂右の道を直線的にショッピングモールの方へ向かって行った。集合住宅の入り口には門はないと思っていたが、通りに面した所に鉄格子の門が閉められるようになっていた。先ほどはショッピングモールからここを抜けたが、ひょっとすると私有地を抜けて来たのかも知れない。鉄格子の門は開け放たれていて通り抜けても大丈夫だろうと思いつつ通り抜けた。

　ショッピングモールの狭いゲートからに中に入り、駅への近道を確認しておこうと、右へしばらく行った。レンガ造りのゲートがあり、門の向こうに見覚えのある線路のガード下を通る歩道が見え、駅への道が確認できた。たぶんここが正面ゲートだろう。明日の朝、鉄格子が閉まっていてもモールの壁際に沿って左にカーブしながらそのまま来ればここに来られるだろう。

「ホテルから今のように来れば駅へ早く行けるな」

「うん、明日も早いの」

「明日はロンドンまでで近いので朝食をとって出るよ」

「うん」

　ショッピングモールの周囲にある店を1軒、1軒、ゆっくりと見て回った。別に目的の品物があるわけではなく、日本にはない物、同じ機能をする物でも、違ったイメージ、違った方向性から作り出された商品を見つけ出したとき、この国の人々の考え方、長い歴史が生み出した生活文化をちょっぴり覗けたようで楽しかった。モールのアーケード内に入っても店を見て回るだけで時間が流れていった。私はエリーブルーが気にかかり、もう一度じっくりと見たい気持ちが徐々に募ってきていた。

　モールから外に出ると辺りは既に薄暗かった。ホテルに帰るという妻を説き伏せてエリーブルーが係留されている桟橋まで来た。ベンチに座り、日が暮れて行くのを楽しむようにして2本マストの木造船を見つめ、大海原へと出て行く自分を船の甲板に描いていた。

「帰るよ」

「ああ」

　妻は、立ち上がり狭いゲートの方へ歩き出したが、私は、まだ名残惜しく揺れる船と船べりを叩くかすかな水音を聞いていた。

　風の音が聞こえる。外海からさざ波が港内に入り込み、船の揺れが少し大きくなり、一瞬、違った水音とともにエリーブルーの船尾、薄暗い海面に円形の波紋が2つ浮かび、海の中から2頭の白いイルカが顔を出した。

「キー、キー」

　鳴き声が私に何かを伝えようとしているかのように思えたとき、彼女らはエリーブルーの船底をくぐるようにして海の中へと消えて行き、残された波紋だけが、街灯の灯かりを誘いながら徐々に広がって行った。もう一度、顔を出すのではないかという期待が私をなおも桟橋にくぎ付けにしたが現れなかった。これ以上ここに留まると妻を見失ってしまう。あきらめて立ち上がり妻の後を追った……。

368

「桟橋のところに白いイルカがいたよ」

「良かったね」

　閑静な住宅の窓から漏れる灯が家庭内の暖かさを想像させ、一家団欒の様子が伺える中、2人の石畳を踏む音だけが聞こえていた。

　このヨーロッパで私が海辺に出るのはこれが最後となるので現れたのかも知れない。そうすると、やはり別れの挨拶をしたのだろう。

「私たちもふるさとの海に帰ります。さようなら」

　こんな感じかな。たぶんそうだろう。私を見守り慈しむ弘誓深如海[5]を失うような、私の心にある安堵の気持ちが抜けてゆくような、一抹の寂しさが氷のように覆い尽くし、なんとなく不安な気持ちが、心の中を灰色に染め広がるのを止めようがなかった。

　北の海に向かって泳ぐ2頭の白いイルカの長い旅路を終えて古巣へ向かう安らぎの声だろうか、互いに鳴き合う声が、少しずつ小さくなりながら聞こえてくる港町ポーツマスの夜だった。

　グラスゴー～ポーツマス（約716km）

[注]

(1) ノーザン線／ロンドンの地下鉄路線の1つ、地表から深い位置に建設されており、全長58km、50ある駅の内36が地下にある。年間約2億673万4千人の乗客を運び、ロンドンで最も混雑する路線、直訳した路線名は「北の路線」であるが、名前に反して南方向へ輸送する路線で、テムズ川の南にある地下鉄駅29駅のうち16駅に停車している。

(2) ポーツマスハーバー／ポーツマス港駅、海岸に位置し、ゴスポート、ワイト島へのバスとフェリーサービスがある重要な交通ターミナル駅。

(3) ポーツブリッジクリーク／イングランドの南海岸にある潮汐水路で、ポトシー島と本土を分つっている。

(4) ポトシー島／ポーツブリッジクリークで本土と別れたイギリス海峡に面した島、ポーツマスの都心がある。

(5) 弘誓深如海／観音経の1節、海よりも深い観世音菩薩の慈悲。

第36話　トラファルガー広場

11月2日（金）　ポーツマス晴れ、ロンドン晴れ

　このところずっと朝が早かったが、久しぶりにスマートフォンのアラームを気にしない朝を迎えた。ステナラインでロスレアハーバー入港して以来の朝寝ができる朝だったが、性分のせいか窓が薄明るくなると横になっておられず、這い出して何かを始めなければ落ち着かない朝でもあった。今日からロンドン、宿の手配、列車の乗車計画などは終了しており、ロンドンの次がないので何も始めることがなかった。何時ものように窓のカーテンを開け、長い時間外の景色を見ていた。そうしていると心が落ち着くのだった。

　最終日のロンドンの宿は旅行会社で用意してもらっていたが、ヨーロッパ第１の大都会ロンドンが１泊では悔いが残るような気がして、前日の１泊をホテル紹介サイトで予約した。ロンドンには数えきれない数のホテルがあり、同一ホテルがネット上に表示されず、長いことスクロールを繰り返し、同じホテルにするのは無理かなと思いかけたとき、スマートフォンの画面下から浮かび上がってきた。しめた……。予約完了、後はホテル側が同じ人物だということを理解し、２泊とも同じ部屋にしてくれることを期待するだけだった。

　ポーツマスはイングランドの南端と雖も緯度が高く、それなりに冬が厳しいのか窓外の木々は、風に誘われて葉を１枚、２枚と手放し、遠くに見える海と連なるあたりの空がほんのり赤くなり始めた。

「もう、起きた方がいい」

「あと１時間くらいは大丈夫」

　妻は、一旦持ち上げた頭を再びベッドに沈めた。私は、遠いソレント海峡[(1)]にかかる空の赤みの変化をじっと見ていた……。地球は、風の音、波の音、潮の音、その他、人間社会が創り出す多くの音を宇宙空間に発しながら回り廻っている。その音が

聞こえてくるような、そんな宇宙空間を思い描かせる気さえする朝だった。

　明るい食堂で焼き立ての大きなパンを自分でスライスして皿に盛り、他の料理と一緒に頬張り、その朝も何時もと同じやり方で朝食を済ませ、ロビーを通って部屋に上がるとき、食堂に入るときから気になっていた、カウンター上の器にうず高く盛られたミカンぐらいの大きさの青いリンゴに手を出した。日本ではあまり見られない全体に艶のある青い小さなリンゴ、

　"Can I get an apple."

　"Please."

　ピラミッド型に盛られた頂点の青リンゴを掴んで階段を上がって行った。2階の通路に上がったところで、手の平にすっぽり収まるそのリンゴを一口齧った。飛び切り酸っぱくもなく、甘くもなかったが、急に禁断の果実を齧ってしまったような気がしてきて、心の中を冷たい風が吹き抜けたような感覚に襲われながら出発の準備を整え、リュックサックを背負ってロビーへの階段を下り、チェックアウトを済ませ、手を振りながらホテルの玄関を出た。頂点のないピラミッド型に盛られた小さな青いリンゴたちも私たちを見送っていた。

　野原の横に出ると真っすぐ大聖堂横の交差点へ行き、そのまま聖堂の右を通り、直線的にショッピングモールに向かった。

　鉄格子の門はやはり、閉まったことがないような顔をして開いていた。狭いゲートからモール内を通過、ポーツマスハーバー駅近くの正面ゲートから出て道を渡りガード下をくぐってハーバー駅のホームに立った。直線的に来たせいか思ったより早く着き、計画より1便速い8時45分発ウォータールー行きに間に合った。入線した列車に乗り込みながらホームと列車の間から下を見ると、ホームの下を打ち寄せる波が洗っていた。ポーツマスハーバー駅は海に突き出た海上の駅だった。

　列車はハーバー駅を出ると間もなくポーツマス＆サウスシー(2)駅に停車、近くの時計台が車窓の斜め後ろに見え、新市街の方へ行けなかった思いがほんの少し頭を持ち上げかけたが、すぐ

に列車が出発、ポトシーアイランドを出る頃にはロンドンへの思いが強くなってきて、ポーツマスも過ぎてゆく街の1つとしか心に残らなくなった。

　ホテルのあるグリーンパーク⁽³⁾へはウォータールーから地下鉄で乗り換えなしの2駅であり、迷うことなく移動。大勢の人とともにグリーンパーク出口の階段を上って地上に出たら、その名のとおり広い、広い緑の公園に年数の経った樹木が数多く枝を伸ばしていて、歴史を感じさせる空間が目の前に広がった。多くの人は出口から真っすぐ進んだが、私たちは公園の周囲を右へとホテルの方へ向かった。公園から出てホテルへ向かうとき、左の方に大きな日章旗を掲げた建物、日本の大使館が見えていた。

　11時30分頃ホテルに入ることができ、チェックインの時、こちらから確認するまでもなく、

　"Is it the same person as Mr.Katsuragi who is planning to stay tomorrow？"

　"Yes, it is."

　2日とも同じ部屋にしてくれることになったが、まだ掃除中なので部屋には入れないということだった。

「私、エリックさん。分からないことがあれば聞いてください」

　若くてハンサムなホテルマンが日本語で話しかけてきた。

「ありがとうございます。この近くで有名なところを教えてください」

「バッキンガム宮殿⁽⁴⁾、グリーンパークの向こう。歩いて10分、まもなく、衛兵の交代式始まる」

「ありがとうございます」

　どおりで多くの人が地下鉄駅から真っすぐに行ったはずだった。部屋に入れるまでの間に行って来ようと思ったとき、

「部屋、準備できた。入れるよ」

「あっ、お願いします」

　エリックさんはリュックサック2つをポンと肩に担ぎ、私たちを部屋まで案内してくれた。部屋は入って右サイドと左サイドに窓のある広い部屋だった。

「とてもいいルーム。カツラギさんの特別な部屋よ」
「ありがとうございます」
　エリックさんが出て行き、私たちも部屋にリュックを置くとすぐ、バッキンガムの交代式を見て大英博物館に向かうつもりでホテルを出た。今日の午後いっぱいはロンドンに来た一番の目的、大英博物館で過ごす予定だった。
　グリーンパークを突っ切りながら、大木の根元辺りをリスが駆け回っているのが見え、こんなところがヨーロッパらしいところかも知れないと思いつつバッキンガム宮殿に近づくとフェンス沿いには群衆の人垣。人と人との頭の間から衛兵の黒い帽子の先端がわずかに見えるだけで、とても交代式が見える状態ではなかった。あきらめて大英博物館へ行くつもりで地下鉄グリーンパークへと向かった。
　駅構内は変わらず多くの人が行き来して混雑していたが、目的の場所に行くにはまず、最寄りの駅から探さなければならない。なんとか行き先駅を確認、駅員が見つからず券売機で切符を買うしかなく、機械に書かれていることを何度も読み返し、お金をイギリスポンドに交換していないのでクレジットカードで買おうと、ウェストバッグの中からカードを取り出すのだが、簡単に出せない場所に納めてあり、バッグ内を手探りで入念に探ってやっと取り出した。
　こんなところを人に見られていたらあまりよろしくないなあ。しかも、私が青のウィンドパーカー、妻が赤のウィンドパーカーと、遠目にも目立っているだろうなあと感じつつカードを機械に通し、目的の駅までの料金を押した。このカードで大丈夫だろうかと思いつつも切符が２枚吐き出されて、ほっと一安心、それも束の間、次はホームを探してうろうろ。やっぱり誰かに見られているような気がする。
　最寄り駅は、少し行き過ぎる感はあるが乗り換えなしで行けるラッセル・スクウェア(5)、５番目の駅で、いつものように停車する駅をひとつずつ確認。無事にラッセル・スクウェアで下車、通りへと上がったが、どちらが東か西かさっぱり分からず、ホテ

ルでもらった観光用地図を広げて確認するしかなかった。

「進行方向の左に上がって来たので、この通りに上がったのじゃあないかな」

　進行方向の左側に出たと思っていても、地上に出る前に階段などで方向転換があると、右側の可能性だってある。初めての地下鉄駅では今までも迷ったことがよくあった。

「スマートフォンを起動しようか」

「使わなくても 24 時間、接続しているのよ。もったいないわ」

「それより、向こうに公園らしい緑が見えるよ」

「ああ、じゃあこの通りに出たのだろう」

「あの公園の向こうの角だよ。行こう」

　公園の方へ向かって歩き出し、公園横の歩道まで来ると大英博物館を示す標識があった。

「あっ、やっぱり向こうの角方向を示している」

　公園はほぼ正方形、1つ目の角を左に曲がって公園に沿った歩道を進んでいると、その先にも標識があり、急いで近づき見上げると、もう少し先の方を示していた。

"Hey, where are you going ？"

　振り返ると、人懐こそうな面長、背が高い男性が話しかけている。

"British Museum."

"Where did you come from ？"

"Japan."

"I'm from Milan. I also go there. Let's go together."

　男性はスマートフォンを操作していた。

"It's this way."

　彼は通りを横切ってロンドン大学の方へ私たちを誘導した。えっ、そっちは大学の構内だろう。少しおかしいなと思ったが、つい彼の誘いに乗ってしまい、構内を通り抜ける近道でもあるのだろうとついて行った。

　男性は次の角を右に回ると突然小走りになり、

"It's this way."

　建物の入口に向かう石段を上がり始めた。えっ、そこは大学
の建物だろうと思った直後、私たちは 3 人の男に取り囲まれた。
中柄で体格のいい男が私の前に、大柄で体格のいい男が妻の
前、大柄で体格のいい男が、男たちの背後に立っていた。私た
ちを誘導した人懐こそうな男性は階段の上で建物入口の方を向
いてうろうろしていた。

"We are from the London police. Show me your passport."

　彼らは顔写真入りの ID を見せながら言った。本物だと思った。

　ウェストバッグを開けてパスポートを取り出して渡した。彼ら
はパスポートを一瞥するとすぐ返して来たので、すぐズボンのポ
ケットに仕舞った。

"We are investigating(捜査)cocaine(コカイン)that tourists
bring in illegally(不法). Show me the inside of the bag."

　彼らは強引に私たちのウェストバッグの中に手を入れて弄り、
1 万円札 10 枚をいくつかの封筒に分けて仕舞っていた封筒を 1
つ、1 つ掴みだし、鼻の下に持ち上げ、クンクンと声に出して匂
う振りをした。彼らは警察官を装った白昼堂々の強盗集団だっ
た。

"It's not cocaine. We don't have cocaine."

　しまった、と思ったが、この時点ではどうすることもできず、
彼らの言いなりになるしかなかった。下手に抵抗すると危害を
加えられる恐れがあった。ただ、パスポートだけは取られないよ
うにしようと思っていた。それでも被害を少しでも少なくしよう
と思い、取り出そうとして封筒を掴んだ手を抑え、

"It's not cocaine. We don't have cocaine."

と言い続けた。

　ものの 5 分位だっただろうか、ウェストバッグの中身を全て確
認したと思ったのか、彼らはさっと引き上げ、大学の出口へ向か
う建物角の方へ走り出した。

「取られたあー」

　気の強い妻は突然走り出し彼らを追いかけた。

「実加！　行くんじゃあない！」

私も走り、彼らは建物角を左に曲がった所に止めてあった車に乗り込み始め、追いついた妻の腕と身体を掴んで引き込んでいた。急いで駆け寄り、もう片方の妻の腕を引っ張り、車から離そうと引く力を強めたとき、車が動き始めた。
「危ない！」
　私は思わず手を放してしまった。
「実加！　実加ー！」
　車を追いかけ、大学の出口から通りへ出る所でわずかにスピードを落とした車のトランクに手が届きそうになったとき、車はスピードを上げて通りを右に向かって走り去った。私は車を見失わないように走りに走った。車が公園の角を左に曲がったのが見えた。
　車との距離はどんどん離れ、公園の角まで来て左へ向かう通りを見たときにはほとんど見えなかったが、遠い向こうの交差点を右に曲がった車体がわずかに見えたような気がした。息が切れそうでその場に倒れ込みそうになるのを必死にこらえて走り続けた。車はもう見えていなかった……。
　通りの突き当たりはＴ字路、右へ向かって走り続けたが、もう全力で走る力はなかった。徐々に視界が狭まり、交差点や曲がり角も目に入らず、ただひたすら夢遊病者のように走り続けた。夢遊の中で私は、北へ帰る白いイルカを追いかけていた。
　なぜこんなことになったんだろう。見知らぬ人について行ってはいけない。そう言われていたじゃあないか。旅も最後の最後になって……。今まで出会った親切で優しいヨーロッパの人たち……。たった一度出会った不良たちが、その人たちの善良な優しさまで踏みにじってしまった。それが悔しくてたまらなかった……。年老いた母を１人残してヨーロッパに来て、少し無鉄砲で我儘な行動もあった。天罰が加えられたのだろう……。きっとそうだ……。
　長い時間、妻と離れ離れになるのはベルリン以来だった。心のどこかで、見つけられないだろう。ひょっとするともう会えないかも知れない。という気持ちが沸き上がるのを懸命に否定し

ながら走り続けた。彼らは、現金が必要なだけで極悪非道の悪い人間ではないだろう。封筒の中の札を全て抜き取ったのではなく数枚、封筒に残してくれていた。たぶん、妻は解放されるだろう……。見つかなかったらどうしよう。これからどうしよう……。

　ああ、風の音が聞こえる。ほてった頬を吹き抜ける風が、私の正気を幾分とり戻させ、歩道のはるか下に大河の流れを感じた。歩道を行く人々は何もなかったような感じで歩いている。歩き出しそうになるのを必死でこらえながら走っていた。走っているといっても歩いている人を容易に追い越せる速さではなかった……。

　前を行く少し大柄な女性が揺れるたび、女性の遠い向こうにぽんやりと赤い色が見えた。徐々に近づき女性を追い越してみると赤い服を着た女がこちらへ歩いて来る。もしや、
「実加ー、実加ー」
　かろうじて発した声だったが女は走り出し、私は気力を振り絞って走り寄った。

　私たちは橋の真ん中付近で抱き合った。妻の目から大粒の涙が流れ出し、そのまま崩れ落ちて跪き、止めどもない慟哭が始まった。妻と出会えた喜びからふと涙がこぼれ落ちた。よかった。よかった。本当によかった。
「どこも怪我してないか。もういいよ。もういいよ……」
　妻は、何か言おうとしたが言葉にならなかった。
「いいよ。いいよ。お金なんか取られてもいいよ。怪我さえしていなければ。あのお金、回りまわってヨーロッパの貧しい子供たちのところへいった。そう思えばなんということはないよ……」
　しばらくして、妻の気持ちも少し落ち着いたようで、泣き声も聞こえなくなり橋の上を行き交う車の音が耳に付いた。
「今日はもう何処へも行かないで帰ろう」
　妻を立たせ、手を引いてテムズ川沿いの歩道まで下り、しばらく歩いたが、妻はいつの間にか手を離し、後をついて来ていた。声を出して話し始めると先ほどのことを思い出しそうで、2

人とも一言も喋らず沈黙のままだった。もう忘れてしまいたかった。

　地下鉄で帰るのが何となく恐ろしく、このまま歩いて帰ろう。たぶん、彼らは地下鉄の駅から私たちの後を付けて来たのだろう。ホテルへのおおよその方向が分かっている。この辺りから川を離れ、坂を登って行けばホテルの近くに行けるのではないだろうか。そんなに遠くはないだろう。

　テムズ川沿いの通りを離れると車の交通量が少なくなり静かになった。このまま黙っていていいのだろうか。そう考えながら緩やかな坂道を登って行き、中央に高い塔がある広場に出た。大きな４頭のライオンが四方を威嚇的ではあるが穏やかに見つめている。高い塔の上で左手に持った剣を大地に突き刺し遠くを見ている人物はネルソン提督(7)だろう。たぶんここはトラファルガー広場(8)、何処を見ているのだろうか。しばらくの間、提督を見上げていた……。被害者は、被害者としての責任があるのではないだろうか。やはり、このまま黙るのではなく被害届を出そう。

　広場からピカデリー通り(9)を下りて日本大使館の玄関まで来た。これで今日半日が事件の処理に費やされることを覚悟した。旅行の残りも少なくなり、今日は大英博物館を見学、明日１日はロンドン市内見学と計画が詰まっていたのに、その半分以上が失われることに強い憤りを覚えた。しかし、一方で妻も私も無事だったことに対し感謝しなければならない。

　警備の人に用件を話し、書類を書いて奥の待合室に通された。多くの人が何某かの申請に訪れ順番を待っていた。長くなりそうな気がしたが、事案が事案だけに早く処理されたのかすぐに呼び出され、次の部屋に入ると女性の大使館員が窓口越しに事情を聴いてくれた後、警察署の場所と大使館の電話番号、担当職員名の書いたメモを渡してくれた。

　大使館を後にしてグリーンパークまで来た。
「最近、日本人などアジア系の観光客が、そういう被害に遭うことが多い。被害届を出せば、それなりに警察の見回りも強化

されるだろうし、そうしていただければありがたい」
という大使館員の話だった。
「やっぱり、地下鉄で行こうか」
　妻は何も言わなかった。渡された警察へのメモは、チャリン
グ・クロスという地下鉄の駅からの行き方が書かれていた。チャ
リング・クロスはグリーンパークからひと駅、ピカデリーサーカ
スで乗り換え、ひと駅目だった。この位なら歩いて行けるのでは
ないかと思ったが、向こうで地下にあるチャリング・クロスを探
すのも難しいと思い、少し気が引けるが地下鉄で行くことにした。
　チャリング・クロスに着いて地上に出てみると、そこはトラ
ファルガー広場だった。
「なんだ。分かっていれば来られたのに」
　妻はものも言わず、ただ私に従っていた。車の中でもう一度、
ウェストバッグの中を念入りに確認された後、橋を渡った先で
妻を車に引き込んだ男性が車を降りた際、妻が先に降り、男性
は妻には目もくれず去って行った。妻は泣きたい気持ちを抑える
ようにして歩き出した。妻のウェストバッグにあった現金は全て
無くなっていた。
　警察署の玄関扉を押して中に入ると薄暗い待合室があるだけ
だった。古宿の受付のような窓から女性警察官が侵入者をチラッ
と見たが、現在対応中の女性との会話を再開した。待合室には
受付の窓があるだけで警察署の奥は見えず、当然、奥へ入るこ
ともできなかった。日本の警察署のようなオープンな感じは一切
なく、全てがクローズされていた。まもなく、先客は用件を済ま
せ、重い扉を押して出て行った。
　"What's wrong ?"
　女性警官は笑みを浮かべて話してきた。被害届を出すという
ことで少し興奮気味の私は、強盗被害にあった旨を、単語を並
び立て、思わず日本語も重なって話したが、会話になっていな
かった。
　"Well, I don't know what you are saying."
　少し冷静さを取り戻し、大使館の電話番号と大使館員の名

前が書かれたメモを彼女に渡した。彼女は、状況が掴めたらしく大使館に電話をかけ、大使館員からおおよその事情を聴いた後、2・3質問があります。と言って、大使館員が電話を通した通訳となり事情聴取が始まった。

"I am very sorry to have been involved in an incident in the city of London."

　彼女は最初に電話を中断し、私たちに頭を下げて謝った。電話口から聞こえる通訳された事情聴取の最初の質問が、私の想像していたとおりだった。

「どうしてそんな大金を持ち歩くの。彼らだけではなく、誰が見てもウェストバッグに大事なものが入っていると思うじゃあない」

　知らない異国に来て、お金がないと不安だった。何か不都合な事が起きた場合、お金があればなんとかなるという物の見方が私の心を支配していた。一方、何か良いものに出会ったときもお金があればなんとかなりそうな気がした。ほんの少し、よこしまな気持ちがそうさせたこともあったが、旅行の当初からホテルに置いて行くのも一抹の不安があった。実際、イギリスに入ってからはポンドに換金していなかったので、駅の売店でサンドウィッチを買うのでさえカードで済ませ、現金は一切使わなかった。なのに、現金を持ち歩いていた。彼女に指摘され、自分の無能さと馬鹿さ加減に悲しくなった……。

　電話を通した通訳を介しての事情聴取は長い時間続いた。最後に彼女は、

"I am very sorry to have had such an incident in London."

　もう一度頭を下げて謝った。別に警察が悪いわけではないが、これがロンドン市民の真の気持ちだろうと感じた。

　警察署を出たときは既に夕闇が迫っていた。トラファルガー広場に向かいながら涙が止めどなく溢れ、頬をつたい唇を濡らし、そのままポタポタト歩道に落ちた。警察署で叱られたからではなく、事情聴取が終わって、事件以来ずっと持っていた張り詰めた気持ちが一偏に緩んだのか、チャリング・クロスの雑踏の中で涙が次から次へと沸き上がり、零れ落ち、トラファル

ガーのライオンが黒い大きな化け物にぼやけ、塔を見上げた。
涙が目じりを伝わり落ち、提督が何もなかったような顔をし
て、かつてイギリスが支配した遠い南方の国々を見つめている
のが見えた……。

　どれくらいのときが経ったであろうか。提督の向こうの空が、
吸い込まれそうなほど蒼い薄暮の空に変わり目じりが乾き、ふと
気が付いて妻の方を見ると、ライオンの横に立って、じっと私の
背中を見ていた。

「帰ろうか」

「うん」

　これで全てが終わったような気がして、なんとなく爽やかな
気持ちを感じながら、街中の建物、商店、全てに明かりが灯っ
たピカデリー通りを下りて行った。

　この夜から 2 頭の白いイルカの鳴く声は聞こえなくなった。

　ポーツマス～ロンドン（約 119.1km）

[注]

(1) ソレント海峡／イギリス本土とワイト島を分ける海峡、元々は川谷で
　　あり、何千年にも亘って徐々に拡大し深くなってきた。ワイト島があ
　　るため複雑な潮汐が見られる。

(2) ポーツマス＆サウスシー駅／ポーツマス中心部の主要な鉄道駅、
　　1847 年にポーツマス駅として最初に開設されたが、ポーツマスの他
　　の駅との混同を避けるためポーツマスタウンに改名、現在は、1926
　　年にポーツマス町に統合されたサウスシー町の名を遺した駅名と
　　なった。

(3) グリーンパーク／ロンドンのロイヤルパークの 1 つ、ロンドンの中心
　　部、バッキンガム宮殿の北に位置する。

(4) バッキンガム宮殿／ロンドンにある宮殿、1 万坪の敷地、舞踏会場、
　　音楽堂、美術館、接見室、図書館などが設置されている。外周護衛
　　を担当する近衛兵の交代儀式を見物できる。

(5) ラッセル・スクウェア／ロンドンの地下鉄駅、カムデン区ラッセル・
　　スクウェアにある。駅名は、ロンドンで 2 番目に大きな広場、ラッセ
　　ル・スクウェアに由来する。

(6) テムズ川／南イングランドを流れる川、全長 346km、ロンドンを海
　　とつないでいる。

(7) ネルソン提督／アメリカ独立戦争、ナポレオン戦争などで活躍した
イギリス海軍提督、トラファルガー海戦でフランス・スペイン連合艦
隊に対して史上稀にみる大勝利を果たし、ナポレオンによる制海権
獲得・イギリス本土進攻を阻止した。自身は同海戦で戦死、イギリス
軍人史上最大の英雄、名言「英国は、各員がその義務を尽くすこと
を期待する」

(8) トラファルガー広場／ロンドンのウェストミンスターにある広場、
1805年のトラファルガー海戦の勝利を記念して造られた。

(9) ピカデリー通り／ロンドン、ウェストミンスターにある通り、西端の
ハイド・パーク・コナーと東端のピカデリーサーカスを繋ぎ、ロンドン
南西部のメイフェアへ至る。

(10) チャリング・クロス／ロンドン、ウェストミンスター区チャリング・ク
ロスにある地下鉄駅、ノーザン線とベーカールー線の列車が発着す
る。この駅名は複雑に変遷し、この駅名になった期間はそれほど長
くない。

(11) ピカデリーサーカス／ロンドン、ウェストミンスター区ピカデリー
サーカスにある地下鉄駅、ピカデリー線とベーカールー線の列車が
発着する。

第37話　大英博物館

11月3日（土）　ロンドン晴れ

　ロンドンの朝は遅かった。明るくなったらバッキンガム宮殿に行こうと思っていた。思っていてもしばらくベッドでぐずぐずしていたが、起き出して部屋に備え付けてある貴重品を入れる小さな金庫を確認した。これまでに泊まったホテルの部屋には全てこの金庫があったが使ったことはなかった。暗証番号をセットして扉を閉めると、セットした暗証番号を入れるまで決して開かない。暗証番号をセットした本人しか開けられない仕組みになっていた。こんないいものがあったのに何で今まで使わなかっただろう。

　窓の外が少し白々としてきた。
「朝ごはんまでにバッキンガムへ行ってみようか」
　妻は、返事はしなかったが起き出して出かける準備を始めた。私は、ウェストバッグから小銭を入れた小さな財布とクレジットカードだけを取り出し、ウェストバッグ2つを金庫に格納、暗証番号をセットして扉を閉め廊下に出た。ポケットにカードと小銭入れがあるだけで何も持たず身軽だった。これが本来の外出スタイルだったのだろう。旅も終わりになって気が付き、昨日まで何もなかったのが不思議なくらいだった。それだけ、出会う人、出会う人みな親切で、それがヨーロッパの人たちの真の心根なのだろう。

　バッキンガム宮殿前広場、ヴィクトリア記念堂付近(1)に観光客はいなかった。昨日、人の生け垣に埋もれ何も見えなかったが、今は全てが目の前に展開していて写真も好きなだけ撮ることができる。

　突然、宮殿から騎乗した近衛兵が列をなして出て来て、私たちの目の前を通り過ぎて行った。黒毛の馬が多く最後に白馬が続き、衛兵は皆、緑色、蛍光色のチョッキを纏い、黒いヘルメットを装着、ヘッドライトが灯いた車の行き交う通りの端を、姿勢

を正し1列になって去って行った。

「すごい。かっこいい。朝の騎馬訓練だろうか来てよかったなあ」

「うん」

　しばらく、隊列が去って行った通りの先を見ていた。

「騎馬隊も見たし、もうそろそろ帰ろうか」

「うん」

　帰りかけたとき、去って行った騎馬隊がこちらへ向かって帰って来た。バッキンガム宮殿を中心に行き来しながら早朝の騎馬訓練が行われているようだ。私たちは、騎馬隊が宮殿内に帰隊するまでずっと立ちすくみ、騎馬隊を追っていた。騎馬隊の隊列といい、周辺の広い公園といい、宮殿はロンドン市民と一体になっているようだ。

　ホテルに帰ると朝食は既に始まっていて、そのままロビーの奥にある1段下がった食堂に下りて案内された席に付いた。ホテルで朝食をとるといつも気分がハイになるのであるが、この日の朝食もなんとなく幸せな気分にさせてくれる心地よさは同じだった。

「大英博物館の開館は10時からなので速めに出てウェストミンスター(2)を見てから歩いて行こうか」

「うん」

「バッキンガム宮殿から公園の右、南側の道を行けばウェストミンスターに行けるみたいだ。これから歩いて行っても10時頃には着けるだろう」

「うん」

　朝食が終わると早めに出発準備を終え、ホテルを出てグリーンパークの中道をバッキンガム宮殿に向かい、宮殿前広場の公園寄りの遊歩道を抜け、セント・ジェームズパーク右の遊歩道(3)をウェストミンスターに向かった。妻も私も腰にウェストバッグのない軽快さを感じながら、なんとなく吹っ切れた気持ちとなっていた。

　右側にウェストミンスター寺院(4)、その先にビッグベン(5)、さらに

ウェストミンスター橋が見え始め、私たちの足取りが早くなった。ビッグベンは修復中であり、高い足場が周囲を取り囲んでいて少し残念だったが、ここがロンドンという感じを私たちに見せつけていた。

　横断歩道を渡ってウェストミンスター橋の上に出るとテムズ川の両岸が見渡せ、その賑わいが伝わって来た。その全ての場所に行ってみる時間はないだろう。せめてこちら側の岸を下流に向かって少し歩きたかった。

　歩いて行くことはできないが、このずっと下流にグリニッジがあり、その近くのグリンハイズというところに昔、テムズ川に練習帆船を浮かべたテームズ・ノーティカル・トレーニング・カレッジがあった。遠い下流を眺めていてふと思い出したが、そんな私の思いや歴史の中の人々の営みなど、古い話は知らないよと言わんばかりにテムズ川が滔々と流れていた。

　岸沿いの歩道をしばらく下って通りを渡り、緩やかな坂を登って行った。大英博物館の近くに行けるはずだった。なぜ、昨日このようにしなかったのか。未練な気持ちが心をよぎったが、すぐに打ち消し、今歩いているロンドンの街を楽しむ努力をした。

　大英博物館は、それらしい建物の門から人の列ができていたのですぐに見つけることができた。列の最後尾につき順番を待ち、そんなに長い時間はかからず、古代ギリシャの宮殿を思わせる 8 本の石柱へと続く石段を上ることができ、中央 2 本の柱の中心を通って館内へと入って行った。

　石段を上る前に入館のチェックを受けたが、誰も入場券を買う様子がない。近くの男性に尋ねると、フリーという言葉が返って来た。無料なのか。入館料を取らないでこの巨大な施設と 800 万点に及ぶ収蔵品の維持管理を寄付もあるが大方はイギリス政府の助成金で賄っているらしい。相当の助成額であろうと思うが、ここの収蔵品はみんなのもの、という意識が政府にあるのかも知れない。

　全て見終えるまでそんなに時間はかからないだろうと思っていたが、4 棟 5 層になった広大な展示室と 15 万点にも及ぶ莫大

な展示物が私たちを待っていて、ただ目の前の展示物に圧倒されるばかりであった。

　古代ギリシャやローマに代表される巨大石彫刻の数々は世界中から持ち込まれたものであり、その数の多さと大きさにびっくり、ここは石の博物館だと思った次第である。在りし日の大英帝国が絶大な権力と莫大な富を使って集めた美術品の数々、それは石だけではなかった。それら一つひとつをものも言わず、時間の経つのも忘れて見て回り、随分と時間が過ぎたような気がして足も疲れ切っていた。まだ館内にはたくさんの人が見学、その多くの人がイギリスの人ではないような気がした。

「もういいだろう。出ようか」

「うん」

　入って来たときと同じ大英博物館正面、巨大石の柱の中央に立ったとき、街の建物にあたる日はもう傾きかけていた。大きな鉄格子のある門へと石段を下りて行き、門を出ておおよその方角を決め、街並みを楽しみながら下って行くと、大勢の人が集っている広場に出た。トラファルガー広場だった。私は、やはり提督を見上げていた。

「昼ごはん、食べていなかったなあ。どこかへ入ろうか」

「うん」

　カフェは何処もいっぱいだったが、何とかなるだろうと思って大勢の人が入っている大衆的なカフェに入り、食べ物だけ買って席を探しうろうろ、空いた席も空きそうな席もなかった。

“Please take a seat.”

　小さな女の子2人を連れた若い夫婦のお母さんだった。子供たちはまだ食べているので、食べ終わった自分たちが立って席を譲ってくれたのだった。

“I'm sorry. Thank you very much.”

　店内から通りを行く多くの人がガラス壁の向こうに見えていた。若い夫婦は他にも用事があるのだろうか、子供を急かし、私たちに微笑んで出て行った。そのしぐさだけでこの昼食が私にとって満足のゆくものになった。

　カフェを出た私たちは、トラファルガー広場からアドミラルティ・アーチ⁽⁸⁾をくぐって来た道の逆、セント・ジェームズパークの北側並木道の歩道、バッキンガム宮殿前、グリーンパークの中道と通ってホテルに向かった。

「少し買い物をして帰りたい」

「ああ」

　ホテルへは向かわず、ピカデリー通りの緩やかな坂を登って行った。ロンドンを代表する通りは相変わらずの賑わいであり、買い物をする人、食事をする人、通りを行く人、その約半数は、もともとのイギリスの人たちではなく、誇り高き英国を目指して海を越えやって来た人々、またその子孫だった。

　巨大都市ロンドンは、バッキンガム宮殿を中心とするイギリスらしさと、民族の多様性が入り混じった街なのかも知れない。日は既にとっぷりと暮れ、ピカデリー通りの夜の賑わいは、その明かりの輝きとともに佳境に入りつつあった。

　　ロンドン市内観光（約10km）

［注］

(1) ヴィクトリア記念堂／ヴィクトリア女王の記念碑であり、彫刻家のトーマス・ブロックによって製作、1924年に完成した。

(2) ウェストミンスター／バッキンガム宮殿の近く、政府機関など多くの観光資源があり、観光客に人気の地域。

(3) セント・ジェームズパーク／バッキンガム宮殿の東、23haの公園、ロンドン中央部にある公園群で最も東に位置し、ここから西へ、グリーンパーク、ハイド・パーク、ケンジントン・ガーデンが、ほぼ切れ目なく繋がっている。

(4) ウェストミンスター寺院／イングランド国教会の寺院、内部の壁と床には歴代の女王や政治家などが多数埋葬されており、墓地としては満杯状態、国会議事堂に隣接している。

(5) ビッグベン／ウェストミンスター宮殿（英国国会議事堂）に付属する時計台の愛称、1859年5月1日に建設、当時は世界1正確な時計だった（1日の誤差1秒以内）。

(6) ウェストミンスター橋／テムズ川に架かる橋、北側のウェストミンスターと南側のランベスを繋いでいる。橋は、庶民院の座席と同じ色

の緑色に塗られている。庶民院は国会議事堂として使われており、ウェストミンスター宮殿の中でこの橋に近い側に位置している。

(7) グリニッジ／ロンドン南東部の港町でテムズ川の南岸に位置している。グリニッジ平均時の基準となる都市として、また「マリタイム・グリニッジ」の名でユネスコの世界遺産に登録されている。明治から昭和の初期ごろまでは、漢字で緑威とも表記された。

(8) アドミラルティ・アーチ／ロンドンの歴史的建造物、バッキンガム宮殿からトラファルガー広場へ繋がる道に架かるアーチ、隣接する海軍本部（アドミラルティ）が名前の由来、トラファルガー広場からバッキンガム宮殿に向かう式典の入場口としてセレモニーの重要な役割を果たしている。

第38話　タワーブリッジ

11月4日（日）　ロンドン晴れ

　いよいよ今日がヨーロッパ最後の日となった。15時30分に私たちをヒースロー空港まで送ってくれる人がホテルに迎えに来てくれるはずだった。まだ、残された時間は十分にあった。私は、ベッドの中でそれまでの間どうしょうかと考えていた。

「迎えが来るまでにロンドンブリッジ⁽¹⁾へ行って来ようか」

「それ何処」

「ずっと下流の方、遅くなるといけないのでチェックアウトを済ませ、荷物をフロントに預けて行こう」

「うん」

　窓の外はまだ薄暗かったがベッドを奇麗に整え、リュックサックの荷物を整理し、ウェストバッグをリュックサックに取りつけ、帰って来たとき、リュックサックを受け取れば出立できる状態にして朝食のレストランへと下りて行った。

「おそいねえ。早く食べたら」

「ホテルの朝食ぐらい、ゆっくり味わってから行こう」

　私が何かにつけ、急げ、と急かしていたのに、妻は笑っていた。ヨーロッパのホテルでの朝食はこれが最後になるかも知れない。テーブルの形や椅子の座り心地、パンや料理の美味しさまで十分に時間をかけて楽しみたかった。

「もういいか。行こうか」

「うん」

　最後のコーヒーを2杯飲んでしばらく時間が経っていた。

　部屋に上がってリュックサックを取ってロビーへ下りると、丁度いいことにエリックさんが勤務中だった。当初、写真などでよく見るタワーブリッジ⁽²⁾がロンドンブリッジという名だろうと思っていた。しかし、ロンドンブリッジより1つ下流の橋が目指す橋で、タワーブリッジという名であることをエリックさんともう1人のホテルマンから聞き、初めて知った。もう一度地図で場所

をしっかりと教えてもらい、15時半に迎えが来るので15時までには帰るとフロントに言い残し、リュックサックを預け、ホテルを出てバッキンガム宮殿に向かった。

　昨日の帰りに通ったセント・ジェームズパークの北側の道を行って、アドミラルティ・アーチをくぐり、トラファルガー広場から右方向に下りてテムズ川に出ようと考えていた。バッキンガム宮殿前広場やセント・ジェームズパークは市民の憩いの場所であり、日曜日ということもあって朝早くから多くの人が散策していた。トラファルガー広場からテムズ川までは人通りも少なく、日曜日のオフィス街といった感じだった。

　テムズ川沿いの歩道をひたすら行けばタワーブリッジに着けるだろうと思っていたが、行程の全てに川沿いの歩道があるわけではなく、ときには川から離れたところを、ときには横たわる橋の車道に歩道が遮られ、高い位置にある車道まで上がって横切り、川岸の歩道へ下りながらひたすら歩いた。テムズ川の下流方向は歩きながら見渡せるのであるが、川は大きく蛇行していて歩き出した頃、タワーブリッジは見えていなかった。

　鉄道の高架下を通りウォータール一橋(3)を抜けた辺りからタワーブリッジが見え始めたが、まだ遠くに小さく見えるだけでかなりの距離があった。妻はものも言わずただ黙々とついて来ていたが、疲れた私は妻に先を越される場面もあった。急いで歩きながら、こんなに遠いのなら帰りは地下鉄にしないと15時半までに帰り着かないだろうと思っていた。

　やがて、タワーブリッジが大きく見え始め、賑やかに人が集まっているロンドン塔(4)のサイドに出た。中世の城塞ロンドン塔を横目で見ながら城の周囲を回って、タワーブリッジへと繋がる通りへと石段を登りタワー直下へと向かった。
「やっぱり石でできている。すごいね」
「遠かったけど来てみて良かった」
　私は、そろそろ帰りのことが心配になったが、タワーブリッジ全体が見渡せる下流側の広場まで下りてみることにした。大型船を通すための橋なのであるが、なんとなく発想が豊かで、機

能的かどうかは別にしてデザイン性に優れている。昨今の建築
物は機能性重視の傾向にあるが、少しゆとりを持って、形の豊
かさを大切にする気質がイギリスの人たちにはあるのだろう。
　しばらく広場でタワーブリッジを写真に収めた後、ロンドン塔
の北側にある地下鉄、タワーヒル駅(5)に向かった。タワーヒルガー
デンを抜け、地下鉄の入口まで来て見るとクローズだった。
「日曜日なのにどうしてクローズなのだろう」
「おかしいね」
　私は嫌な予感がした。
「とりあえず次の駅に行こう」
「うん」
　テムズ川沿いの大通りまで下りず、地下鉄の線路上と思われ
る山の手、街中の通りを次のモニュメント駅(6)に向かった。地下鉄
の駅なので駅舎があるわけではなく駅に下りる入口があるだけ
で、通りを行く人に聞きながら急いだ。たどり着いたモニュメン
ト駅もやはり、入口は閉ざされてクローズだった。
「やっぱり閉まっている。どうしたんだろう」
「日曜日なので中心街から離れた駅まで運行していないのかも」
「次へ行こう」
　そのまま次のキャノン・ストリート駅(7)へ急いだ。モニュメント
駅は6つのラインが乗り換えられる重要な駅であり、その駅が
クローズということは、ストライキか何かで地下鉄全体が運行し
ていない可能性が予想された。
「キャノン・ストリートもたぶんクローズしているような気がす
る」
「どうせ帰り道なので行くだけ行ってみたら」
　キャノン・ストリート駅もやはりクローズだった。ただ、半分
上がったシャッターから出て来た駅員らしい人が、次のマンショ
ンハウス駅(8)から動いている。と教えてくれたのでマンションハウ
ス駅へ向かった。
　私は、小走りに走り出していた。妻は、少し遅れて私を追い
かけて来た。走りながら、たぶん動いていないだろうと思う。今

日は何かある。国家的な行事なのか、地下鉄を運行できない何かがあるのだろう。マンションハウス駅もやはりシャッターが下りていた。

「動いていると言ったんじゃない」

「たぶんあの人もよく分かっていなかったんだろう。話しぶりも少し自信がなさそうだった。とにかく走って帰ろう。何処も閉まっているんだ」

「うん」

　走るスピードを上げてテムズ川沿いの通りへと向かい、通りの右側の歩道をただひたすら走り続けた。なんとなく歩道を行き来する人が多いのは地下鉄が運行されていないこともあるだろう。きちっとしたネイビーブルーの制服を着て、並んで歩いている海軍士官２名と行き違った。海軍関係の行事があるから人の移動を制限しているのだろうか、真相は分からないままだった。

　クレオパトラの針(9)まで帰って来た。もう、そこの交差点を右に上がって行けばトラファルガー広場に出られる。行きは２時間かかったけど帰りは１時間でここまで来た。もう大丈夫だろう。妻は離れているが、見える範囲を追いかけて来ていた。息が弾み、何処かに座って休みたかった。すぐ向こうにベンチが見えたが先客が２人いるようだった。走るのをやめて歩きだし、ベンチの近くまで来た。

　あっ、ジャクリーヌ！　２人と思った１人は黒い大きなチェロケースだった。金色の髪が背中へ流れ、近づいてきた私を見た眼が凛々しく、ジャクリーヌ・デュ・プレ(10)だと思ったが、そんなはずはなかった。何処となく彼女の演奏するチェロの調べが流れているような気がしたとき、妻が後ろに追い着いた。状況を察した彼女は黙って右手を私に差し向け、左の手で写真を撮るような仕草をした。スマートフォンを貸しなさい。ということだろう。出会う人に不信感を持ちつつあった私は、スマートフォンを渡すのを躊躇するはずだったが何も考えず、すんなり渡してしまった。彼女は、私に向かってスマートフォンを構え、妻にも横に入れというような手招きをしたので、クレオパトラの針を

392

バックに 2 人一緒の写真を撮ってもらった。

"Thank you very much."

　彼女は少し微笑んだだけで何も言わず、私にスマートフォンを返すと、チェロケースを持って、演奏会でも開催されるのか、歩道サイドの庭の中へと消えて行った。

　しばらく彼女の後姿を見送っていたが、先に行った妻の後を追って交差点を右に取り、トラファルガー広場へと緩やかな坂を登って行った。来た道と同じアドミラルティ・アーチをくぐって、セント・ジェームズパーク北側の歩道を通り、グリーンパークの中道を抜けてホテルに向かった。

「まだ時間ある？」

「1 時間位はあると思う」

「少し買い物がしたい」

　ピカデリー通りを登って行き、1 時間ほどショッピングをした後、14 時頃ホテルに帰った。迎えが来るまでにはまだ十分時間があった。無事に帰って来た安心感からか、旅の疲れなのか、リュックサックを抱いたままロビーのソファで眠ってしまった……。

　瞼の底にこの旅で出会った数えきれない数の人々が次から次へと浮かんできた。その 1 人、1 人に一生懸命話しかけているのだが声にならず、彼らも私に何か伝えようと喋っているのだが、私には聞こえなかった。ああ、何を言っているんだろう……。

「3 時半よ」

　突然、聞こえてきた妻の声で我に返り、左のポケットから時計を出してみると、ちょうど 15 時 30 分だった。少し不安になった。ひと月以上前の約束なので大丈夫だろうか。しかし、しばらく待ってみるしかなかった……。

　まもなくして、中年のご婦人が玄関からロビーに入って来て私の名を呼んだ。

「あっ、来た」

"Yes."

彼女に行き先を確認するとヒースロー空港だったので、その場に居たホテルの人に挨拶をして、玄関横で待機していた乗用車に乗り込んだ。

　車は一路、西へ西へと向かったが、ロンドン市内はひどい渋滞、ご婦人は少しイライラしている様子だった。テイクオフまでまだ３時間以上あるのでそんなに心配ではなかった。話には聞いていたが、ロンドンの渋滞も相当なものであり、随分と時間がかかって高速道路にたどり着いた。高速道路も同じように混んでいて、隣の車線を行く車と抜きつ抜かれつ進んで行った。妻はホテル前で車に乗ったとき、２人仲良く並んで座っていたが、いつの間にか私から躰を離し、左側のドアに寄って窓外に広がるロンドンの街を見つめていた。

　この旅が終わると私は動から静へと移り、次の動に備えての充電期間に入る。私は、今回の動における楽しさや辛さ、苦い経験を踏まえての適切な充電が大切だと考えており、それが次の動へのエネルギーとなることが分かっていた。今は、切り替えどきの切なさをじっと耐えるしかないのだろう。

　私は、高速道路の高さから見える広大なロンドンの街並みに、旅して来た13か国、34都市の街並みを走馬灯のように次々と重ね、魔女の低空飛行さながら飛廻っていた。ああ、あの街角は何処の街だったかなあ……。それにしても、ヨーロッパの街並みが、他の地から来た人に与える魅力は何だろう。先人が残した風土に調和した街並みを維持しようとしている人々の意思を違える人など存在せず、多くの人が洗練された協調性を持ち続けている。世界中の多くの人がヨーロッパの観光に訪れるのは、この街並みの美しさを見たい、その空間に自分を重ねたいからなのではなかろうか。

　車が左に大きくカーブし始め、横を走る車が少し遅れたが再び追いついて来た。私は、飛行機のプロペラを模して考案したとされる、そのヨーロッパ車の丸い紋章をじっと見ていた。

おわり

［注］

(1) ロンドンブリッジ／「ロンドン橋落ちた」という童歌によって世界中に知られる有名な橋、1750 年、ウェストミンスター橋が架けられるまでは、ロンドン市内でテムズ川に架かる唯一の橋だった。下流のタワーブリッジの見栄えが良いため、観光客は、タワーブリッジの方をロンドンブリッジであると勘違いすることがある。

(2) タワーブリッジ／ 1894 年に完成した跳開橋、可動部分の初期は、蒸気機関で水をパイプに通して跳開部の端に水圧をかけて開閉していたが、現在は電力を利用している。イギリス指定建造物の第 1 級指定建造物になっている。

(3) ウォータールー橋／開通以前は「ストランド橋」と呼ばれていたが、1817 年に開通した際、1815 年のワーテルローの戦いでの勝利にちなんで改名された。

(4) ロンドン塔／テムズ河岸に築かれた中世の城塞、正式には「女王（国王）陛下のロンドン塔の宮殿および要塞」と呼ばれ、現在も儀礼的な武器などの保管庫、礼拝所などとして使用されている。ロンドンにおいて単に「塔」と称した場合はこの場所を指す。

(5) タワーヒル駅／ロンドン塔近くの地下鉄駅、サークル線とディストリクト線が発着する。この駅は、少し西にあった同名の駅（建設当時はマーク・レーン駅）を移設したもので、タワー・オブ・ロンドン駅（ロンドン塔駅）の機構を再利用している。

(6) モニュメント駅／オブ・ロンドンにある地下鉄駅、地下通路でバンク駅と繋がっており、両駅は、公式には 1 つの駅として扱われ、「バンク・モニュメント複合駅」として案内されているが、駅の入口、ホームの駅名板および地下鉄路線図にはそれぞれの名称が残されている。モニュメント駅には、サークル線、ディストリクト線が、バンク駅には、セントラル線、ノーザン線、およびウォータールー＆シティー線が発着する。

(7) キャノン・ストリート駅／テムズ川北岸にあるターミナル駅、金融街に接しており、ナショナル・レールとロンドン地下鉄の複合の高架式駅、頭端式ホーム 4 面 7 線を持つ。

(8) マンションハウス駅／ロンドンにある地下鉄駅、サークル線とディストリクト線が発着する。

(9) クレオパトラの針／ 19 世紀にロンドンとニューヨークに移された古代エジプトのオベリスク（方尖塔）、古代エジプト期に制作され、神殿などに立てられた記念碑の 1 種、近代や現代では、エジプトに依らず欧米の主要都市の中央広場などにも建設されている。

(10) ジャクリーヌ・デュ・プレ／イギリスのチェロ演奏家（1945 年 1 月 26
日〜1987 年 10 月 19 日）4 歳のとき、ラジオでチェロの音楽を聴い
たことがきっかけでチェロ演奏者を志す。10 歳で国際的なコンクー
ルに入賞、12 歳にして BBC 主催のコンサートで演奏、16 歳で同郷
の作曲家エルガーのチェロ協奏曲を録音、デビュー、チェロ演奏家
としての国際的な名声を得る。以降、イギリスの国民的な音楽祭プ
ロムス（ロンドンで毎年夏開催される 8 週に及ぶクラッシック音楽
コンサート）にもエルガーのチェロ協奏曲の独奏者として出演、大
衆的な人気を集めた。26 歳のとき、指先などの感覚が鈍くなってき
たことに気付く。症状は徐々に悪化、28 歳の演奏旅行のときには
既に満足の行く演奏ができなくなっていた。同年秋、多発性硬化症
と診断され、事実上の引退、30 歳でエリザベス 2 世女王から OBE
勲章を授与された。多発性硬化症の進行により 42 歳で他界した。

あとがき

　人の一生は静と動の繰り返しであり、それを意識して暮らすのと意識しないで暮らすのでは、人生の有意義さが変わってくるような気がします。有意義であったか、なかったかを感じるのは自分自身であり、他人には分かりません。できれば、有意義であったと感じたいものであり、それには、静と動が大きく関わっているのではないでしょうか。

　静とは、日々同じ場所で暮らし、多少の変動はあってもある程度の空間の中からはみ出さず、同じリズムで生活している状態を指し、動とは、単に肉体が空間を移動することのみを指すのではなく、そのとき、そのときにおいて、自分の生きている状態を静と取るか、動と取るかは自分自身です。

　ただ、動が肉体的な空間の移動を伴ったものであれば、人との出会いの機会が多くなるとともに、移動した先々で目にする風土や造形物は、自然と人間の営み、その世界を創り出した人々の歴史、永い時間の流れを感じるでしょう。また、自分がベースとしている世界との比較が生まれ、そのことは、そこに横たわる空間の広さ、大きさを感じるのではないでしょうか。

　その感覚は、動によってもたらされるものであり、感覚を高めていくことで、いつか、その空間を行き交う音や、微弱な空気の振動を感じられるようになるかも知れません。さらに、その感覚をより深く研ぎ澄ますことにより、自分が移動した空間を越えた彼方から届く僅かな響きや微細な風の流れさえも感じられるようになり、動へと繋っていくのかも知れません。

「山と海と風と潮」は、山と海を静の象徴、風と潮を動の象徴としてとらえ、人の一生も大自然の形態の1部分として静と動があるのだと感じてもらえれば幸いです。

　2024 年 5 月

桂木 正則

〔著者紹介〕

桂木正則（かつらぎ まさのり）

1952年　島根県に生まれる
1969年　海上自衛隊入隊（第15期海上自衛隊生徒）
2007年　定年退職
2009年　益田市役所、初代危機管理監
2013年　定年退職
2015年　特定非営利活動法人防災支援センター代表
（災害に強い地域社会の創出活動中）
著書：『山と海と風と潮 ──四国八十八ヵ所歩き遍路旅』（ミヤオビパブリッシング　2016）

山と海と風と潮
ヨーロッパの鉄道を行く

2024年7月23日　第1刷発行

著　者　桂木正則
発行者　宮下玄覇
発行所　**MP** ミヤオビパブリッシング
　　　　〒160-0008
　　　　東京都新宿区四谷三栄町11-4
　　　　電話(03)3355-5555
発売元　株式会社宮帯出版社
　　　　〒602-8157
　　　　京都市上京区小山町908-27
　　　　電話(075)366-6600
　　　　http://www.miyaobi.com/publishing/
　　　　振替口座 00960-7-279886
印刷所　モリモト印刷株式会社